JN412305

고성규 목사의 성경이야기

자유에 서다

'포로된 자에게 자유를' 눅4:18

도서출판 세줄

머리말

성경은 하나님의 나라와 그 나라의 의가 중요한 주제입니다.

"그런즉 너희는 먼저 그의 나라와 그의 의를 구하라 그리하면 이 모든 것을 너희에게 더하시리라."(마 6:33)

에덴동산이 그렇습니다. 마귀의 유혹에 넘어진 아담과 하와는 에덴동산에서 추방되었고, 하나님 나라의 실현을 위한 싸움은 내적이고 영적인 것이 되었습니다.

믿음의 조상인 아브라함을 부르신 하나님께서는 말씀과 계명으로 그의 심령에 하나님 나라의 실현을 위해 인도하신 것을 볼 수 있습니다.

"이는 아브라함이 내 말을 순종하고 내 명령과 내 계명과 내 율례와 내 법도를 지켰음이라 하시니라."(창 26:5)

그리고 창세기 22장 12절에서 아브라함 속에 하나님 나라와 그의 의가 완성된 것을 "네가 이제야 나를 경외하는 줄 알았다."고 말씀하심으로 아브라함이 예수 그리스도의 장성한 분량에 이르렀음을 선포하십니다.

"너희 조상 아브라함은 나의 때 볼 것을 즐거워하다가 보고 기뻐하였느니라."(요 8:56)

이삭, 야곱에 이어 요셉의 경우에도 하나님의 나라의 실현을 각 사람의 심령 속에 나타내기 위한 하나님의 인도와 섭리를 구체적으로 볼 수 있습니다. 또한 구약 성경에 등장하는 각 인물과 이스라엘 공동체의 인도하심도 모든 초점은 하나님 나라와 그 의를 창조하시기 위한 하나님의 섭리하심인 것을 자세하게 볼 수 있습니다.

이런 사실을 신약 성경에 하나님 나라의 의가 되신 예수님께서 직접 세상에 오셔서 "하나님의 나라가 임했다!"(마 4:17)고 선포하신 것을 통해 알 수 있습니다. 그리고 마태복음 6장 33절에서 예수님께서는 우리에게 그 나라와 그 의를 먼저 구하라고 말씀하십니다. 요한복음 15장 1-14절의 포도 나무 비유를 통해서 자신을 하나님 나라와 동일시하시면서 자신 안에 거할 것을 선포하십니다.

사도행전에는 성령의 임재하심이 그 나라와 그 의가 됨을 약속하십니다.

"그가 고난 받으신 후에 또한 그들에게 확실한 많은 증거로 친히 살아 계심을 나타내사 사십 일 동안 그들에게 보이시며 하나님 나라의 일을 말씀하시니라사도와 함께 모이사 그들에게 분부하여 이르시되 예루살렘을 떠나지 말고 내게서 들은 바 아버지께서 약속하신 것을 기다리라 요한은 물로 세례를 베풀었으나 너희는 몇 날이 못되어 성령으로 세례를 받으리라 하셨느니라 그들이 모였을 때에 예수께 여쭈어 이르되 주께서 이스라엘 나라를 회복하심이 이 때니이까 하니 이르시되 때와 시기는 아버지께서 자기의 권한에 두셨으니 너희가 알 바 아니요 오직 성령이 너희에게 임하시면 너희가 권능을 받고 예루살렘과 온 유대와 사마리아와 땅 끝까지 이르러 내 증인이 되리라 하시니라 이 말씀을 마치시고 그들이 보는데 올려져 가시니 구름이 그를 가리어 보이지 않게 하더라"(행 1:3-9)

또한 사도 바울 신학사상의 큰 핵심은 '예수 그리스도 안에서' 입니다. 예수 그리스도 안에 거하므로 새 사람이 되고, 새 영이 되고, 새 마음이 된 것을 말합니다.

"그러므로 내가 이것을 말하며 주 안에서 증언하노니 이제부터 너희는 이방인이 그 마음의 허망한 것으로 행함 같이 행하지 말라 그들의 총명이 어두워지고 그들 가운데 있는 무지함과 그들의 마음이 굳어짐으로 말미암아 하나님의 생명에서 떠나 있도다 그들이 감각 없는 자가 되어 자신을 방탕에 방임하여 모든 더러운 것을 욕심으로 행하되 오직 너희는 그리스도를 그같이 배우지 아니하였느니라 진리가 예수 안에 있는 것 같이 너희가 참으로 그에게서 듣고 또한 그 안에서 가르침을 받았을진대 너희는 유혹의 욕심을 따라 썩어져 가는 구습을 따르는 옛 사람을 벗어 버리고 오직 너희의 심령이 새롭게 되어 하나님을 따라 의와 진리의 거룩함으로 지으심을 받은 새 사람을 입으라그런즉 거짓을 버리고 각각 그 이웃과 더불어 참된 것을 말하라 이는 우리가 서로 지체가 됨이라"(엡 4:17-25)

또한 요한계시록은 하나님의 나라의 완성을 말하고 있습니다.

저는 하나님께서 제 자신에게 완성하시려는 하나님의 나라와 그 의를 이루기 위한 신앙생활을 목표로 정했습니다. 목회 또한 성도 개개인과 교회공동체에 하나님의 나라의 실현이 중심이었습니다. 그러나 신학과 성경 지식들이 이론적이기만 하고, 마음에 하나님의 나라를 실현한다는 것은 매우 어려웠습니다. 마음에 있는 죄악은 우리를 끊임없이 넘어뜨립니다.

"마음에서 나오는 것은 악한 생각과 살인과 간음과 음란과 도둑질과 거짓 증언과 비방이니"(마 15:19)

우리는 우리의 위선적이고 소경된 모습에 속절없이 무너지는 연약한 사람들입니다.

"화 있을진저 외식하는 서기관들과 바리새인들이여 너희는 천국 문을 사람들 앞에서 닫고 너희도 들어가지 않고 들어가려 하는 자도 들어가지 못하게 하는도다 화 있을진저 외식하는 서기관들과 바리새인들이여 너희는 교인 한 사람을 얻기 위하여 바다와 육지를 두루 다니다가 생기면 너희보다 배나 더 지옥 자식이 되게 하는도다 화 있을진저 눈 먼 인도자여 너희가 말하되 누구든지 성전으로 맹세하면 아무 일 없거니와 성전의 금으로 맹세하면 지킬지라 하는도다 어리석은 맹인들이여 어느 것이 크냐 그 금이냐 그 금을 거룩하게 하는 성전이냐 너희가 또 이르되 누구든지 제단으로 맹세하면 아무 일 없거니와 그 위에 있는 예물로 맹세하면 지킬지라 하는도다 맹인들이여 어느 것이 크냐 그 예물이냐 그 예물을 거룩하게 하는 제단이냐 그러므로 제단으로 맹세하는 자는 제단과 그 위에 있는 모든 것으로 맹세함이요 또 성전으로 맹세하는 자는 성전과 그 안에 계신 이로 맹세함이요 또 하늘로 맹세하는 자는 하나님의 보좌와 그 위에 앉으신 이로 맹세함이니라 화 있을진저 외식하는 서기관들과 바리새인들이여 너희가 박하와 회향과 근채의 십일조는 드리되 율법의 더

중한 바 정의와 긍휼과 믿음은 버렸도다 그러나 이것도 행하고 저것도 버리지 말아야 할지니라 맹인 된 인도자여 하루살이는 걸러 내고 낙타는 삼키는도다 화 있을진저 외식하는 서기관들과 바리새인들이여 잔과 대접의 겉은 깨끗이 하되 그 안에는 탐욕과 방탕으로 가득하게 하는도다 눈 먼 바리새인이여 너는 먼저 안을 깨끗이 하라 그리하면 겉도 깨끗하리라 화 있을진저 외식하는 서기관들과 바리새인들이여 회칠한 무덤 같으니 겉으로는 아름답게 보이나 그 안에는 죽은 사람의 뼈와 모든 더러운 것이 가득하도다 이와 같이 너희도 겉으로는 사람에게 옳게 보이되 안으로는 외식과 불법이 가득하도다 화 있을진저 외식하는 서기관들과 바리새인들이여 너희는 선지자들의 무덤을 만들고 의인들의 비석을 꾸미며 이르되 만일 우리가 조상 때에 있었더라면 우리는 그들이 선지자의 피를 흘리는 데 참여하지 아니하였으리라 하니 그러면 너희가 선지자를 죽인 자의 자손임을 스스로 증명함이로다 너희가 너희 조상의 분량을 채우라 뱀들아 독사의 새끼들아 너희가 어떻게 지옥의 판결을 피하겠느냐그러므로 내가 너희에게 선지자들과 지혜 있는 자들과 서기관들을 보내매 너희가 그 중에서 더러는 죽이거나 십자가에 못 박고 그 중에서 더러는 너희 회당에서 채찍질하고 이 동네에서 저 동네로 따라다니며 박해하리라 그러므로 의인 아벨의 피로부터 성전과 제단 사이에서 너희가 죽인 바라갸의 아들 사가랴의 피까지 땅 위에서 흘린 의로운 피가 다 너희에게 돌아가리라 내가 진실로 너희에게 이르노니 이것이 다 이 세대에 돌아가리라."(마 23:13-36)

오호라 나는 곤고한 자로다! 라는 고백밖에 할 수 없었습니다. 성경은 항상 기뻐하라, 쉬지 말고 기도하라, 범사에 감사하라고 하시고 믿는 자는 능치 못함이 없다고 하시며 생명의 성령의 법으로 해방 받아 자유를 선포하는데 나는 왜 안 될까, 왜 연약할까를 생각했습니다. 그리고 기도와 성경 속으로 빠져들었습니다.

성경은 제게 답을 주었습니다. 속사람에게 하나님의 나라와 그 의를 이루는 방법과 장성한 예수 그리스도의 분량에 이르는 길을 가르쳐주셨습니다. 삼위일체 하나님에 대해 자세히 알게 하셨습니다. 생명과 자유, 성령의 열매를 마음에 맺어 성경대로 사는 법을 나타내셨습니다.

믿음으로 세상을 이기는 방법, 어둠의 일의 옷을 벗고 예수 그리스도로 옷 입는 방법, 생명의 성령의 법으로 해방되어 예수 그리스도의 자유에 이르는 길을 깨닫게 하시고 내 안에 이루셨습니다.

> "그러나 내가 나 된 것은 하나님의 은혜로 된 것이니 내게 주신 그의 은혜가 헛되지 아니하여 내가 모든 사도보다 더 많이 수고하였으나 내가 한 것이 아니요 오직 나와 함께 하신 하나님의 은혜로라"(고전 15:10).

요한복음 6장 51-56절에서 예수님은 자신을 생명의 떡이라고 하시면서 "내 살과 피를 먹고 마시라"고 하셨습니다. 주님의 살과 피를 먹고 마시므로 우리가 주님과 하나 되는 신비를 말씀하셨습니다. 예수 그리스도를 먹고 마시므로 예수님의 모양과 형상이 내면에 이루어지는 신비입니다.

히브리서 11장 1~3절에 "믿음은 바라는 것들의 실상이요 보지 못하는 것들의 증거"라 했습니다. 믿음으로 말미암아 실상의 세계인 하나님의 나라가 내 안에 이뤄지면 예수님과 하나님 나라를 얘기하는 성경말씀이 자세하게 보여집니다. 말씀 속에 계시는 예수님을 만나게 됩니다.

본 설교집은 주님과 연합되는 말씀체계를 대략적으로 다루고 있습니다. 오후 예배 설교와 말씀 강해를 통해 현재 교회에서 깊은 부분을 다루고 있지만 금번 설교집은 오전 예배 설교를 중점적으로 다루면서 대중적인 시선과 수준에서 선포된 말씀입니다.

주님과 교회에 감사드립니다. 그리고 원고 정리에 힘쓰고 수고한 우정미 선생과 김경순 집사님을 칭찬하지 않을 수 없습니다. 부족하지만 설교집을 내 놓게 됨을 주님께 진심으로 감사드립니다.

2012년 7월 24일

다니엘교회 담임목사 고 성 규

목 차

1
말씀이 육신이 되어

「영접하는 자 곧 그 이름을 믿는 자들에게는 하나님의 자녀가 되는 권세를 주셨으니 이는 혈통으로나 육정으로나 사람의 뜻으로 나지 아니하고 오직 하나님께로부터 난 자들이니라 말씀이 육신이 되어 우리 가운데 거하시매 우리가 그의 영광을 보니 아버지의 독생자의 영광이요 은혜와 진리가 충만하더라」

(요한복음 1:12~14)

성경 말씀에 능력이 있습니다. 성경처럼 이 지구상에서 위대한 선물은 없습니다. 우리는 성경을 그 무엇과도 바꿀 수 없습니다. 우리는 수준이 그 수준까지 안 되어서 친구도 좋을 수 있고, 노는 것도 좋을 수 있고, 돈도 좋을 수 있고, 예쁜 옷도 좋을 수 있고, 가족, 친지를 만나서 노는 것이 좋을 수 있고, 먹는 것이 좋을 수 있고, 사업을 하면 사업이 좋을 수 있습니다.

그러나 모든 것을 합하여도 성경과 비교할 수 없습니다. 성경을 주신 하나님은 너무나, 너무나 위대하신 분입니다. 할렐루야! 그래서 목사는 성경만 이야기해야 합니다. 성경만 읽어야 하고, 성경만 들어야 합니다. 입을 열어서 말하는 게 성경만 말해야 합니다.

저는 일찍이 그렇게 하기로 작정을 했습니다. 그리고 그것을 이루기 위해 여러분도 보셨다시피 달음박질하지 않았습니까? 이제 성경을 통해 주님께서 자신의 뜻을 나타내시고자 하는 것을 내게 많이 만들어 주셨습니다. 아직도 완전하지 않지만 완전한 단계까지 계속 인도하고 계십니다.

말씀은 창조주입니다. '태초에 말씀이 계시니라. 이 말씀이 하나님과 함께 계셨으니 이 말씀은 곧 하나님이시니라. 그가 태초에 하나님과 함께 하셨고 만물이 그로 말미암아 지은바 되었다.' 말씀이 하나님인데 이분이 창조주입니다. 말씀은 창조성이 있습니다. 우리가 말씀을 가지고 있으면 그 말씀에 의해서 내가 창조되어지는, 만들어지는 것입니다.

의사가 의사의 말을 가졌기 때문에 의사로 만들어 지고, 판사가 판사의 말을 가졌기 때문에 판사로 만들어 지는 것입니다. 우리가 하나님의 말씀을 가졌더니 우리가 무엇처럼 만들어집니까? 하나님처럼 만들어집니다. 이 사실을 믿으시기 바랍니다.

저도 예전에는 다른 사람들의 책을 많이 읽었습니다. 사람의 책이 아무리 좋은 책이라도 읽으면 사람의 말이라서 사람처럼 만들어집니다. 사람의 수준을 못 벗어나는 것입니다. 이러한 인류에게 하나님께서 자신의 말을 주셨습니다. 말씀을 통해서 모두 각자가 자신을 만들어라입니다.

이 사실을 깨달은 믿음의 선진들은 말씀을 통해서 자신의 사상을 만들고, 자기의 정서를 만들고, 자기의 소원과 뜻을 만들고, 자기의 영을 만들었습니다. 그래서 그 사람의 마음 전체가 누구의 마음씨가 되었습니까? 하나님의 마음처럼 재창조화 되어지는 놀라운 능력과 권세와 지혜를 체험한 것입니다.

오늘날도 마찬가지입니다. 하나님 말씀에 사람의 말을 섞지 않는다면말씀 그대로 먹고 마셔서 그 말씀이 나의 정신, 정서, 비전, 소원이 되어져서 그 말씀이 내가 되는 것입니다. 그랬더니 내가 지혜로워지고 능력이 있어지는 것입니다.

이것을 신명기 28장에 뭐라고 말씀하고 있습니까? '꼬리가 되지 아니하고 머리가 된다.' 고 말씀했습니다. 밑에 있지 않고 위에 있다고 말씀하셨습니다. 하나님 말씀이기 때문입니다. 이 놀랍고 위대한 하나님 말씀을 우리에게 주셨는데 우리가 소화시키지 못하기 때문에 하나님처럼 안 되고 여전히 미워하고, 분노하고, 미련하고, 어리석게 삽니다.

그러나 우리가 제대로 받아먹는다면 우리가 살아계신 하나님처럼 지성에서 지혜와 명철이 뛰쳐나올 것이고, 우리의 정서에서 아름다움과 깨끗함과 멋있음이 요동칠 것입니다. 우리의 뜻이 견고해지고, 단단해지고, 누구도 허물 수 없는 의지가 견고한 사람으로 새롭게 되어질 줄 믿습니다.

하나님의 말씀에는 창조성이 있습니다. 저도 이 말씀을 깨달은 날부터 지금까지 하나님 말씀으로 나를 만들 수 있다고 믿어왔습니다. "주여! 나로 주의 말씀으로 만드소서. 내가 주의 말씀처럼 살게 해주옵소서!" 이 한 가지를 가지고 지금까지 온 것을 여러분도 잘 아시지 않습니까? 주의 말씀으로 나를 만드십니다. 말로 만들어지는 것입니다. 말로써 내 생활을 만들어내고, 말로 만들어진 내가 말로 다른 이를 만들 수도 있는 것입니다. 그래서 말이 나를 만들고 내가 말을 만들어 내는 것입니다.

하나님의 말씀은 하나님 자신의 형상과 모양을 나타냅니다. 말씀으로 만들어지면 내 속에서 하나님의 형상이 나타나게끔 되어 있습니다. 하나님의 모양이 나타나게끔 되어 있습니다. 이 놀라운 축복과 은총을 주님께서 우리에게 주시고자 오늘날 우리를 교회로 불러냈습니다. 나는 여러분들이 이 사실을 깊이, 깊이 자랑하시기를 축원의 말씀을 드립니다.

사실, 우리는 그냥 교회 다니는 게 아닙니다. 그냥 성경 공부하는 게 아닙니다. 그 말씀이 우리 자신을 만들어내도록 우리가 주 앞에 우리 자신을 맡기고, "주여, 나를 만들어주옵소서!", "주의 형상대로 빚으옵소서!" 이러한 외침과 의지가 여러분 심령 속에 솟구쳐야 할 줄 믿습니다.

주께서 나를 만드시는데 있어 즉, 내가 주의 말씀을 따라가는데 있어서, 반항하고, 거역하고, 불순종하는 많은 육체의 소욕들이 내 속에서 솟구쳐 올라올 것입니다. 그럴 때마다 주께서 나를 빚으시도록 내 헛된 사상과 헛된 정서들, 내 마음 속에 헛된 욕구로 사로잡은 것들을 끊임없이 내 버리는 그런 결단의 사람이 되시기를 축원합니다.

약간의 시간을 주 앞에 드리는 것을 주저해서 넘어지고, 오늘 이런 일이 있고, 저런 일이 있어 넘어지고, 내 생각이 옳은 것인 양 주를 반역하고 거부하는 악한 생각에 넘어지고, 누구 때문에 넘어지고, 무엇 때문에 무너져서 너무나 위대하신 하나님의 축복의 말씀을 통해서 나를 만들고자 하는 놀라운 비전, 놀라운 능력과 축복을 왜 놓쳐야 합니까? 놓쳐선 안 될 줄 믿습니다.

저 자신도 많은 욕구들, 넘어지게 하는 모든 것들, 많이 있었습니다. 그러나 주의 말씀으로 나를 만들어주실 것을 믿었고, 하나님께서 나를 그렇게 만들어 주실 것을 확신했습니다. 그런 것을 가차 없이 잘라내고 앞으로만 달음박질했습니다. 물론, 부족한 점은 많습니다. 그러나 그런 자세로 살아왔음을 내가 여러분에게 말씀드릴 수 있고, 오래 같이 한 여러분들이 나를 아실 거라 믿습니다.

요한복음 전체로 보면, 말씀이 하나님이신데 그분이 이 세상에 오셨고, 자신을 생명이라고 했습니다. 모든 과학이 어디에 초점 맞추고 있습니까? 생명이 무엇인가에 대하여 규명하기 위해 사람들이, 엄청난 자원을 쓰고, 시간을 투자하면서 연구하고 있습니다. 모든 과학과 철학, 인간의 학문이 생명이 무엇인가를 규명하기 위한 노력들입니다.

그런데 이 분이 오셔서 나는 생명이라고 했습니다. 예수님이 여러분 생명인 것을 믿으시기 바랍니다. 나는 길이라고 했습니다. 무슨 길입니까? 생명을 얻는 길이라고 했습니다. 진리라 했습니다. 빛이라 했습니다. 부활이라 했습니다. 나는 생명을 주는 떡이라 했습니다. 나는 목자라고 했습니다. 예수 그리스도 자신이 생명, 길, 진리, 목자, 떡이라고 자신을 소개했습니다. 이 분이 누구시라고요? 바로 하나님이십니다.

하나님께서 직접 육체로 오시기 전에 자신의 종, 선지자들을 통해서 그들의 혀와 입술에 자신의 말을 주셨습니다. "나 여호와의 말이니라!", "나 여호와의 말이니라!" 구약의 처음부터 끝까지 그 이야기입니다. 구약시대에 종을 불러서 자신의 말씀을 나타내 주셨는데 신약 시대에는 말씀의 주인이신 하나님께서 사람의 몸을 입고 세상에 자기를 나타내신 것입니다. 그리고 하신 말씀이 "나는 생명이라!" "나는 빛이라!" 하고 계심을 믿으시기 바랍니다.

말씀이 하나님이십니다. 말씀이 육체를 입고 오신 예수 그리스도입니다. 육체로 오셨지만 십자가에서 자기 사역을 모두 마치시고 부활하시고 승천하셨습니다. 오늘날은 주께서 기록한 성경 말씀을 통해서 여전히 나타내고 계심을 믿으시기 바랍니다. 이 말씀을 듣고 믿을 때에 많은 사람들이 하나님을 만나게 되고 예수 그리스도를 체험하는 놀라운 축복과 능력을 받게 되는 것입니다. 거듭 강조하지만 하나님께서 자기 자신을 구약 때는 종을 통해서 말씀으로 나타내셨는데, 신약에는 육체로 오셔서 세상에다 하나님께서 자기 자신을 주신 것입니다.

세상은 여러분 자신입니다. 그래서 세상에 주신 하나님의 말씀을 받는 자마다 누구를 소유하게 됩니까? 예수 그리스도를 받게 됩니다. 그런데 이 분이 누굽니까? 하나님입니다. 내가 하나님을 받는 것입니다. 교회를 왜 다니십니까? 하나님을 받기 위해서 교회에 오신 것입니다.

만일, 교회 빠지면 목사님께 혼나기 때문이 아니고, 봉사하기 위해서, 혹은 점심 드시러 온 것이 아니라 하나님을 받기 위해 오신 줄 믿으시기 바랍니다. 바라기는 여러분이 예배시간을 채웠다만 하시지 마시고, 이 시간을 통해 하나님을 받아야 합니다. 오늘날 하나님이 말씀으로 나타나셨습니다.

요한복음 6장 53- 55절을 다같이 읽겠습니다.

「예수께서 이르시되 내가 진실로, 진실로 너희에게 이르노니 인자의 살을 먹지 아니하고 인자의 피를 마시지 아니하면 너희 속에 생명이 없느니라. 내 살을 먹고 내 피를 마시는 자는 영생을 가졌고 마지막 날에 내가 그를 다시 살리리니 내 살은 참된 양식이요 내 피는 참된 음료로다.」

하나님이신 예수 그리스도를 어떻게 받습니까? 우리가 그분의 살을 먹고 그분의 피를 마시는 것입니다. "내 살은 참된 양식이요, 내 피는 참된 음료로다." 했습니다.

이 사실을 요한복음 1장 12절에는 '영접하는 자 곧 그 이름을 믿는 자들에게는 하나님의 자녀가 되는 권세를 주셨으니, 이는 혈통으로나 육정으로나 사람의 뜻으로 나지 아니하고, 오직 하나님께 로서 난 자들이라.' 고 나옵니다.

하나님의 뜻으로 난 자가 누구인가 하면 예수 그리스도의 피와 살을 먹은 자를 말합니다. 내가 그분의 살을 먹고 그분의 피를 마시게 되면 그분 안에 거하게 되는데 바로 그분이 내 안에 들어온다 하는 것입니다. 그분이 내 안에 들어온다 함은 내가 그분처럼 된다는 것입니다. 여러분이 하나님처럼 만들어진다는 것입니다. 여러분을 하나님처럼 만드시기 위한 하나님의 뜻임을 아시기 바랍니다.

많은 이론, 생각, 느낌들을 내세울 것 하나 없습니다. 하나님께서 여러분을 왜 불러내셨는가 하면 자기 아들로 만들어 내시기 위해 불러내셨습니다. 어떻게 만드시냐 하면 받아 먹으라는 것입니다. 예수 그리스도의 살과 피를 말입니다.

오늘날로 말하면 예수 그리스도가 누굽니까? 하나님의 말씀입니다. 하나님의 말씀을 제대로 받아먹게 되면 여러분이 하나님의 아들로 변화가 되고 하나님처럼 새로워지는 축복과 능력을 체험하게 되는 것입니다.

그런데 이것을 왜 못합니까? 교회 30년, 40년 다니고, 직분이 권사이고, 장로인데 말입니다. 목사님들은 공부를 굉장히 많이 합니다. 영성도 자자

하고, 병도 잘 고칩니다. 그런데 왜 하나님처럼 새로워지지 않습니까? 그리고 성도에게 성경을 가르칩니다. 가르쳐서 될 일이 아닙니다. 예수님의 살과 피를 먹듯 하나님의 말씀을 우리 자신이 먹어야 합니다.

그래서 여러분에게 가르친 것이 무엇이냐 하면 하나님의 말씀을 먹는 방법, 예수님의 피를 먹는 방법입니다. 오늘 이 시간에도 수많은 교회에서 목사님들이 설교하고 있습니다. 가르쳐서 될 일이 아니고 먹여야 합니다. 여러분은 당연히 먹어야 합니다. 먹는 것을 영접하는 자라 한 것입니다.

예수 그리스도의 살과 피, 그분 자신을 내가 먹는 것입니다. 이것을 영접하는 자라 했습니다. 영접하는 자는 하나님의 뜻으로 난 하나님의 자녀가 된다는 말씀입니다. 그런데 하나님의 말씀을 잔뜩 배우기만 합니다. 배우고 났더니 내가 하나님의 자녀로 변화가 되어집니까? 그렇지 않습니다. 말씀을 먹어야 합니다.

이 사실을 사도 바울은 빌립보서 2장 5절에 '너희 안에 이 마음을 품으라. 곧 그리스도 예수의 마음이니.' 예수 그리스도의 마음을 먹었더니 입니다. 무엇으로 먹습니까? 하나님의 말씀을 우리 마음으로 먹는 것입니다. 우리 마음으로 예수님을 먹을 때에 '너희 안에 이 마음을 품으라. 곧 그리스도 예수의 마음이니', 그 말씀처럼 내 안에 성취가 되는 것입니다. 사도 바울 선생이 고린도전서 2장에 '우리가 주의 마음을 가졌노라' 고 했습니다.

하나님의 말씀은 무엇을 나타내는 줄 아세요? 말은 자기의 마음을 나타냅니다. 말은 생각과 느낌, 소원, 비전, 뜻을 말하는 것이고, 마음의 가장 깊은 곳까지 표현 할 수 있는 것입니다. 그래서 누가 되었든지 간에 말은 말하는 사람의 마음씨를 말하는 것입니다. 하나님이 오늘날 성경으로 말씀하셨습니다.

이 성경이 누구의 마음을 이야기 하는 것입니다. 내 살을 먹으라, 내 말씀을 먹으라. 내가 먹고 났더니 내가 무슨 마음을 가지게 되었습니까? 하나님의 마음씨를 가지게 되는 것입니다. 하나님의 아들로서 내 심령이 새로워지는 것입니다. 하나님처럼 되라는 것입니다.

창세기 1장 26-28절에 '하나님께서 말씀하시기를 우리가 우리의 형상과 모양을 따라 사람을 만들고' 라고 나옵니다. 태초에 사람을 만드신 것처럼, 타락한 이후 오늘날에는 하나님께서 예수 그리스도를 이 세상에 보내셔서 예수 그리스도를 먹는 자마다 하나님의 사람, 하나님의 마음씨를 가진 하나님의 아들로서 새롭게 창조해 주시는 축복과 능력을 베풀어 주고 계심을 믿으시기 바랍니다.

그렇게 해서 세상에 가서 하나님처럼 살라고 하는 것입니다. 이 사실을 주님께서 너희는 세상의 빛이요, 소금이라 한 것입니다. 먹은 자가 빛이요, 소금입니다. 배워만 가지고 그렇게 삽니까? 살지 못하잖아요. 여러분이 하나님의 말씀을 먹고 예수님의 피를 마실 때, 여러분의 눈이 열어지고 귀가 열어집니다. 전에는 내가 어떻게 살지, 어떤 선택과 방식으로 살지에 대한 분명한 해답을 몰랐는데 하나님의 말씀을 먹으면 눈이 열어져서 세상에서 어떻게 결정을 내리면서 어떻게 살아야할지 알게 됩니다.

구체적으로, 내가 저 사람과의 인간관계를 통해서 저 사람이 화낼 때 어떻게 대처하고 내 뜻을 어떻게 전하고, 저 사람이 어떻게 나를 따라오게 하고, 저 사람을 어떻게 하나님의 말씀으로 가르치고, 복되게 할 수 있는 인간관계에 대한 설득의 능력이 생기게 되고, 바르게 볼 줄 아는 눈이 만들어집니다.

어떤 사건에 대해 내가 어떻게 선택할 것인가에 대한 정확한 답이 나와집니다. 눈이 열어져서 그렇습니다. 내가 아버지로서 어떻게 아버지 역할을 할 것인가에 대한 답이 나와집니다. 종업원이면, 혹은 사장이면 내가 어떠한 행동을 통해 그 역할을 잘 할 것인가에 대한 답들이 나옵니다.

한마디로, 사는 것에 대한 답들이 나오는 것입니다. 사는 것들에 대한 여러 가지 많은 부딪침에서 내가 가장 좋은 선택을 할 수 있고, 내가 가장 좋은 모습으로 살 수 있는 지혜와 명철이 생겨나는 것입니다. 내 길이 막히고, 답답하고 곤고합니다. 그럴지라도 하나님의 말씀을 먹고 주님의 보혈을 마실 때 암담하고 답답한 벽 같이 가로 막혀진 내 삶의 저 너머를 보이는 눈이 열어집니다.

그래서 이 막힘이 진실로 나를 망하게 하는 것이 아니고 나로 하여금 돌파하게 하는 하나님의 놀라우신 섭리라는 것을 깨닫게 되는 것입니다. 그로인해 내 눈이 예리해지고 내 삶이 능동적으로 지혜롭게 장애물을 정복할 수 있는 테크닉(technic, 기술)이 길러지는 것입니다.

인간관계, 물질 관계, 모든 생활 속에서 막혔던 문제를 풀 수 있는 정관(正觀)의 능력, 직관의 능력이 눈이 열어지면서 생기는 것입니다. 교회를 오래 다니면서, 성경말씀을 많이 안다고 하면서도 이런 눈이 열어지지 않는 것은 가짜 신앙생활입니다.

눈이 열어지고, 귀가 열어지고, 눈이 열어진 것뿐만 아니라 그 눈이 날이 갈수록 맑아집니다. 그리고 자기 자신의 눈이 아주 빛나게 타오르는 것을 스스로 알 수 있습니다.

이 눈이 닫혀 있는 사람들은 신앙생활이 별로 재미없고, 졸리기만 합니다. 교회를 수십 년 다녔는지, 경력이 어떻게 되는지가 중요하지 않고 나는 세상의 빛이라 말씀하신 예수 그리스도를 제대로 먹어야지 바른 신앙생활이 되는 것입니다.

그래서 실제로 눈이 열어지는 것입니다. 암담한 현실에 직면하더라도 눈이 열어져 있기 때문에 그것을 돌파할 수 있는 능력이 나타나게끔 되어 있습니다. 눈 열어지고 귀가 열어지고, 입이 열어집니다. 그리고 입이 열어진다함은 말이 생겨난다는 것입니다.

세상에 소리 지르고 싶은 말이 생겨서 입이 자동으로 열어집니다. 소리가 생겨난다는 것입니다. 우리는 소리입니다. 소리 없는 사람이 있어요, 없어요? 소리가 다 있죠. 지금까지 무슨 소리를 내면서 살아왔습니까? 기타는 기타소리를 내고, 드럼은 드럼 소리를 내야 하는데 드럼이 기타 소리를 내면 헛소리를 내는 것입니다. 지금까지 헛소리만 지르면서 살아오지 않았습니까? 사람은 각자 소리로서 이 세상에 태어났습니다. 그리고 피아노 건반이 각자의 화음을 내듯 모든 사람이 고유의 소리가 있습니다. 그런데 이 소리를 평생 찾지 못하고, 평생 헛소리 하고 살다가 그 말로 주 앞에서 심판받는 것입니다.

하나님의 말씀이 우리 속에 들어오면 내가 무슨 소리를 하면서 이 세상에 살 것인가에 대한 말이 생겨납니다. 내가 이 말을 하기 위해 이 세상에 태어났구나, 내가 이 소리를 하기 위해 태어났구나. 이것을 모르니 여러분이 헛소리만하고, 신경질 부리는 소리, 분내는 소리, 슬퍼하는 소리, 불평하는 소리, 미워하는 소리만 하고 있는 것입니다. 진리를, 말씀을 먹지 않았기 때문입니다. 그러나 말씀을 먹고 나면 '내가 하나님 앞에서 내 인생이 무엇 때문에 보냄을 받았구나!' 에 대한 해답이 나오는 것입니다.

생각에는 지혜와 지식과 총명이 생겨납니다. 이런데도 하나님의 말씀 안 먹고 사는 사람들 보면 이해가 되지 않습니다.

이처럼 위대한 하나님의 말씀을 먹지 않는 사람들은 여전히 자기 성질부리고, 자기 생각, 느낌대로 살고 있습니다. 그런 것을 보면 이해가 안 됩니다. 여러분, 하나님의 말씀을 먹으면 감정이 아름다워지고 맑아집니다. 소원이 불 같이 타오릅니다. 불이 속에서 활활 타오릅니다. 내 소원이 하늘로 솟구칩니다.

'하나님, 내 소원이 이것입니다. 나를 타오르게 하소서! 내 심령 깊은 곳에서 하나님을 향하여 솟구치는 의지와 소원을 하나님이 받아주시고 나를 불사르소서! 내 평생 동안 하나님을 영화롭게 하소서!'

이 소원과 욕구가 활활 타오릅니다. 여러분 나는 불입니다. 내 속에 하나님이 불을 지르셨습니다. 그래서 생각이 타오르고, 감정이 타오르고, 내 소원이 의지가 타오릅니다. 내 몸과 마음이 타오릅니다. '하나님 나를 태워주시옵소서. 하나님을 영화롭게 하시고 세상을 빛나게 하시옵소서.' 입니다.

이것이 몇 주 전에 설교한 성막의 번제입니다. 짐승의 각을 떠서 번제단에 올려놓고 그 고기를 태워 하나님께 드려지는 것이 번제입니다.

'하나님 나를 태워주시옵서. 하나님을 빛나게 하여 주시옵소서.' 하나님을 불 같이 사랑하게 됩니다. 오직 하나님 말씀을 사랑하게 됩니다.

이 놀라운 하나님의 말씀을 안 받고 살겠습니까? 안 먹으시렵니까? 먹기를 바랍니다. 이 하나님의 말씀 말고 무엇을 믿으려 합니까?

여러분 모두 이렇게 하시기 바랍니다.

"주여! 나는 하나님 말씀만을 믿겠습니다. 나는 하나님 말씀만 믿으렵니다!" 소리 지르시는 여러분이 되길 축원합니다.

결론적으로 말씀을 드립니다. 내가 이렇게 주의 말씀을 먹었더니 예수 그리스도가 내 속에 받아들여진 것입니다. 이 사실을 갈라디아서 2장 20절 '이제는 내 안에 내가 사는 것이 아니요, 예수 그리스도께서 사신바 된 것이라.' 라고 했습니다. 여러분, 이것이 신앙생활입니다.

이 세상의 그 어떤 위대한 설교를 할지라도 이 소리 외에 다른 소리를 하는 것은 자기를 자랑하는 것입니다. 오직 예수 그리스도만 자랑해서 예수 그리스도가 사람의 마음에 자리를 정하게 하고, 하나님께서 그 형상과 모양으로 재창조하는 것을 전하는 것이 목사입니다. 공자가 뭐라 했고, 카네기가 어쨌다는 등 모두 헛소리입니다. 우리는 강단에서 그런 소리를 하기 위해 목사로서 부름 받은 것이 아닙니다. 오직 참 말씀이신 예수 그리스도를 성도들의 심령에 새겨주는 것입니다. 그들이 하나님 형상과 모양으로 만들어지고 하나님의 아들로서 거듭나고 하나님의 사람으로 새로워지게끔 하는 면에서 하나님 말씀만 전파해야 하는 것입니다.

예수 그리스도를 먹고 마심으로 인해 예수 그리스도의 좋은 성품들이 자꾸 타오르는 것을 체험해야 합니다. 예수 그리스도 안에서 내게 주신 좋은 것들을 나눠주는 것입니다. 떡도, 빛도, 지혜도 제시해 줄 수 있는 것입니다. 우리가 주의 말씀을 먹고 마셔서 우리 마음이 주님의 마음으로 되는 것입니다. 그래서 세상에 나도 예수님처럼 예수님의 떡을, 생명을 나눠줄 수 있는 사람으로 변화되는 것입니다.

요한복음 1장 6-8절을 읽겠습니다.

「하나님께로부터 보내심을 받은 사람이 있으니 그의 이름은 요한이라 그가 증언하러 왔으니 곧 빛에 대하여 증언하고 모든 사람이 자기로 말미암아 믿게 하려 함이라 그는 이 빛이 아니요 이 빛에 대하여 증언하러 온 자라」

우리가 말씀을 먹을 때 우리 속에 빛이 들어옵니다. 그럴 때 우리가 하나님으로부터 보냄을 받아서 증거하게 됩니다. 빛에 대해서 증거하는 것입니다. 빛에 대하여 증거함으로 모든 사람으로 믿게 하려 함입니다.

이 말씀은 세례요한을 말하면서도 우리를 이야기 하는 것입니다. 세례 요한이나 우리들은 빛이 아닙니다. 빛이신 그리스도 예수님을 먹고 마심으로 빛을, 생명을 소유하게 되는 것입니다. 그리고 이 사실을 입증하기 위해 이 세상에 보내진 것을 믿으시기 바랍니다.

나와 여러분은 오랜 시간을 들여, 오늘날까지 생명의 떡만 드시는 것입니다. 그 떡을 먹고 떡이 되라는 것입니다. 떡 만드는 데 시간이 걸리잖아요. 주님은 생명을 온전케 하시고, 빛으로 온전케 하시고, 부활로 온전케 하십니다. 내 생애를 통해서 주님은 나를 사용하셔서 자기 영광을 나타내시는 도구로 사용하실 것입니다. 이런 축복과 은혜를 누리기 위해 여러분이 부르심을 받은 줄 믿으시기 바랍니다.

2
아버지께로 돌아오면

「또 이르시되 어떤 사람에게 두 아들이 있는데 그 둘째가 아버지에게 말하되 아버지여 재산 중에서 내게 돌아올 분깃을 내게 주소서 하는지라 아버지가 그 살림을 각각 나눠 주었더니 그 후 며칠이 안 되어 둘째 아들이 재물을 다 모아 가지고 먼 나라에 가 거기서 허랑방탕하여 그 재산을 낭비하더니 다 없앤 후 그 나라에 크게 흉년이 들어 그가 비로소 궁핍한지라 가서 그 나라 백성 중 한 사람에게 붙여 사니 그가 그를 들로 보내어 돼지를 치게 하였는데 그가 돼지 먹는 쥐엄 열매로 배를 채우고자 하되 주는 자가 없는지라 이에 스스로 돌이켜 이르되 내 아버지에게는 양식이 풍족한 품꾼이 얼마나 많은가 나는 여기서 주려 죽는구나 내가 일어나 아버지께 가서 이르기를 아버지 내가 하늘과 아버지께 죄를 지었사오니 지금부터는 아버지의 아들이라 일컬음을 감당하지 못하겠나이다 나를 품꾼의 하나로 보소서 하리라 하고 이에 일어나서 아버지께로 돌아가니라 아직도 거리가 먼데 아버지가 그를 보고 측은히 여겨 달려가 목을 안고 입을 맞추니 아들이 이르되 아버지 내가 하늘과 아버지께 죄를 지었사오니 지금부터는 아버지의 아들이라 일컬음을 감당하지 못하겠나이다 하나 아버지는 종들에게 이르되 제일 좋은 옷을 내어다가 입히고 손에 가락지를 끼우고 발에 신을 신기라 그리고 살진 송아지를 끌어다가 잡으라 우리가 먹고 즐기자 이 내 아들은 죽었다가 다시 살아났으며 내가 잃었다가 다시 얻었노라 하니 그들이 즐거워하더라」

(누가복음 15:11~24)

여러분이 왜 고생하는가 하면 여러분이 아버지에게서 멀리 떠났기 때문입니다. 모든 사람들이 고생하는 원인은 하나님을 멀리 떠났기 때문입니다. 그러나 하나님께로 가까이 다가오면 다가올수록 내 자신의 지성이 새로워지고 감성이 예민해지고 내 몸이 편안해지고 내 생활이 부드러워 지는 것을 금방 알 수 있습니다. 아버지께 돌아오기만 하면 그렇습니다.

아버지로부터 둘째 아들이 멀리 떠난 후 처음에는 재미있었겠죠? 요즈음 시대로 말하면 게임하느라 재미있었을 겁니다. 술집 가서 술 먹느라, 담배 피느라 즐겁고 기분 좋았습니다. 데이트 하느라 재미있었습니다.

그러다가 이내 아버지께서 주신 현금이 바닥이 나게 됩니다. 아버지가 주신 재산을 탕진하고 자신이 돈을 벌 수 있는 재주나 능력이 없으니 돈을 여유롭게 쓸 수가 없게 됩니다. 그렇게 되자, 밥 먹고 사는 일이 걱정이 돼 그 나라에서 돼지 농장에서 돼지 치는 일을 하게 되었습니다. 거기에서도 양식이 부족했던지 돼지가 먹는 열매를 같이 먹는 아주 비참하고 초라한 신세가 되었습니다.

이런 모습들이 하나님을 멀리 떠난 사람들의 마음 상태입니다. 그리고 생활 상태입니다. 마음의 상태가 돼지가 먹는 열매를 먹는 상태가 되면 생활도 그렇게 비참해지는 것입니다. 그야말로 돈 떨어지면 구두 떨어지듯, 비참한 삶의 모습에 부딪히게 되는 것입니다. 이것을 통해 우리 자신의 마음이 하나님을 멀리 떠난 상태임을 깨달았으면 합니다.

여러분의 생각, 감정, 몸, 생활의 여러 부분들이 하나님에게서, 아버지에게서 멀리 떠나면 떠날수록 비참해집니다. 떠난 것 그 자체가 허랑 방탕한 생활이 됩니다. 사람들이 이 사실을 잘 모르고 자기 생각과 자기 감정을 좇아 하나님과 상관없이 살아보려고 노력하고 있습니다.

우리도 그래왔지요? 지금도 교회 밖의 사람들은 대부분 그렇게 합니까, 안합니까? '하나님이 어디 있느냐, 성경 말씀이 진짜냐 가짜냐' 이런 논쟁이나 하고 하나님과 아무 상관없이 자신의 생각과 감정을 좇아서 살아 보려고 열심히 노력하고 있습니다. 그러나 그 자체가 허랑방탕입니다.

그 자체가 허랑방탕임을 깨닫기를 바랍니다. 하나님이 그러한 여러분을 교회로 나오게 했습니다. 교회를 나오면서도 내 생각이나 감정을 좇아 몸이 요구하는 대로 사는 것 자체도 또한 허랑방탕한 것입니다. 우리가 어떤 허랑 방탕에 빠져 있는가를 잘 깨달아야 합니다.

본문에 보면, 그 아들이 스스로 돌이켰다라고 나오듯, 생각을 돌이킬 줄 알아야 되고 감정을 돌이키고, 몸의 생활을 돌이킬 줄 알아야 합니다. 돌이켜서 돌아오는 것이 아버지께로 돌아오면 입니다. 여러분이 돌아오시기를 먼저 축원의 말씀 드립니다.

돌아오면 무슨 일이 일어나는가. 먼저 무한한 자유가 주어집니다. 거의 완벽한 자유입니다. 지금 우리의 상태는 어떠합니까? 가난이 우리를 슬프게 하고 존재 자체를 비참하게 만듭니다. 우리 내면에 감추어진 죄책감이 끊임없이 괴롭힙니다.

여러분, 자책을 많이 하지요? 자책해서 생각과 감정을 스스로 괴롭히는 것입니다. 그리고 누군가 조금 나에게 나쁜 느낌을 주면 가만히 있지 않고 그것이 나의 느낌을 괴롭혀서 끊임없이 갈등을 일으키는 정말 불편한 감정을 가지고 살아가는 것입니다. 그리고 어떤 생각이 주어지면 그 생각이 계속 불씨를 일으켜서 내 생각을 이렇게 하고, 저렇게 해서 나를 괴롭힙니다. 자신의 마음을 편안하고, 자유롭고 기쁜 상태로 내버려두지 못하고 끊임없이 괴롭히는 것입니다.

이 모든 원인들이 아들인 우리들이 하나님을 떠났기 때문입니다. 여러분들은 하나님의 아들입니다. 여러분들이 별로 의식을 안 하고 살죠? 그렇지만 여러분 모두 하나님의 아들이고 딸입니다. 그런데 아버지로부터 멀리 떠나 있기 때문에 떨어져 있는 그 상태가 여러분 스스로를 괴롭히고 슬프게 하는 것입니다.

저도 그랬었습니다. 제 자신이 아버지께로 돌아오게 되니 자유가 주어지는 것을 체험하고 살고 있습니다. 그래서 어떤 나쁜 생각에 내가 팔려가지 않습니다. 물론 나쁜 생각이 주어질 수 있겠죠. 예를 들어, 누가 내게 욕을 했습니다. 평소 같으면 '내가 뭐라고? 네가 나를 멸시해? 두고 보자!' 이런 많은 생각이나 느낌들이 솟아나겠죠?

그런 것들은 전혀 내 자신에게 영향을 끼치지 못하고 나쁜 생각이 나를 끌지 못하고 오히려 그런 것들을 웃으면서 편안하게 받아들이게 됩니다. 동시에 내 속에 나타나는 나쁜 생각이나 감정들도 볼 수 있는 편안하고 여유로운 마음을 갖게 됩니다. 이것이 살아있는 것을 말하는 것입니다. 생명은 사는 것을 의미합니다.

사는 게 무엇이냐 하면 자유롭다 하는 것입니다. 생각하는 게, 느끼는 게 자유롭고 편안하고 먹는 것도 자유롭다는 것입니다. 잠을 자는 것도 자유입니다. 내가 잠을 잘 수도 있고 안 잘 수도 있고 많이 잘 수도 조금 잘 수도 있습니다. 낮에 잘 수도 있고 밤에 안 잘 수도 있고 내가 잠을 데리고 다니는 것입니다. 먹는 것도 자유입니다. 내가 많이 먹을 수도 있고, 조금 먹을 수도 있습니다.

여러분들은 이것이 무슨 말인지 모르시겠죠? 다 이해 못하실 겁니다. 내가 어디를 가든 자유입니다. 내가 아무데나 갈 수 있습니다. 거리끼지 않습니다. 말하는 것도 자유입니다. 이 말을 할 수도 있고 안할 수도 있습니다. 전에는 해야 할 말을 안 하고 하지 말아야 할 말을 안 하곤 했는데 이제는 말하는 것도 자유입니다. 생각을 하는 것도 자유입니다. 내가 무슨 생각을 해도 괜찮습니다. 내가 어떤 생각을 하고, 어떤 느낌을 가지더라도 나의 평안과 자유, 자유는 곧 생명입니다, 내게 있는 생명을 해치지도 못하고 빼앗지도 못합니다.

누가 뭐라 해도, 환경이 어떠할지라도 그것이 내 속의 자유, 생명과 기쁨과 평화가 흔들리지 않습니다. 이런 것들이 내 속에서 전혀 흔들리지 않습니다. 느낌도 자유입니다. 봄은 매우 아름답습니다. 그런데 돈이 없는 사람은 봄이 어떻습니까? 봄이 슬픕니다. 길가에 핀 벚꽃을 보면 아름답고 눈이 부시지만 돈이 없는 사람은 벚꽃이 빛이 납니까, 안 납니까? 안 납니다. 슬픔이 그를 지배하고 있기 때문입니다. 저도 예전에는 그랬습니다. 오랜 세월동안 봄이면 매우 슬펐습니다.

남들은 다 피어나는데 나는 왜 피지 못하고 시들고 잠들어 있을까? 내 자신의 처지가 슬프고 비참하고 괴롭고 아팠습니다. 지금은 봄이 아름답습니다. 봄을 한껏 느낍니다. 봄이 눈부시게 다가옵니다. 새싹 하나를 봐도 봄이 눈부시게 아름답게 느껴집니다.

내 마음대로 입니다. 제가 분을 낼 수도 있고, 안 낼 수도 있습니다. 신경질을 낼 수도 있고, 안 낼 수도 있습니다. 우월감도 마찬가지입니다. 가질 수도 있고, 안 가질 수도 있습니다. 모두 이런 것들을 내가 가지고 다니는 것입니다. 내 손아귀에서 주물럭주물럭 하는 것입니다. 남들보다 잘 난 것이 있으면 금방 내 속에서 우월감, 교만이 나오지요? 그런 것들을 내 손에서 조절을 하는 것입니다. 높은 것, 낮은 것도 조절하는 것입니다.

세상의 가치들이 나 자신을 거꾸러뜨리지 못합니다. 내가 대통령이나 부자를 만나니 내 자신이 초라해지고 비참해지는 그런 것이 없어지는 것입니다. 오기로 하는 것이 아니라 권세 잡은 자나 부유한 자들 보다 훨씬 위에서 그분들을 내려다 볼 수 있는 여유로움, 편안함과 자유함이 있습니다. 예수님이 집이 있었나요? 아파트 49평에서 살았나요? 사도바울은 60평에서 살았나요? 그렇지 않잖아요. 왜냐하면 진리를 가지고 있기 때문입니다.

물질이나 세상 권세가 진리입니까? 진리가 아닙니다. 사람들이 착각에 빠져 있습니다. 물질이나 세상권세, 체면들을 중요하게 여기고 있습니다. 이런 것들이 모두 허랑방탕한 것입니다. 내가 돈에, 권세에, 세상의 높고 낮음에 마음의 기준이 되어져서 마음을 빼앗기고 사는 것 자체가 허랑 방탕한 것입니다. 우리 마음씨를, 몸을, 삶을, 시간을 낭비하는 것입니다.

그러면 우리가 어떻게 해야 합니까? 진리로 돌아오는 것입니다. 아버지께로 돌아오려면 진리가 필요합니다. 그래서 진리이신 예수님께서 '나로 말미암지 않고는 아버지께로 올 자가 없다' 고 하셨습니다. 그래서 우리는 진리를 배워야 합니다. 우리가 진리를 배우게 되면 자유가 오는 것입니다. 진리인 아들이 뭐라고 했냐하면 '아들이 너희를 자유롭게 하면 너희가 자유로워지리라.' 하셨습니다.

참으로 진리가 우리를 자유롭게 합니다. 여러분들은 세상의 권세, 돈, 소유, 체면 이런 것들이 세상의 기준이잖아요. 이런 기준을 가지고 있기 때문에 이것이 여러분을 계속적으로 괴롭히는 것입니다. 그리고 이런 기준을 마음에 가지고 있을수록 교회는 다니지만 아버지께로 돌아오지 못하는 것입니다. 저는 인간의 체면으로, 명예로 자기 자신을 보고 남을 보는 기준을 모두 없앴습니다. 이것이 진리가 아니기 때문입니다.

조금은 어려운 설교 입니다. 그러나 제가 쉽게 설교 하려 합니다. 여러분들 현재 마음에, 생각에 그래도 '돈이 최고다' , 돈으로 사람과 세상을 보고자 하는 기준이 깊이 있지 않습니까? 그래서 여러분이 하나님께로 돌아오지 못하는 것입니다.

그러면 반대 것을 이야기 해보겠습니다. 여러분이 돈을 최고의 가치로 여기고 있다고 해서 여러분이 부자가 됩니까? 부자가 안 됩니다. 여러분이 많은 소유를, 권세를 좋다고 여기지만 그렇다고 그런 것들이 주어집니까? 이것들이 나쁘다고 이야기 하는 것이 아닙니다. 이런 것들이 여러분들의 기준이 되어 지고 여러분의 생각과 감정을 지배합니다.

그래서 그런 것들이 없으니까 나는 괴롭다, 슬프다, 가난하다하는 생각에 사로잡혀 사는 것입니다. 계속 나를 돈이 없다고 괴롭히고 다니는 것입니다. 교회를 다니지만 아버지께로 마음이 돌아오지 않고, 여전히 소유와 권세가 내 생각과 느낌의 기준이 되어 있기 때문에 그것이 부족하므로 괴롭고, 슬프고, 남 탓을 하고, 불화를 일으키는 것입니다. 이것이 진리입니까?

하나님은 세상을 진리로 만드셨습니다. 진리를 가지고 한 사람, 한 사람을 평가하시는 것입니다. 진리는 예수 그리스도입니다. 예수 이름이 진리입니다. 좀 더 세분하여 제가 여러분께 가르쳐 드리는 것이 예수님의 살과 피 입니다. 예수님의 피와 살이 바로 진리입니다.

그래서 여러분이 예수님의 살과 피를 먹고 마시면 진리로 돌아옵니다. 그런 사람에게 자유가 주어지는 것입니다. 아버지께로 돌아오는 것입니다. 아버지께로 돌아오면 첫 번째로 자유가 주어집니다. 소유로부터 자유가 주어지는 것입니다.

사실, 우리가 예수님을 믿기 전에는 세상에 속한 소유가 내 생각을 종처럼 끌고 다녔습니다. 자기보다 소유가 많은 사람을 만나면 열등감과 패배감이 나를 사로잡아서 그 사람 앞에선 괜히 힘을 못 씁니다. 나는 아니라고 말하는 사람은 감정이 죽은 사람입니다. 감정이 죽은 사람들은 감정을 살려내야 합니다. 열등감도 느껴야 하고 비참함도 느껴야 합니다. 감정이 살아 있기 때문에 이러한 것들을 느끼는 것입니다. 이러한 것들을 느끼며 내 자신의 비참함을 보고 아버지께로 돌아가야 합니다.

우리가 예수님의 살과 피를 먹고 마시는 과정을 통해서, 살아계신 아버지께로 돌이키면 진리로 말미암아 우리 마음에 평화, 자유, 감사, 기쁨이 우리 생각과 감정과 오감을 지배합니다. 우리 눈, 귀, 입, 촉각이 자유, 평화, 감사, 기쁨의 지배를 받습니다. 그래서 세상을 대할 때마다 세상이 아름답게 보여 지고 예쁜 소리가 들립니다. 이게 자동으로 바뀌어져서 악한 말, 추한 말은 안 하게 되고, 맑고 아름다운 말만 하게 되는 사람으로 바뀌어지는 것입니다.

여러분의 마음씨를 돌이키는 것입니다. 그리고 돌이켜지면 본문에 나오는 것처럼, 하나님 아버지께서 실제로 우리에게 그렇게 행해 주십니다. 우선 좋은 옷을 바꿔 입혀주십니다. 여러분의 비참한 옷을 벗기시고 영광과 존귀의 옷을 입히십니다. 추상적인 이야기를 하는 것이 아니라 실제를 말하는 것입니다.

여러분의 비참한 옷을 벗기고 존귀한 옷을 입혀주십니다. 그래서 '내가 존귀하고 영광스런 사람이구나!' 의식이 살아나는 것입니다. 이것은 실제적으로 일어나는 일입니다. 반지도 끼워주시고, 산짐승도 잡아 주셔서 여러분의 경제적인 가난함에서, 비참함에서 벗어나게 해주십니다.

나는 가난했습니다. 그리고 교회도 크지도 않습니다. 내가 교회를 크게 키울 능력이 없으니 시간이 오래 걸리더라도 하나님의 방법인 아버지께로 돌이키는 것을 했습니다. 아버지께서 서서히 내 가난을 없애주셨습니다. 여러분, 가난하세요, 안 하세요? 가난한데 돈 벌 재주 있으세요? 저는 여기서 스스로 돌이켜 깨달았습니다. '나는 이 세상에서 부자로 살 실력이 없구나!' 를 깨달았습니다. 여러분이 지혜로워지시길 바랍니다.

세상적으로 보면 미련한 방식이지만 성경으로 보면 지혜로운 방식입니다. "내 생각과 감정을 돌이키자!" 여러분의 생각과 감정 속에 무엇이 들어 있습니까? 이것을 보는 것입니다. 나보다 훨씬 부자를 만났습니다. 내게 위축되는 생각이 듭니다. 그 생각이 '나' 입니까? 나보다 돈이 부족한 사람을 만났습니다. '나는 너보다 돈이 많아' 란 우월감이 들었습니다. '나' 가 누구입니까? 열등감입니까? 우월감이 '나' 입니까? 누가 '나' 입니까? 둘 다 가짜 '나' 입니다.

자기보다 훨씬 외모가 좋은 친구를 만나면 열등감이 나오는 것이 정상입니다. 자기보다 부족한 친구를 만나면 우월감이 나옵니다. 이런 생각과 느낌이 '나' 입니까? 가짜 '나' 입니다. 이런 것들에 의해 울고 또 한편으로는 웃고 하며 7, 80년 살다 떠나는 것입니다. 나는 가짜 '나' 에 춤추는 것입니다. 나보다 돈이 많다, 적다, 예쁘다, 못생겼다, 공부를 많이 했다, 안했다 이런 것이 기준이, 진리가 되어 매일 이러고 살고 있지 않습니까? 이것이 바로 허랑방탕한 것입니다.

하나님은 우리의 마음을 받으시려 하십니다. 즉, 여러분의 생각이나 느낌을 받기 원하십니다. 그런데 여러분은 좋다, 싫다, 검다, 희다, 높다, 낮다에 생각이나 감정이 울고 웃고 합니다. 그리고 기도도 그렇게 합니다. 하나님께 "박 집사보다 돈이 없어요." 하고 울고, 하나님 저는 "김 집사보다 돈이 많아요."하고 웃으며 기도합니다. 뭐하세요? 시간을 허비하는 것입니다. 여러분의 생각이나 느낌을 낭비하는 것입니다. 여러분의 생각이나 느낌을 낭비하는 것이 허랑방탕입니다.

나의 생각이나 느낌 속에 들어온 것들은 실제로 '나' 가 아닙니다. 이것을 듣고 잘 생각해 보세요. 이제부터 어떤 생각이 들면 '이것이 나일까?' 해 보십시오. 그리고 이런 생각이 들면서 또 어떤 느낌이 솟구칩니다. 그것을 보세요. 그 생각과 감정을 여러분이 쳐다보십시오, 나는 가난하다 나는 불쌍하다 이런 것들을 보십시오. 이런 것들이 나를 속이고 멸망시키는 도둑놈입니다. 교회 열심히 다니면서도 사람들이 다 이렇게 속고 삽니다. 이걸 보면 굉장히 재미있습니다. 한 번 해보십시오. 이것이 나일까?

한 가지 더 말씀 드려 보겠습니다. 여러분의 몸이 내 생각이나 느낌에 뭐라고 말하는지도 보십시오. 몸이 밥 먹고 났더니 나에게 '자라' 라고 합니다. 아침에 새벽 기도하러 일어나려는데 몸이 '더 자라, 기도는 내일 해도 되잖아' 하지 않습니까? 여러분, 진리로 들어가야 합니다. 진리이신 예수 그리스도의 세계로 들어가야 합니다.

여러분이 이것을 할 줄 알아야 합니다. 우선 보아야 합니다. 어떤 생각이 나오고 느낌이 나옵니다. 이런 것을 다 보십시오, 전에는 이것이 나 인줄 알고 울고 웃고, 자고, 몸이 피곤하다하면 생각이 얼른 집에 가서 쉬자, 피곤이 여러분의 몸과 마음을 사로잡아서 끌고 다니는 것입니다. '그래, 내가 어제 잠을 제대로 못 잤지' 하며 피곤을 합리화하는 것입니다.

이사야 43장에 주님께서 피곤한 자에게 능력을 주신다고 했는데 그 말씀하고 피곤하니 자라하는 몸의 말하고 맞는 가요, 틀린가요? 안 맞잖아요. 보시기 바랍니다. 보는 것이 중요하다고 늘 이야기 하지 않았습니까. 이것을 잘 보시며 자신의 남편, 부인, 아들, 딸이 왜 그런지 알게 됩니다. 보는 것이 지혜입니다.

사람들이 왜 어리석고, 미련한가 하면 몸에 달린 두 눈밖에 없기 때문입니다. 똑똑하고 영리한 사람들은 이 두 눈 외에 제 3의 눈을 가지고 있습니다. 미련한 사람이 두 눈 가지고 볼 때 똑똑한 사람은 제 3, 4의 눈을 가지고 그 위에서 위, 아래를 다 보고 있습니다. 그런데 이 두 눈만 가지고 있는 사람들이 대개 자기가 착하고 잘난 줄 착각에 빠져 있습니다. 오히려 뒤에 눈이 달린 사람은 내가 어디가 못났고 잘났는지 객관적으로 평가하며 삽니다. 두 눈만 가지고 다니는 사람은 자기가 잘난 줄 압니다. 그래서 미련함과 어리석음을 평생 못 벗어납니다.

보기 시작하면 몸이 나에게 뭐라 하는지, 내 생각이 어떠하고 느낌이 어떤지 이것을 보는 눈이 생기는 것입니다. 장사 잘하는 사람이 장사의 눈, 공부 잘 하는 사람이 공부하는 눈을 가지는 것처럼 말입니다. 대개 두 눈만 가지고 있는 사람이 단순하고 자기가 착하고 잘하고 있는 줄 압니다. 그러나 제가 볼 때 미련한 것입니다. 그래서 1류나 2류가 못되는 것입니다.

그래서 하나님이 우리를 불러 낸 것입니다. 그러면 이제부터 깨달음입니다. "아! 내 생각에, 느낌에, 내 몸에 팔려 다니는 것이 허랑방탕한 것이 구나!" 하는 것을 스스로 깨닫는 것입니다. 깨닫는 것은 자다가 깨어나는 것입니다. 눈이 감겼는데 눈이 열어지는 것입니다. 보이게 되는 것입니다.

예를 들어, 다시 설명하겠습니다. 어린 청소년들은 게임에 생각이 사로잡히면 그에 따른 느낌이 받쳐줍니다. 그러면 돈 1~2천원 구해서 그것에 끌려가 버립니다. 그리고 그것을 해야지만 속이 시원하고 풀어지는 것입니다.

여러분도 그렇지요? 이것을 보는 것입니다. 내 생각과 감정이 헛된 것에 끌려 다니고 있음을 보는 것입니다. 매일 끌려 다니는 것이 자유를 상실하고 사는 것입니다. 그 반대 것을 이야기 하겠습니다. 저는 이것들을 다 없애고 제 몸에다가 진리를 집어넣었습니다. 어떻게 집어넣었느냐하면 주님의 말씀을 먹고 피를 마셨습니다. 그랬더니 주님의 자유가 나를 끌고 다닙니다. 주님의 평화와 기쁨이 내 몸이나 생각이나 느낌을 끌고 다니는 것입니다.

결론을 말씀드립니다. 스스로 깨닫기를 바랍니다. 아버지 하나님은 영이십니다. 그러니 당연히 여러분도 영으로 해야 합니다. 여러분의 생각이나 느낌에 대해 영이신 아버지께로 돌아가기 위해 길을 뚫어야 합니다. 그 첫 번째 공사가 여러분의 몸이 뭐라고 하는지 보는 것입니다.

쓸데없이 걱정, 고민하고 근심하고 열등감에 사로잡히고 텔레비전 보며 여러분의 생각과 감정을 그리고 삶을 낭비하지 마십시오. 몸이 원하는 대로 끌려 다녔다는 것에 눈이 열어지고 싸움을 해야 합니다. 척결해야 합니다. 척결되어지면 평화, 감사, 자유로 내가 조절하는 것입니다. 내가 선과 의를 가지고 내가 나를 끌고 다니는 것입니다. 자유를 가지고 내가 나를 데리고 다니는 것입니다.

그러면서 끊임없이 위, 아래, 앞으로, 뒤로, 눈이 계속 열어지는 것입니다. 계속 진보가 이루어집니다. 눈이 30m만 보는 것이 아니라 50m, 100m, 1000m 계속 눈이 열어지는 것입니다. 이렇게 하면 우선 사는 게 자유하고 재미있습니다. 아버지께서 좋은 옷을 부여하고 걱정, 근심, 염려 없이 살게 하시고, 나를 가난에서 벗어나게 하시고, 앞날을 완전 책임 보장해 주십니다. 잔치를 해주십니다.

물론, "예수님도 고난 당하셨잖아요?"하고 반론할 수 있습니다. 그렇습니다. 우리는 부유할 수도 있고 가난할 수도 있습니다. 하나님은 우리를 이끄시고 우리로 하여금 세상에 살고 있지만 하나님 나라를 살아가게 해주시는 자유의 축복을 주십니다. 아버지께로 돌아오면 말입니다. 요즘 어떻게 사십니까? 힘드십니까? 지금까지 이런 것을 안 보고 사시지 않았습니까? 잘 보고 삽시다.

3

양이 되세요

「여호와는 나의 목자시니 내게 부족함이 없으리로다 그가 나를 푸른 풀밭에 누이시며 쉴 만한 물 가로 인도하시는 도다 내 영혼을 소생시키시고 자기 이름을 위하여 의의 길로 인도하시는 도다 내가 사망의 음침한 골짜기로 다닐지라도 해를 두려워하지 않을 것은 주께서 나와 함께 하심이라 주의 지팡이와 막대기가 나를 안위하시나이다 주께서 내 원수의 목전에서 내게 상을 차려 주시고 기름을 내 머리에 부으셨으니 내 잔이 넘치나이다 내 평생에 선하심과 인자하심이 반드시 나를 따르리니 내가 여호와의 집에 영원히 살리로다」

(시편 23편)

내게 부족함이 없으리로다. 나를 푸른 초장으로 누이시고 쉴만한 물가로 인도하시는 도다. 자기 이름을 위하여 의의 길로 나를 인도하신다. 내가 사망의 음침한 골짜기로 다닐지라도 해를 두려워하지 않을 것은 주님이 나와 함께 하시고 주님이 원수의 목전에서 상을 베푸시는 까닭입니다. 내 잔이 넘치나이다. 그러므로 내가 평생에 여호와의 집에 영원히 살겠다 하는 말씀입니다.

이 말씀처럼 되는 것이 중요합니다. 이 말씀을 암송하는 것보다 그대로 되는 것이 더 중요합니다. 성경은 사실을 이야기 합니다. 되는 이야기를 하고 있는 것입니다.

광야란 무엇입니까? 여러분의 인생길이 광야와 같이 길이 없지 않습니까? 광야란 무엇을 어찌 할 줄 모르고 갈길 몰라 하는 어려운 상태를 말합니다. 어디하나 희망의 끈을 붙잡을 수 없는 길이 없는 상황, 그런 광야에 주님이 길을 내신다고 하십니다.

우리가 알다시피 사막에 물이 있습니까? 간혹, 오아시스가 있긴 하지만 사막은 물이 없는 곳을 의미합니다. 그런 사막에 하나님이 강을 뚫어 주시겠다고 합니다. 여러분의 마음이나 삶이 사막같이 메마르고, 건조하고, 간간한 땅일 지라도 주님이 강을 '뻥!' 뚫어 주셔서 물이 철철 흘러넘치게 하겠다는 약속입니다.

본문의 말씀에도 부족함이 전혀 없다고 약속하고 있습니다. 이렇게 사는 것이 여러분의 꿈이요, 소원인 줄 압니다. 전혀 부족함이 없는, 광야에 길 뚫어지고, 강이 열리는 그런 은총이 여러분 심령 속에 있기를 원합니다.

이런 말씀들을 우리가 이해만 하고, 넘어 가서는 안 됩니다. 우리 심령이나 생활 속에 이런 일들이 만들어져야 합니다. 그런데 이러한 일은 어려운 일이 아닙니다. 요한 일서 5장에 하나님의 계명은 어렵지 아니하다고 나옵니다. 광야에 길 뚫어지고 사막에 강 열어지는 것은 굉장히 쉬운 일입니다. 주님께서 많은 이야기를 하셨다면 복잡해지는데 그저 옛적 일을 생각하지 말고 이전 일을 기억하지 말라고 하셨습니다.

이사야 43장 18-20절에도 이것이 잘 표현되어 있습니다.

「너희는 이전 일을 기억하지 말며 옛날 일을 생각하지 말라 보라 내가 새 일을 행하리니 이제 나타낼 것이라 너희가 그것을 알지 못하겠느냐 반드시 내가 광야에 길을 사막에 강을 내리니 장차 들짐승 곧 승냥이와 타조도 나를 존경할 것은 내가 광야에 물을, 사막에 강들을 내어 내 백성, 내가 택한 자에게 마시게 할 것임이라」

이것만 하면 됩니다. 여기다 여러 가지를 늘어놓고 하나님이 이거해야 한다, 저거 해야 한다고 하지 않으셨습니다.

이 말씀이나 시편 23편의 말씀은 같은 말씀입니다, 이전 일과 옛적 일을 생각하거나 기억하지 아니하면 광야에 길을 뚫어준다는 것입니다.

여러분, 삶이 막혔어요? 목말라요? 강을 여십시오. 이전 일과 옛적 일을 생각하거나 기억하지 않으면 말입니다. 이것만 하면 됩니다.

어려워요, 쉬워요? 저는 너무 쉬워서 이렇게 복 터지는 말씀이 성경에 가득 쓰여 있는 것을 볼 때마다 너무 감격스러워 견딜 수가 없습니다. 너무 쉽잖아요. 만일, 하나님이 제게 내가 네게 복 줄 테니 서울대를 졸업하고 서울대 대학원을 나와서 하버드대에 들어가면 세계에서 가장 위대한 인물로 만들어주겠다고 하시면 너무 어렵잖아요.

여러분, 이렇게 안 하고 뭐하십니까? 여러분은 대개 시간을 그냥 보내고 있지 않습니까? 그래서 작년이나 금년이나 좋은 것으로 달라질 기미가 별로 보이지 않습니다.

여러분, 제가 해보니 이것은 사실입니다. 그래서 저는 이전 일이나 옛적 일을 철저히 없앱니다. 이전 일이나 옛적 일이 나의 생각이나 나의 감정을 사로잡아서 "그 사람만 보면 성질나요", " 그 생각만 하면 끔찍해요" 하지 않도록 이런 것들을 없애버립니다. 그러면서 하나님께 "광야에 길 열어 주세요.", "강물 좀 내 주세요." 합니다. 이것이 내 꿈입니다.

나와 함께 꿈을 꿉시다.

요셉의 꿈을, 그 시대 세상을 구원하는 꿈을 그러나 본래 그 꿈의 주인은 그의 것이 아닙니다. 꿈의 주인은 따로 있었습니다. 다만 그에게 그렇게 하신 것입니다. 세상을 구원하실 자신의 꿈을 그렇게 불러내신 것입니다.

오늘도 그 꿈을 깨닫는 이에게 세상 구원의 비밀을 드러내고 계십니다.

한 아이가 있어 뜻을 찾아냈습니다. 긴 세월 영문 모르고 삶의 진통을 겪고 있다가 하늘의 뜻이 무엇인지 발견했습니다. 그것을 깊이 새겨야 했습니다. 사랑은 자신을 그에게 깊이 새겨 주는 것입니다.

속절없이 끌려 하늘의 뜻으로 새겨져야 했습니다. 애통했습니다.

그의 살은 벌어지고 뼈는 드러나고 패여야 했습니다. 그러나 신음소리도 내지 못했습니다. 고통은 그에게 삶이었기 때문입니다. 하지만 지하 감옥은 절망의 끝이었습니다. 가장 끝자락에서 새로운 꿈의 문이 열렸습니다. 세상 구원의 열망이 그 분의 소망임을 피투성이가 된 떡 관원장의 죽음을 보고 알았습니다. 다시 살아나는 술 관원장에게서 생명을 보았습니다.

그분과 나는 함께 죽었다가 함께 살아 난 것입니다. 나는 꿈을 꿉니다. 요셉의 꿈을, 구원의 꿈을, 그분의 꿈을 내 삶의 진통은 그분의 수고입니다. 나는 뜻을 새겼습니다. 요셉의 뜻을, 구원의 뜻, 그분의 뜻을

내 살은 벌어졌고 뼈는 깎였습니다.나의 죽음은 그분의 죽음입니다.

바람이 불어도, 찾는 이 없어도 꿈을 꿉니다. 세대에 상관없이 요셉의 꿈을 나는 꾸고 있습니다.

그분이 내게 오시는 꿈을….

새해를 맞이해 시 하나를 썼습니다. 여러분, 쉽습니다. 부족함이 없는 삶을 살려면 광야에 길을 내야 합니다. 길을 내려면 옛적 일을 생각하지 말아야 합니다. 그래서 하나님께서 요셉을 감옥에 가두시고 이전 일, 옛적 일에 대한 살을 찢으시고, 뼈를 긁어내서 지운 것입니다. 그리고 요셉에게 하늘의 뜻을 새겨 넣으셨습니다. 요셉을 통해서 광야에 길이 열어지고, 사막에 강물이 뚫어지는 은총을 역사 속에서 드러내신 것입니다.

우리가 요셉의 꿈을 꾸려면 요셉의 심령으로 돌아가서 그 꿈을 소유할 때에 하나님이 오늘도 세상 구원의 은총을 깨닫게 하시고, 우리가 그 일을 이룰 수 있는 사람이 되도록 만들어 주시고 변화시켜 주시는 것입니다. 아마 여러분들은 속 깊이 이해하지 못할 것입니다. 나는 요셉을 생각하면서 내 꿈을 꾸는 것입니다. 하나님은 특별한 사람을 쓰시는 것이 아닙니다. 순종하는 사람을 쓰십니다.

시편 23편대로 주님은 목자이십니다. 주님의 평판은 이미 우리가 알고

있습니다.

그분은 지혜롭습니다. 부자이기도 합니다. 사랑이 많으십니다. 긍휼이 많으시기도 합니다. 그분은 주시기를 좋아하십니다. 예수님은 선한 목자, 여호와는 나의 목자이시니 내게 부족함이 없으리로다 라고 고백합니다.

예수님이 얼마나 훌륭하신 분인지 다 알고 계시죠? 이분이 나의 목자이십니다. 너무나 부자이고, 지혜와 사랑이 충만한 분이십니다. 섬세한 분이시기도하고 권능이 충만한 분이시기도 합니다. 개인의 역사를 약간 조절하실 수 있는 분이시기도 하고 세계사를 크게 뒤바꿀 수도 있는 분입니다.

심지어 "태양아! 너는 기브온 위에 머무르라!" 이렇게도 하실 수 있는 분입니다.

우리가 이분을 믿는 것입니다. 이분을 다윗이 자기 목자로 삼았더니 부족함이 없다고 고백한 것입니다. 모쪼록 이 섬세하신 예수 그리스도가 여러분의 목자가 되셔서 여러분의 월급과 쌀 창고, 여러분의 육신의 건강에, 여러분의 직장에, 자녀 속에 주님의 지혜와 부요의 축복이 있기를 주의 이름으로 축원을 드리겠습니다.

이분이 나의 목자이시니 우리는 뭐만 되면 됩니까? 양만 되면 됩니다. 쉽습니다. 글자도 쉽습니다. 그것도 한 자 "양" 입니다.

하나님은 우리를 너무 사랑하셔서 힘들까봐 고개를 들었다가 내리기만 하면 되게 하셨습니다. 이렇게 쉽게 해놓았는데 왜 그렇게 어렵게 하려 하는지 모르겠습니다.

비장하게 금년 새해에는 기도를 많이 하리라! 금식하리라! 철야 하리라! 비장하게 결단하고 꿈을 꾸려합니다. 그러지 마세요. 쉽게 하십시오. 그냥 양이 되세요. 얼마나 쉬운지 모릅니다.

로마서 8장에 양이 어떠한 모습으로 사는지 잘 나와 있습니다. 육체로 사는 자는 반드시 죽을 것이나 영으로 사는 자는 생명과 평안 이니라 라고 나옵니다. 일련의 과정을 설명하려면 어렵지만 결론만 이야기하면 로마서 8장은 "누가 나를 대적하느냐!, 누가 나를 송사하리요!, 정죄하리요!, 누가 나를 그리스도의 사랑에서 끊으리오!" 입니다. 이것은 "내게 부족함이 없으리라" 인 것입니다. 로마서 8장에는 양으로 안 나오고 영으로 나옵니다.

이렇게 주님께서 쉽게 해주셔서 저는 너무 좋습니다. 그런데 모르면 이 비밀을 찾느라고 여기 저기 찾아 헤매고, 그 헤맨 것들이 쌓이는 것입니다. 여러분이 금년에 영이 되고, 양이 되십시오. 되기만 하면 세상 말로 대박입니다. 광야에 길 열어지는 것입니다.

광야에 길이 열어지는 말씀이 고린도전서 2장 9절에 보면, 하나님을 사랑하는 자를 위하여 예비하신 것은 눈으로 보지 못하고, 귀로 듣지 못하고, 사람의 마음으로 생각지도 못한 것이라고 했습니다. 생각지 못한 일이 벌어집니다. 우리 성도들 금년에 생각지도 못한 일들이 일어나기를 바랍니다. 양만 되면 됩니다.

우리가 혼자 하려면 힘이 듭니다. 그래서 목자가 필요합니다. 그리고 목자가 되려면 먼저 양이 되어야 합니다. 목자가 자기는 양이 아니면서 목자하면 삯꾼 목자입니다. 그래서 양을 데리고 자기 욕심의 길로 데려가서 한 마리, 두 마리 잡아 먹고 털 깎아 먹는 것입니다. 자기가 양이 되지 않고 목자가 되면 그렇습니다.

그래서 세례 요한이 주 예수 그리스도를 보고 보라 세상 죄를 지고 가는 하나님의 어린 양이라고 한 것입니다. 예수님은 목자이시기 전에 양이십니다. 그래서 아버지 하나님께서 어린 양이신 예수 그리스도께 하나라도 남김이 없이 다 주십니다. 내가 아버지께 받은바 된 것을 너희에게 준다고 하십니다. 아버지께 그분이 얼마나 많이 받아서 쓰시는지 모릅니다. 그분이 양이기 때문입니다.

시편 23편은 예수님께서 아버지는 나의 목자시니 내게 부족함이 없으리라, 내가 사망의 음침한 골짜기를 다닐지라도 해 받을 것을 두려워하지 않

을 것은 아버지의 지팡이와 막대기가 나를 안위하신다는 것을 표현한 것입니다. 그 이야기를 다윗을 무대에 올려놓고 하시는 것입니다. 다윗을 통해서 자기를 나타내시는 것입니다. 그럼 다윗은 신나는 것입니다. 하나님께서 이 역사의 무대에 나를 올려놓으시고 자기의 영광과 자기의 뜻을 나타내시니 너무나 기쁘고 감사한 것입니다. 우리가 이렇게 주 예수 그리스도로 말미암아 쓰임 받는 여러분이 되시기를 축원합니다.

그래서 역사는 그분의 역사이고 이야기입니다. 그분의 이야기를 우리를 사용하시는 것입니다. 사람들은 요셉을 위대한 사람으로 말합니다. 그러나 우리와 똑같습니다. 예수 그리스도께서 요셉을 통해서 자기를 나타내신 것입니다. 그러한 행사를 행하신 것입니다. 요셉을 통해서 요셉시대에 많은 사람들을 위험과 식량의 위기에서 건져내시고 자신의 존재를 드러내신 것입니다. 그러면서 요셉을 신나게 쓰신 것입니다. 요셉은 너무 감격스럽고 기뻤습니다.

요셉은 처음부터 그런 능력이 있었어요? 여러분도 있어요? 여러분이 그런 능력이 있으면 여기 와서 앉아 있지도 않습니다. 하나님께서 우리 같은 사람들을 불러내서 자기를 나타내는 것입니다. 저도 또한 하나님의 소망을 가질 수 없었습니다. 그런데 주님께서 친히 하십니다. 요셉을, 다윗을 친히 사용하신 것입니다. 그들을 통해서 자기를 나타내신 것입니다. 그래서 저도 희망이 있고 소망이 있는 것입니다. 나를 바라보면 아무런 소망이 없습니다. 우리가 그런 쓰임 받고 은혜와 축복을 누리려면 시편 23편대로 양이 되면 됩니다. 이것도 못합니까?

신명기 28장을 볼까요. 1절부터 다같이 읽겠습니다.

「네가 네 하나님 여호와의 말씀을 삼가 듣고 내가 오늘 네게 명령하는 그의 모든 명령을 지켜 행하면 네 하나님 여호와께서 너를 세계 모든 민족 위에 뛰어나게 하실 것이라. 네가 네 하나님 여호와의 말씀을 청종하면 이 모든 복이 네게 임하며 네게

이르리니 성읍에서도 복을 받고 들에서도 복을 받을 것이며, 네 몸의 자녀와 네 토지의 소산과 네 짐승의 새끼와 소와 양의 새끼가 복을 받을 것이며 네 광주리와 떡 반죽 그릇이 복을 받을 것이며 네가 들어와도 복을 받고 나가도 복을 받을 것이니라」

이것도 순종 하나만 하면 됩니다. 이사야 43장 18절로 하면 옛적 일을 기억하지 않는 것이고, 시편 23편으로 하면 양되는 것이고, 신명기 28장으로 하면 순종하는 것입니다. 순종이 무엇일까요? 요한복음 3장으로 끝 절로 가보겠습니다.

「아들을 믿는 자는 영생이 있고 아들을 순종하지 아니하는 자는 영생을 보지 못하고 도리어 하나님의 진노가 머물러 있느니라.」

순종하면 영생을 줍니다. 또한 믿는 자에게도 영생을 준다고 나옵니다.

순종이나 믿음이나 같은 것입니다. 믿음이 있는 자는 분명히 순종하는 자입니다. 순종하는 자는 믿음이 있는 것입니다. 그 두 가지 결과로 영생의 축복이 주어지는 것입니다.

만일, 우리가 순종을 안 한다면 믿음이 없음을 증명하는 것입니다. 믿음이 없으니 순종을 안 하는 것입니다. 그러니 나가도, 들어가도 복이 안 오는 것입니다. 순종 안 하고 여러분이 뭐하고 있냐면 옛적 일이나 생각하는 것입니다. 전도서에 옛날 일을 자랑하는 자는 어리석은 자라라고 나옵니다. 여러분들이 바로 오늘이 잘 되시기를 주의 이름으로 축원합니다.

시편 23편을 보면 우리는 양이 되면 됩니다. 양은 신명기 28장으로 하면 순종입니다. 순종은 또한 믿음입니다. 믿음은 영생입니다. 믿음은 무엇입니까? 바라는 것들의 실상입니다. 실상은 하나님의 선물입니다. 그래서 믿음은 하나님의 선물이라고 하는 것입니다. 그러니까 여러분의 마음에 믿음 선물을 받으면 양이 되는 것입니다.

그런데 그렇게 오래 교회 생활을 했는데 왜 양도 안 되고, 믿음도 없이 사십니까? 그러니 여러분 삶이 어려워지는 것입니다. 주님 앞에서 제가 해보니까 지금 말씀 드린 그대로입니다. 주님께 내가 순종하는 것입니다. 순종하는 것이 무엇입니까? 바로 믿음입니다.

믿는 자에게 능치 못함이 없다. 믿고 구한 것은 받은 줄로 믿으라. 믿음으로 말미암아 영생이 주어지는 것입니다. 믿음은 하나님의 선물입니다. 이 선물 하나를 마음에 받는 것입니다. 이 믿음 하나 받고 있으니 성경 어디를 봐도 내 이야기입니다.

여호와를 기뻐하라 저가 네 마음의 소원을 이루어 주시리라. 너의 길을 주께 맡기라. 저를 의지하면 저가 이루시고 네 의 빛같이 나타내시며 네 공의를 정오의 빛같이 하시로다.

여러분, 이 말씀이 어제 제게 큰 은혜가 되었습니다. 이 공의나 의가 무엇입니까? 믿음입니다. 내가 믿음을 가지고 있으면 요셉처럼, 다윗처럼 정오의 햇빛처럼 빛나게 하신다는 것입니다.

신명기 28장은 순종에 대한 말씀입니다. 순종은 믿음이라고 했습니다. 믿음은 하나님께서 우리 마음에 주십니다. 그래서 나 여호와는 사람의 외모를 보지 아니하고 마음을 본다고 하신 것입니다.

그런데 예수님께서 이 백성이 입으로는 나를 존경하고 마음이 내게서 멀다고 하셨습니다. 여러분, 금년에 하셔야 할 일은 양이 되는 것입니다. 다른 여러 가지 하지 말고 양이 되는 이것 하나만 하면, 믿음도 가지고, 순종도 가지고, 영생도 가지게 되는 것입니다. 부족함이 없습니다.

저는 예전에 가난했습니다. 방 한 칸에 남녀 구분없이 8명이 잤습니다. 어렸을 때 그렇게 살았습니다. 청소년 시절 늦게 와서 제 잠자리를 찾으려면 멀리 돌아가야 했습니다. 가난이 저는 천직인줄 알았습니다. 잘 살 길도 희망도 보이지 않았습니다. 그러다가 예수님을 만나니 뛸 듯이 기뻤습니

다. 부자 되는 길이 무엇일까. 그때 누가 정통으로 양되는 길을 가르쳐주지 않고, 40년 동안 가는 길을 가르쳐줘서 저도 연구만 했습니다.

그런데 이게 아닌 거 같고 좀 더 쉬운 길이 없을까. 그래서 주님께 물었더니 가르쳐주셨습니다. 여러분들은 저한테 쉬운 길을 배우고 계신 것입니다. 혹시 하나님께 역사 속에서 위대하게 쓰임받길 원하신다면 제가 그것이 성취되는 방식과 공식을 가르쳐드릴 것입니다. 하나님이 제게 주신 그림이 있는데 역사의 무대에서 말을 타고 달리는 그림입니다. 하나님이 내 생에 이것을 이뤄주시기를, 저는 늘 꿈꾸며 살아온 것입니다.

우리는 양만 되면 됩니다. 다윗이 양이었나요, 아니면 염소였나요? 다윗은 양입니다. 다윗은 성경에 내가 이새의 아들 다윗을 만나니 저가 내 마음에 합한 사람이라고 나옵니다. 하나님의 뜻을 이루어 드릴 수 있는 방식은 간단합니다. 하나님의 마음과 내 마음이 합쳐지면 됩니다. 제가 이것을 터득한 것이고 이것을 가르치는 것입니다. 제가 주님의 마음을 품고 있으니 사는 게 너무 편안합니다. 그리고 하나님께서 저를 이대로 내버려 두지 않으십니다.

금년에 들어서면서 하나님이 저를 한 단계 더 발전시키셨습니다. 작년 말에 제 영과 마음을 하나님께서 그 다음의 길로 인도하시는 것을 제가 알고 있었습니다. 그것이 구체화 되지 못하고 순종하지 못했는데 이제 한 단계 발전한 것을 느낄 수 있습니다.

양은 순종입니다. 순종은 곧 믿음입니다. 내 마음 속에 하나님에 대한 소망, 확신은 다 하나님의 선물입니다. 요셉이 갖고 싶다고 해서 갖은 것이 아니고, 자청해서 감옥에 들어간 것도 아닙니다. 다윗이 자청해서 사울에게 쫓긴 것이 아닙니다. 하나님이 그렇게 하신 것입니다. 이것을 통해서 하나님께서 선물을 주려고 한 것입니다.

우리는 본래 염소였습니다. 염소는 들이 받고 뒷발질하길 잘 합니다. 가자고 해도 잘 안 갑니다. 그리고 자기가 목자보다 앞으로 가려고 합니다. 목자가 앞에서 끌려고 하면 안 갑니다. 자기가 목자인 것입니다. 예수님은 어린 양이시고 목자입니다. 저도 마찬가지입니다. 저도 예수님이 보낸 목자입니다.

여러분과 함께 저도 예수님의 양입니다. 먼저 양이 되어야 합니다. 내가 양인 다음에 목자로 가야지 양은 아니면서 목자가 되면 삯꾼 목자가 되는 것입니다. 저는 삯꾼 목자가 되고 싶지 않고, 선한 목자가 되고 싶습니다. 여러분도 그러하리라 믿습니다.

사도행전 2장 38절을 읽겠습니다.

「베드로가 이르되 너희가 회개하여 각각 예수 그리스도의 이름으로 세례를 받고 죄 사함을 받으라. 그리하면 성령의 선물을 받으리니」

회개하면 선물을 준다고 합니다. 선물은 성령입니다. 고린도전서 12장 1-3절을 보면 누구든지 성령으로 하지 아니하고는 예수를 주라 시인할 수 없다고 나옵니다.

하나님께서 회개하는 자에게 성령을 주셔서 예수를 주라 믿게 하시겠다는 것입니다. 금년에 성령 충만 받으십시오. 성령을 받으려면 어떻게 해야 합니까? 누가복음 11장 13절에 보면 '구하라! 찾아라! 두드려라! 그리하면 너희에게 성령을 선물로 주리라' 라고 합니다. 회개하려면 구하고 찾고 두드려야 하는 것입니다. 이것은 돈 복을 주시고, 사업에 축복을 주십시오! 가 아닙니다. 구하고 찾고 두드리는 것이 확실히 무엇입니까? 회개하는 것입니다. 그러면 성령을 선물로 받는 것입니다.

이사야 43장에 이전 일과 옛적 일을 기억하지 말라는 말이 무엇입니까? 구하고 찾고 두드려서 이전 일, 옛적 일을 회개하라는 것입니다. 이것이 에

베소서 4장에 가면 너희는 구습을 좇는 옛 사람을 벗어버리라 입니다. 구습을 좇는 것이 무엇입니까? 거짓되고 욕심 사납고 성질부리고 자존심 부리는 것입니다. 여러분들 속의 영을 들어가 보면 정말 순종하기 싫은 악질적인 마음이 들어 있습니다. 그래서 이전의 생각, 했던 말, 일들을 찾아내서 없애야 하는 것입니다.

이제 이 길을 가기 위한 싸우는 법을 자세히 가르쳐드리고 끝내겠습니다. 싸우려면 무기가 있어야 합니다. 이것이 여러분에게 가르쳐드린 말씀의 검과 십자가의 피입니다. 이것은 기본으로 있어야 합니다. 두 번째로 적군을 잘 볼 줄 알아야 합니다. 현실에서도 북한에서 제트기가 뜨면 남한에서 F15기가 같이 뜹니다. 그리고 인공위성으로 북한을 샅샅이 살피고 있잖아요. 적군을 보아야 하는 것입니다.

게으름을 예를 들어 이야기 하자면, 이불 속에 들어가 있으면 얼마나 좋은지 모릅니다. 그런데 그런 사람에게 뭐 해라하고 이야기를 하면 신경질을 부립니다. 이것은 파생되어져 나오는 것입니다. 게으름을 떨고 이불 속에서 궁상떨고 있습니다. 기와집을 12채씩 지었다 헐었다 하는 것입니다. 실제로 여러분들이 그러고 있지 않습니까? 로또에 당첨되면 10억은 저축하고, 아파트도 사고, 남은 돈으로 여행이나 하고 다녀야지 하고 있지 않습니까?

이 게으름 하나 가지고 수도 없이 많은 악들이 나오는 것입니다. 로또 하다가 심심하면 음란을 꿈꿉니다. 다들 그렇지 않습니까? 게으른 사람들은 이불 속에서 공상으로 음란을 꿈꿉니다. 그러면서 의식 상태에 무기력이 오는 것입니다. 내성적, 소극적, 무능력이 몰려옵니다. 마치 잠에서 깨어 흐리멍텅한 것처럼 말입니다. 이런 사람에게 광야에 길이 열어지고 샘이 열어지겠습니까? 그러고도 잘 살기를 바라십니까?

이런 것들을 보십시오. 게으름 하나 가지고 내 속에 감추어진 허상, 거짓

된 의식으로 내 마음이 어떻게 만들어져 있는지 보십시오. 게으름 하나가 지고 엄청나게 많은 것을 잡아낼 수 있습니다. 많이 잡아낼수록 통찰력이 생기는 것입니다. 통찰력은 지혜 입니다. 나중에 숙달 되면 내 마음의 위, 아래, 구석구석을 살피는 스캐너가 만들어져서 어떤 죄나 악한 영이나 거짓들이 침투하지 못하게 됩니다. 마음이 청결한 자는 저희가 하나님을 볼 것이요 즉, 목자이신 예수 그리스도를 보게 되는 것입니다.

어렸을 때부터 교육을 잘 받으면 좋았을 텐데, 어릴 때부터 흐리멍텅하게 살아서 지금하려고 하니 힘이 드는 것입니다. 사실 쉬운 것인데 말입니다. 그래서 제가 여러분에게 자기 성질대로 한다고 말하는 것입니다. 자기 성질대로 하면 예수를 30년 믿어도 광야에 길이 안 만들어집니다. 여러분 스스로도 발견을 하셔야 합니다. 제가 개인적으로 이야기 해주고 책망도 해주잖아요. 책망은 곧 사랑입니다. 잠언 9장 7절에 거만한 자를 책망하면 미움을 받는다고 나옵니다. 혹시 책망 받는데 미움이 나오면 거만한 사람입니다. 거만을 보시기 바랍니다.

영은 양이 되는 것입니다. 양되는 것은 하나님의 선물입니다. 이 선물을 받으려면 마음속에 있는 것들을 지워야 합니다. 이 말씀을 듣고 순종해서 따라오십시오. 1년, 2년 시간이 걸릴 수 있습니다. 그러나 안 하면 그 상태 그대로 있는 것입니다. 말씀을 통해서 제가 여러분을 양으로 바꿔 드리겠습니다.

제가 해보니 사는 게 너무 편안합니다. 지금 실업자가 늘어나고 세계 금융위기지만 이런 상황 속에서도 걱정할 필요 없습니다. 상황이 어려울수록 예수님을 부르면 예수님이 뛰어 오십니다.

복음서에 회당장 야이로의 딸을 고치러 가는 길에 12년 혈루병 걸린 여자가 예수께 손을 데었습니다. 예수께서 가던 길을 멈추고 누가 내 몸에 손을 대었느냐 하시니, 여인이 숨길 수 없어 선생이여 제가 손을 대었습니다

라고 고백하며 나옵니다.

이것이 곁다리, 새치기 복입니다. 급하면 급한 대로 주님께서 응답을 주신다는 것입니다.

지금 예수님이 아이로의 집에 열심히 가시는 길에 그 여인이 회당장 야이로보다 더 급하게 소리를 지른 것입니다. "예수님!" 예수님이 돌아보신 것입니다. 사실을 이야기 한 것입니다. 어렵다면서 왜 예수님께 소리 지르지 않으십니까.

우리는 양이 되어야 합니다. 양이 되려면 회개해야 합니다. 옛적 일을 기억하지 말아야 합니다. 그리고 자세하게 자신을 보는 통찰력을 가져야 합니다.

내가 미사일을 가지고 있습니다. 적군이 어디서 온다는 걸 알았습니다. 그러면 싸움은 이미 끝난 것입니다. 그런데 미사일을 100개를 가지고 있어도 적군이 어디서 어떻게 오고 있는지 모르면 어찌 할 바를 모르는 것입니다. 그래서 적군을 보는 것이 중요합니다.

제가 설명한 것을 잘 깨달으셔서 부디 싸움을 잘 하시기 바랍니다.

4

너희 앞에 두나니

「내가 오늘 복과 저주를 너희 앞에 두나니 너희가 만일 내가 오늘 너희에게 명하는 너희의 하나님 여호와의 명령을 들으면 복이 될 것이요 너희가 만일 내가 오늘 너희에게 명령하는 도에서 돌이켜 떠나 너희의 하나님 여호와의 명령을 듣지 아니하고 본래 알지 못하던 다른 신들을 따르면 저주를 받으리라 네 하나님 여호와께서 네가 가서 차지할 땅으로 너를 인도하여 들이실 때에 너는 그리심 산에서 축복을 선포하고 에발 산에서 저주를 선포하라 이 두 산은 요단 강 저쪽 곧 해지는 쪽으로 가는 길 뒤 길갈 맞은편 모레 상수리나무 곁의 아라바에 거주하는 가나안 족속의 땅에 있지 아니하냐 너희가 요단을 건너 너희의 하나님 여호와께서 너희에게 주시는 땅에 들어가서 그 땅을 차지하려 하나니 반드시 그것을 차지하여 거기 거주할지라 내가 오늘 너희 앞에 베푸는 모든 규례와 법도를 너희는 지켜 행할지니라」

(신명기 11:26~32)

싸움을 하고 삽시다. 부부간에, 부모와 자식 간에, 이웃 간에 싸우란 말이 아닌걸 아시죠? 여러분의 죄악과 싸우라는 말입니다. 싸우려면 무기가 있어야 됩니다. 구약 성경은 모두 전쟁하는 이야기입니다. 구약교회는 모두 전쟁했습니다. 모세로부터 시작해서 애굽을 떠날 때도, 광야에서도, 가나안 땅을 정복할 때도, 그 이후 사사시대 때 미디안 족속과도 계속 싸움을 했습니다. 그것이 구약교회입니다.

구약교회는 신약교회의 그림자, 시청각 모형이라고 합니다. 하나님이 역사 즉, 시간과 공간에 자신이 하려는 일을 시각적으로 드러내신 것입니다.

구약은 역사 속에 나타난 사건들로 이루어져 있습니다. 그것을 보면서 오늘날 우리가 무엇을 할 것인가에 대한 명확한 답을 보여주는 것입니다.

구약교회는 처음부터 끝까지 싸움하는 것입니다. 그러므로 신약교회도 싸워야 합니다. 그런데 싸움을 합니까, 안 합니까? 싸움을 하지 않고 그냥 교회를 다니고 있습니다.

히브리서 8, 9, 10장에 보면 구약교회는 신약교회의 예표, 그림자, 모형이라고 나옵니다. 신학교에서는 모형학에 대해 배웁니다. 구약은 역사 속에 나타낸 것이고, 신약은 오늘날 영적으로 해석하고 그대로 행하는 것입니다. 구약교회는 블레셋, 미디안과 싸웠으니 우리도 칼을 만들어서 이웃과 싸워야 합니까?

이것을 영적, 마음, 삶으로 해석해야 합니다. 우리 마음에 미디안, 여부스, 블레셋 족속들이 숨어 있습니다. 여러분 마음에 블레셋 족속이 뭐냐 하면 신경질, 분노, 원한, 거짓, 욕심들 입니다. 마음에 이것들이 가득 들어 있습니다. 거짓이 들어 있으니 삶을 거짓으로 삽니다. 적군은 자신의 마음에, 생활 속에 있는 것입니다.

적군을 명확히 해야 합니다. 적군은 남편이, 부인이 아닙니다. 교회의 목사님이, 이웃 교회 목사나 성도들이 아닙니다. 적군은 내 안에 있습니다. 생활 속에 들어 있습니다. 이불 속에 게으름이 있습니다. 우리 앞에 부지런함과 게으름이 있습니다. 우리 앞에 평화와 불화가 있습니다.

여기에서 선택은 누구의 몫입니까? 여러분의 것입니다. 선택할 때 하나님께 물어본다고 꿈에 음성으로 들려달라고 기도하지 마십시오. 이것은 미련한 짓입니다. 여러분 불화와 평화 중 무엇을 선택하겠습니까? 평화와 불화 중 평화를 선택하면 됩니다.

우리의 마음은 가나안 땅과 같습니다. 이 가나안 땅에 원주민이 살고 있습니다. 7족속을 지금 다 이야기 못하겠지만 미디안 족속, 여부스 족속, 아모리 족속, 블레셋 족속 등이 있습니다. 블레셋 중에 나온 사람이 사울왕

때에 골리앗입니다.

지금 현재 이스라엘 땅, 가자지구가 전쟁 중에 있습니다. 이 가자지구에 현재 살고 있는 사람들이 블레셋 사람들입니다. 그 사람들의 조상이 골리앗입니다. 지금도 거기선 싸움을 하고 있습니다.

천국은 하나님께서 우리 마음에 주십니다. 가나안 땅은 구약에서 천국을 상징하는 것입니다. 그런데 이 가나안 땅에 하나님 백성이 들어가기 전에 원주민 7족속이 있었습니다.

오늘날로 해석하면 우리 마음은 가나안 땅입니다. 과연 이 땅에 하나님의 깃발을 꽂을 것인가? 아니면 원주민을 계속 살게 할 것인가 하는 것입니다.

누가 적군입니까? 바로 여러분 마음에 살고 있는 원주민입니다. 이것을 샅샅이 찾아내는 것입니다. 여호수아가 가나안 땅에 들어갈 때, 하나님이 전부 진멸하라 명령하셔서 아기 밴 여자도, 아이도, 짐승도 죽였습니다. 본래 들어가 있던 원주민 족속들은 머리 끝 하나 남기지 않고 죽였습니다.

오늘날 여러분 마음에 들어 있는 것은 머리터럭 하나 남김없이 죽여야 합니다. 이것을 성경에서 죽어야 산다고 이야기 하는 것입니다. 그런데 여러분은 안 죽입니다. 성경대로 설명하면 옛것이 좋다 하기 때문입니다.우리의 마음 판은 운동장과 같습니다. 그래서 가나안 원주민이 뛰놀 것인가, 구약으로 이야기 하면 여호수아 장군과 그의 백성들이 들어가서 뛰어 놀 것인가 하는 것입니다. 오늘날로 하면 여러분의 마음은 육체가 나와서 뛸 것인가 아니면 영이 마음에 나와서 선수로 뛸 것인가 입니다.

가나안의 원주민은 육체의 소욕을 의미합니다. 마음은 그라운드이고 거기에는 육체의 소욕들이 있습니다. 가나안 원주민들이 살고 있습니다. 오늘날로 이야기 하면 육체의 소욕입니다. 하나만 이야기 할까요? 누가 조금만 건드려도 신경질이 나고 짜증납니다. 이것이 무엇입니까? 육체의 성질이 마음 판에 뛰어 다니는 것입니다. 그러므로 여러분이 신경질을 내고 다닙니다.

저는 그런 것이 나오면 잽싸게 잡아서 죽입니다. 다시 말해 잡아서 먹어 버립니다. 여호수아와 갈렙이 가나안 땅을 정탐하고 나서 그 원주민들은 모두 밥이라고 했던 것처럼 말입니다. 우리 마음에 나오는 신경질, 짜증, 거짓, 욕심은 모두 우리의 밥입니다. 매일 여러분 속에서 욕심, 분노, 짜증이 나오지요?

저는 매일 이런 것들을 먹고 삽니다. 그러면 내가 강해집니다. 예를 들어, 태권도 2단과 3단이 싸워서 2단이 3단을 싸워 이기면 2단이 더 강해지는 것과 같습니다. 싸움하면 같은 일이 일어납니다. 그런데 교회를 수십 년 다니면서 싸움을 안 하면 자기가 18금인지, 24금인지 구분을 못하는 것입니다. 교회만 마냥 다니는 것입니다.

인간의 마음은 운동장, 가나안 땅입니다. 여러분 마음에 영이 나와서 거니는 것이 예수님이 갈릴리 해변을, 이스라엘 땅을 돌아다니며 말씀을 증거한 모습과 흡사합니다. 그런데 마음에 예수님이 다니시지 않고 신경질, 미움, 분노, 욕심이 돌아다닙니다. 계산이 돌아다닙니다. 5만원 더하기 3만원은 8만원, 이런 것이 돌아다닙니다.

계산이 안 맞으면 신경질이 나옵니다. '그 사람이 어떻게 나한테 그럴 수 있어? 나는 그 사람한테 이렇게 했는데' 이런 분노가 돌아다닙니다. 김 모 씨, 박 모 군이, 이 모양이 돌아다닙니다. 그리고 '누구한테 가서 3백만 원을 꾸지?' 합니다. 그러니 여러분 마음이 편안하게 살겠습니까?

인생을 심오하게 생각하지 마세요. 가르쳐드린 말씀을 잘 깨달으면 인생이 무엇인지를 환하게 보게 되고, 사람 마음이 무엇인가, 내가 무엇을 선택할 것인가를 명확하게 알 수 있습니다. 그래서 점쟁이 찾아가고 운세를 볼 필요가 없습니다. 혹시 의문이 나시면 저한테 찾아오십시오.

왜 삶이 안 풀어지는지를 가르쳐 드리겠습니다. 제가 예전에 하나님께 기도하기를 '하나님, 왜 나는 무당만도, 점쟁이만도 못해요?' 무당은 귀신을 보더라고요. 근데 목사는 못 보잖아요. 그래서 하나님께 보게 해달라고 기도한 것입니다. 오늘날 하나님이 보여주시잖아요.

사람의 마음씨는 운동장과 같습니다. 거기에 행복이 돌아다녀야 해요, 아니면 불행이 돌아다녀야 해요? 당연히 행복이 돌아다녀야 합니다. 저도 예전에 몰랐기 때문에 제 마음에 슬픔이 돌아다녔습니다. 슬픔이 내 영혼 깊숙이 새겨져 있고 온 세상의 슬픔이 나를 휘감고 있었습니다. 친구들이 나에게 가까이와도 같이 슬퍼집니다. 내 마음에 슬픔이 운동하고 다녔습니다. 그래서 성경에 믿음의 달음박질을 해라 한 것입니다.

나의 마음에 행복이 달음박질 해야지요? 여러분 속에 불화, 신경질, 가난, 게으름, 짜증, 욕심, 거짓이 달음박질하잖아요. 이것은 무지, 미련입니다. 짜증이 들어 있는 사람의 친구는 누구입니까? 신경질입니다. 선배는 누구입니까? 분노입니다. 더 고참은 살인입니다. 아버지에게 이런 것이 돌아다니면 가족이 다 아버지의 적군입니다. 어머니 속에 돌아다니면 남편이 적이 되는 것입니다. 주님께서 일찍이 이것을 간파하시고 '집안 식구가 원수이니라' 하신 것입니다. 여러분 속에 그런 것들이 돌아다니기 때문입니다.

저도 예전에는 마찬가지였습니다. 신경질, 혈기, 욕심, 거짓이 강력하게 들어 있었습니다. 이런 것들은 여리고 성처럼 강력합니다. 그래서 갈렙과 여호수아를 제외한 정탐꾼들은 이겨낼 수가 없다고 이야기 한 것입니다. 그런데 여호수아와 갈렙은 커 보이지만 그것은 밥이라고 이야기 합니다. 이 이야기는 신약에서 예수님이 '너희가 겨자씨만한 믿음, 생명이 있으면 저 산을 들어 바다에 던질 수 있다' 고 이야기 하신 것과 같습니다. 여호수아가 말한 것을 명확하게 실증하신 것입니다.

성경이 어려운 것이 아닙니다. 여러분이 안하려고 해서 어려운 것입니다.

아브라함의 이야기를 해드리겠습니다. 아브라함은 믿음의 조상입니다. 아브라함에게는 이스마엘과 이삭이 있었습니다. 이것은 아브라함에게 있어 불행과 행복을 의미합니다. 아브라함은 운동장입니다. 여기에 싹이 나왔는데 이스마엘과 이삭이 나왔습니다. 이스마엘은 육체의 소욕을 상징하는 아들이고, 이삭은 하나님의 약속의 아들입니다.

오늘날의 우리로 이야기 합시다. 아브라함의 마음에는 육체의 마음이 들어갈 수도 있고 영의 마음이 들어갈 수도 있습니다. 그래서 하나님이 "아브라함아 이스마엘을 너희 집에서 쫓아내라" 하신 것입니다. 그래도 육신적으로 보면 이스마엘은 아브라함의 아들입니다. 아들은 나의 살과 피 입니다. 여러분의 신경질과 욕심은 여러분의 살과 피 입니다. 그래서 쫓아내라고 해도 안 쫓아내는 것입니다.

게으름하고 이불 속에 들어가서 '이스마엘, 사랑해 내 아들' 하고 있습니다. 이스마엘을 안 쫓아 내니 엄마도 안 나갑니다. 이스마엘의 본부가 있는데 엄마 하갈입니다. 나의 마음에 이스마엘이 들어 있고 하갈도 들어 있습니다. 하갈은 아내요, 이스마엘은 자기 아들이니 여러분이 악착 같이 안 쫓아내는 것입니다. 성경은 이런 이야기를 하는 것입니다.

이삭은 육이 아니라 아브라함의 영을 이야기 합니다. 아들은 자기가 낳는 것입니다. 아브라함의 마음에 영으로 상징되는 이삭이라는 아들이 나와서 자라고 자라서, 아브라함이 40년 끝날 때까지 장성해지는 것입니다. 믿음이 장성한 분량에 이른 것입니다. 이삭이 장성해서 성년식을 마쳤을 때에 아브라함아 네가 이제야 나를 경외하는 줄 알았다고 한 것입니다. 이것을 이야기 하는 것입니다.

그 다음 이삭의 아들 에서와 야곱입니다. 에서는 육체의 소욕, 야곱은 영의 소욕입니다. 도덕과 윤리로 보면 야곱이 나쁜 사람일지 모릅니다. 그렇지만 하나님은 에서는 미워하고 야곱은 사랑하신다고 하신 것입니다. 즉 육체의 소욕, 마음은 미워하시고 영의 소욕, 마음을 사랑하시는 것입니다.

성경이 이런 이야기를 하는 것입니다. 여러분의 마음씨를, 영을 보지 못하면 이것을 알지 못하고 성경 말씀을 도덕과 윤리적으로 이해하게 되는 것입니다.

영으로 갈 것인가, 육으로 갈 것인가를 하나님이 여러분 앞에 두셨습니다. 인간은 자유입니다. 하나님의 형상과 모양으로 우리를 만들었는데 그 자체가 자유입니다. 그리고 우리 앞에 에발산과 그리심산이 있는 것입니다. 에발산은 저주받는 산, 그리심산은 축복의 산입니다. 여러분의 인생살이 앞에 행복과 불행이 놓여 있습니다. 불행과 행복이 여러분에게 찾아오는 것이 아닙니다. 지금까지 여러분이 선택한 것입니다. 선택은 자유가 있기 때문에 선택하는 것입니다.

저는 하나님의 말씀을 선택했습니다. 사람들은 하나님 말씀을 선택하지 않고 선택하더라도 잘못합니다. 왜 그런지 가르쳐 드리겠습니다. 하나님을 선택하지 않고 에발산, 육체를 선택하면 좋은 점이 무엇입니까? 육체대로 하기로 하면 당장의 좋은 점이 무엇이겠습니까? 제멋대로 할 수 있습니다.

누가 뭐라고 해도 내 인생 내가 멋대로 산다는데 어쩔 거야라고 하면 어쩔 수 없습니다. 그리고 목사의 말씀을 안 들어도 됩니다. 교회에 출석만 하면 됩니다. 그리고 나머지 생활은 내 멋대로 합니다. 처음엔 좋은데 나중엔 불행해 집니다. 자유, 부요, 감사, 기쁨이 안 옵니다. 내 멋대로 하면서 기쁨이 오고 자유가 오면 세상 살만합니다. 게으르면서 돈 잘 벌면 인생이 너무 멋있는 것처럼 말입니다. 시간이 얼마 안가서 돈 떨어지고 구두 떨어지는 것처럼 행복이 안 오고 속에서 신경질, 미움, 분노가 오는 것입니다.

만약, 어떤 사람이 욕심이 가득한데 그냥 내버려 두면서 속으로만 내가 너를 사랑하니 욕심을 버리고 성결로 오렴하고 내버려 두는 것은 사랑이 아닙니다. "그것을 버려!" 이렇게 하는 것이 숨은 사랑보다 나은 것입니다.

오늘날 여러분과 나 사이에서 여러분이 성경에 이렇게 기록되어 있어 깨닫고 알지만 제가 그것을 말해주면 속이 쓰립니다. 만약 괜찮은 사람이 있다면 마음이 너무 무딘 것입니다. 제가 책망을 했을 때 기분이 나쁘고 신경질이 나는 사람은 자존심이 센 사람입니다. 자존심은 하나님 앞에서 불행의 큰 씨앗입니다.

어느 날 예수님께 여자가 찾아왔습니다. 그날 예수님은 이스라엘을 떠나 두로 지방에 가시는 길이었습니다. 바리새인들이 예수님을 잡아 죽이려하니 항상 긴장과 갈등상태였기 때문입니다. 그런데 이 정보를 어떻게 알고 "선생님! 내 딸이 흉악한 귀신에 들렸나이다. 오셔서 치료해 주십시오" 하고 어떤 여인이 넙죽 절 했습니다. 예수님께서 "주인의 상에 있는 음식을 어찌 개에게 주겠느냐"라고 말씀하셨습니다.

어떤 자유 신학자는 예수님이 그럴 분이 아닌데 여성과 이방인을 차별한 이 이야기는 예수님의 성격에 맞지 않는다고 책에 해석했는데 그렇게 하면 안 됩니다. 하나님이 그 여자를 통해서 무엇을 우리에게 나타내려 하시는가를 알아야 합니다. 그런 식으로 해석하면 영원히 주의 뜻을 옳게 분별할 수 없는 것입니다.

주님께서 그렇게 말씀하실 때 여러분 어떻습니까? 뽀로로 신경질이 나가지고 '속상하네, 쓰라리네, 어떻게 나한테 그러네' 할 것입니다. 그런데 이 여자를 보십시오. 재치, 기지, 갈망, 모정이었겠죠. "선생님, 개도 주인의 밥상에서 떨어지는 부스러기를 먹습니다." 주님의 마음에 너무나 흡족한 말을 한 것입니다.

그 딸이 왜 귀신이 들었냐하면 엄마의 자존심 때문입니다. 예수님이 정확하게 파악하고 계셨던 것입니다. 명문대를 나온 엄마는 공부 못하는 자식을 어떻게 대하겠습니까? 실제로 자신의 수준에 못 미치는 자식을 부모가 매일 구타했다는 사건이 예전에 신문에 나왔었습니다. 여러 모로 많은 부분에서 자존심이 우리를 병들게 하고, 우리를 가난에서 못 벗어나게 하는

것입니다.

사람에게는 마음의 수준이 있습니다. 겉은 다 같아보여도 마음의 수준으로 보면 다릅니다. 이것을 모르니 자기 꼴을 못 봅니다. 그래서 외모를 잘 꾸며서 자기가 잘난 척하고 다닙니다. 그러나 어림없습니다. 하나님 말씀은 빛입니다. 여러분이 아무리 마음을 숨겨도 그 빛 앞에 다 드러납니다. 하나님은 마음의 수준으로 보면 모든 70억 인구를 다 합친 것보다도 뛰어나신 분입니다.

우리가 예수를 믿고 따라간다 하는 것은 우리 마음의 수준이 날마다, 날마다 새로워지는 것을 의미합니다. 이것을 나는 날마다 새로워진다, 나는 날마다 죽는다 하는 것과 같습니다. 날마다 마음의 수준이 높아지는 것입니다. 여러분의 마음의 수준이 올라가면 하나님께서 생활수준도 올려주십니다. 그런데 인간은 거꾸로 합니다. 자기 마음은 안 바꾸고 생활수준만 높이려고 '돈만 있으면 되는데' 합니다. 여러분, 그렇게 하면 돈이 오지 않습니다.

우리 앞에는 행복과 불행이 놓여 있습니다. 행복은 말씀으로 가는 것입니다. 제가 여러분의 마음씨는 운동장과 같다고 했습니다. 그런데 지금까지 선택할 것도 없이 거의 육체로 살았습니다. 이제는 영으로 살아야 합니다. 여러분의 영이 마음에서 튀어 나와야 합니다. 이것을 성경에서 거듭났다고 하는 것입니다. 영이 나오니깐 기쁘고 감사한 것입니다.

이것은 말씀으로 하는 것입니다. 영은 여러분 마음, 운동장 깊은 곳에 있습니다. 땅을 파헤치고 영이 나오게 해주는 것입니다. 이것을 쟁기를 간다, 땅을 파헤친다 하는 것입니다. '너희는 하나님의 밭이요' 라고 했습니다. 그래서 저는 우리의 마음을 파 헤쳐서 영이 나와서 돌아다니게 하려는 것입니다. 우리의 마음에 영으로 말미암은 평화와 자유, 기쁨 이런 것들이 돌아다니게 하려는 것입니다. 만약 내가 평화와 자유롭지 않으면서 여러분에게 이렇게 설교한다면 그냥 이론을 이야기 하는 것입니다. 그렇지만 제가 평안하고 자유롭잖아요? 이렇게 영의 사람이 나와야 합니다.

우리나라의 교회가 사회로부터 질시 받고 모욕 받고, 심하게 욕먹는 것은 육체의 소욕이 마음에 뛰어 다녀서 교회 다니나, 안 다니나 같기 때문입니다. 우리나라 교회가 하나님의 축복을 받고 사회로부터 칭찬을 받기 위해서는 교인들이 영의 사람이 되어야 합니다. 하나님도, 성령님도, 예수님도 영이십니다.

우리의 영과 성령이 우리 마음에서 만나서 성령 충만을 이루어야 합니다. 성령의 열매인 사랑, 희락 ,화평, 절제, 명철, 기쁨, 오래 참음, 자비, 양선, 지혜 등이 우리 마음 판에 맺게 되는 것입니다. 이런 것들이 마구 뛰어 다니니 제 마음이 항상 기뻐하라, 쉬지 말고 기도하라, 범사에 감사하라가 이루어지는 것입니다.

인생 70~80년 살면서 인간에게 무한한 자유를 주셨습니다. 에발산에 오를 것인가 그리심산에 오를 것인가, 영을 선택할 것인가 육을 선택할 것인가. 인간에게 주어진 이 기간이 지나면 절대 선택할 수 없습니다. 여기서만 선택할 자유가 있습니다. 밥 먹고, 자고, 놀 생각만 하지 말고 정신 차리십시오. 모쪼록 잘 듣고 깨닫기를 간절한 마음으로 말씀드립니다.

5

나를 사랑하면

「아버지께서 나를 사랑하신 것 같이 나도 너희를 사랑하였으니 나의 사랑 안에 거하라 내가 아버지의 계명을 지켜 그의 사랑 안에 거하는 것 같이 너희도 내 계명을 지키면 내 사랑 안에 거하리라 내가 이것을 너희에게 이름은 내 기쁨이 너희 안에 있어 너희 기쁨을 충만하게 하려 함이라 내 계명은 곧 내가 너희를 사랑한 것 같이 너희도 서로 사랑하라 하는 이것이니라」
(요한복음 15:9~12)

여호수아가 요단강을 건너 가나안 땅으로 들어갔습니다. 요단강 건너기 전 여호수아는 40년 동안 율법 아래서 훈련을 받고 가나안 땅에 들어갔습니다. 광야 40년 동안 싸움을 많이 배우고 가나안 땅에 들어간 것입니다. 그러하듯 예수님께서도 구약 교회 즉, 율법을 통과하셨습니다. 족보에 나타난 인물들을 통해 오랜 세월을 걸쳐 구약 교회를 통과하면서 싸움을 했습니다.

여호수아가 가나안 땅에 들어갔을 때 전체 땅의 적은 부분에 들어갔듯, 예수님께서도 마구간에 작은 아기로 오셨습니다. 여호수아는 수십 년에 걸쳐 가나안 땅을 완전히 정복합니다. 또한 예수께서도 아기로 오셔서 이방인의 교회가 차기까지 즉, 신약 교회를 통해 세상을 정복함으로 장성한 분량에 이르도록 일하고 계십니다. 요한계시록을 보면 하나님으로서 혹은 인자 예수로서의 완성된 모습을 볼 수 있습니다.

여호수아서는 오늘의 신약 교회를 이야기 합니다. 예수님께서 여호수아를 사용해서 가나안 땅을 정복하셨지만 지금은 신약 교회를 사용해서 이방인 구원의 숫자가 차기까지 역사하셔서 새 예루살렘을 이루어 가고 있습니다. 주님께서 신랑으로 오셔서 교회와 혼인하고, 새 예루살렘 성에 들어가서 신방을 꾸미는 것으로 역사는 마감이 됩니다. 예수님께서 여호수아를 통해서 하셨고, 오늘날 신약 교회, 우리들을 통해 하시는 것입니다.

아들이신 예수 그리스도께서 오셔서 세상을 정복하시고, 교회를 그리스도의 장성한 분량까지 인도하는 것이 아버지의 뜻입니다. 세상을 정복한다는 게 아들 만들기를 한다는 것이잖아요. 구약 교회를 여호수아를 통해 완성하듯, 오늘도 예수님께서 오셔서 우리들을 하나님의 아들로 완성하시기 위해 역사하십니다. 우리가 부름을 받았는데 이 부름은 우리를 자기 아들로 만들기 위함입니다.

아들 안에 누가 살고 있습니까? 아버지가 살고 있습니다. 육신적으로 이야기 하면 여러분 속에는 육신의 아버지가 살고, 육신의 어머니가 살고 있습니다. 그리고 아버지 말을 듣고, 어머니 말을 듣습니다. 그래서 예수님께서 자기 안에는 아버지가 계시다고 빌립에게 말씀하신 것 입니다. "너희가 아버지가 어디 계시냐고 질문하느냐? 내 안에 아버지가 계신다." 고 하셨습니다. 아들은 아버지의 말을 듣고 아들이 말할 때 아버지의 말을 전하는 것입니다.

나는 나의 말을 하지 않고, 아버지의 말만 한다고 예수님께서 말씀하셨습니다. 아들은 아버지의 말만 하고, 아들은 아버지의 뜻을 이룹니다. 그래서 주님께서 십자가에 달려 죽기 전에 간절히 기도하시면서 "할 수 있다면 내게서 이 잔을 옮기소서. 그러나 내 뜻대로 하지 마시고, 아버지 뜻대로 하옵소서."말씀하신 것입니다. 아버지 말만 하고, 아버지 뜻만 이루는 것입니다.

하나님께서 우리들을 자기 아들 만들기 하는 것입니다. 아들 만들기 위해 육신의 아버지를, 육신의 어머니를 떠나라고 한 것입니다. 여러분 속에 육신의 아버지와 어머니가 살아서는 안 됩니다. 이 사실을 깨닫지 못하면 여러분은 스스로 사는 것이 아니라 육신의 아버지와 어머니로 사는 것입니다. 그래서 누구냐고 물으면 내가 누구의 아들이라고 말합니다. 이것은 수준이 낮은 것입니다. 육신의 아버지와 어머니로 살기 때문에 생각하는 것이 아버지 생각이고, 아버지 수준인 것입니다.

그래서 제가 참새가 참새를 낳는다고 이야기하는 것입니다. 그런데도 여러분은 자기 스스로가 산다고 합니다. 예수 그리스도께서 이 세상에 오셔서 아버지로 살았습니다. 내가 너희에게 보여준 것은 모두 아버지께서 보여 준 것이라고 하셨습니다. 이 세상 어떤 사람도 깨닫지 못하면 자기가 자기로 살지 못하는 것입니다.

실제적으로 아들은 아버지로 삽니다. 그러나 이 아버지가 육체의 아버지냐, 영의 아버지냐 입니다. 여러분은 육체의 아버지와 어머니 말을 듣습니다. 그래놓고 여러분이 선택하고 결정한다고 합니다. 그리고 자기가 잘 했다고 생각합니다. 다시 말하지만 수준이 낮은 것입니다. 가난, 미련을 못 벗어나는 것입니다. 여러분의 아버지는 훌륭하십니까? 그래서 아브라함에게 하나님께서 본토, 아비의 집을 떠나라 하신 것입니다. 네 속에 육체의 아버지나 본토, 친척이 살게 하지 말라는 것입니다.

이것은 내가 사는 것이 아닙니다. 육체의 아버지가, 육체의 어머니가 내게 해준 말, 이미지가 내가 사는 것이 아니라 그것이 나로 살게 하는 것입니다. 이것을 떠나셔야 합니다. 그것이 여러분의 생각, 감정이 되는 것입니다. 그래서 여러분의 어머니와 아버지를 생각하면 가슴에 찡하는 것입니다. 어떤 선택을 할 때도 아버지와 어머니를 생각합니다. 이것을 버리지 않으면 하나님의 아들이 되기 어렵습니다.

세상살이가 왜 여의치 못하느냐 하면, 여러분 보다 훌륭한 아버지를 가진 아들들이 더 잘 살기 때문입니다. 여러분 안의 아버지가 고착(固着, 어떤 상황이나 현상이 굳어져 변화되지 아니함)화되어 있어서 그 수준을 못 벗어나는 것입니다. 여러분보다 훌륭한 아버지를 둔 사람들이 세상을 장악하는 것입니다.

하나님께서 약하고, 미련한 우리들을 불러내셨습니다. 약하고, 미련하다 함은 여러분 속에 있는 아버지와 어머니가 약하고, 미련하고, 거짓되다는 것입니다. 그것을 버리고, 하나님이 아버지가 되어 주신다는 것입니다. 예수는 하나님의 친 아들입니다. 이 친 아들이 와서 아버지가 어떤 분인지 보여주신 것입니다. 예수님을 보는 자마다 아버지는 명철하고, 지혜로우신 분이구나를 보는 것입니다.

이것을 보지 못하면 아버지를 사환(使喚, 심부름꾼), 종의 눈으로 보는 것입니다. 종으로 아버지를 보니 아버지가 무섭고, 정죄하는 분으로 보는 것입니다. 출애굽 할 때 시내 산에 임하신 엄청나게 무서운 하나님으로 알게 되는 것입니다. 그래서 예배시간에 종으로 기도하는 것입니다.

아들이 아버지 안에서 자유하고 평안합니다. 밥 먹다가 화장실 간다고 아버지가 아들을 정죄합니까? 아버지는 아들이 화장실 가는 것도 예뻐합니다. 아버지와 아들의 관계가 자유의 관계가 되어 집니다. 유감스럽게도 여러분은 사환으로서 아버지를 찾습니다.

주님께서 교회는 내 몸이고 나는 머리라 했습니다. 이것은 같은 혈통이고, 형제요 자매라는 것입니다. 여러분들이 상당히 힘들고 어려운 게 돈도 있고, 지혜도 있는 육체의 아버지에게 많이 배워서 그 터가 굳어졌기 때문에 이것을 잘 못 떠납니다. 그런데 아버지가 잘나지 못한 아들들은 아버지를 버리고 하나님께로 가는 것입니다.

저도 아버지를 많이 좋아했습니다. 저는 커서 잘 돼서 아버지의 명예를 회복해드려야겠다는 기특한 생각도 하기도 했습니다. 그런데 하나님의 말씀을 깨닫고 보니 아버지가 수준이 낮은 것을 알았습니다. 그래서 아버지를 없앴습니다. 아버지 태도, 말, 이미지 떠오를 때마다, "나는 너와 상관이 없다!" 욕도 해가며 지웠습니다. 하나님만 나의 아버지입니다.

그러면 하나님 아버지를 어떻게 나의 아버지로 보고, 뜻을 알아차리느냐 하면, 예수님을 보면 됩니다. 예수님께서 제 아버지를 쫓아내지 않았다면 육신의 아버지로 살았을 것입니다. 육신의 아버지가 제게 해주었던 말은 '몸이 의젓해야 한다.', '말을 조리 있게 해야 한다.', '판단을 잘해야 한다.', '수신제가치국평천하' 란 말을 많이 해주셨습니다. 이것이 경험적인 면에서 옳습니다. 그런데도 육신의 아버지가 해준 말은 욕을 하며 쫓아냈습니다. 예수님은 아버지를 그대로 보여주는 것입니다. 그래서 예수 그리스도가 내 안에 들어오면 아버지가 들어오는 것입니다. 내가 하나님의 아들이 되는 것입니다.

하나님께서 그런 방법을 쓰셨습니다. 이것을 '하나님의 뜻으로 말미암아 난 자들이라' 한 것입니다. 예수님은 머리부터 발끝까지 아버지의 뜻, 감정으로 만들어져 있습니다. 내가 예수를 먹으니까, 아버지의 뜻이 되어 지고, 아버지의 생각과 감정이 되는 것입니다. 그래서 찬양할 때도 감격스럽고, 감사한 것입니다. 나의 감정과 뜻을 모아서 아버지를 노래할 수 있는 것입니다. 내가 영으로 노래하는 것입니다. 내가 아들이신 예수님을 먹었더니 하나님의 아들이 되는 것입니다.

이 이치를 깨닫지 못하는 사람들은 아직도 사환으로 예배를 드리는 것입니다. 구약 교회가 율법에 매여 예배드리는 것을 예수님이 파괴시키신 것입니다. 구약 교회 성도들은 예루살렘 성전에 가야지 제사 드리는 줄 알았습니다. 그러나 예수님께서 아무 때나, 어디서나 예배할 수 있음을 보여주셨습니다. 그리고 영과 진리로 예배드리라고 한 것입니다. 지금 신약 교회도 영과 진리가 아닌 것은 죽여야 합니다.

사환을 파괴해야 합니다. 사환의 과정도 물론 필요합니다. 그러나 여러분들이 종으로 예배드리는 것을 원하지 않는 것입니다. 옆집에 있는 아이들이 여러분에게 “아빠, 용돈 주세요. 사랑해요.” 하는 것과 여러분의 친 아들이 하는 것이 어떻게 다르겠습니까? 친 아들이 아니기 때문에 어색하고 떨떠름한 것입니다.

여러분들은 하나님의 집입니다. 하나님을 쫓아 버리고 주인을 바꾸었습니다. 여러분, 영은 하나님의 호흡입니다. 그런데 여러분이 하나님의 호흡을 쫓아 버렸습니다. 여러분의 영이 질식해서 죽은 것입니다. 하나님의 호흡은 맑고 밝습니다. 이를 테면 산소입니다. 산소를 마셔야 우리가 죽지 않고 살잖아요. 그래서 우리 영이 죽은 것입니다.

하나님께서 다시 우리를 불러내시면 우리 영이 살아납니다. 하나님의 맑은 산소가 공급되는 것입니다. 그래서 우리 마음이 상쾌하고 유쾌해지는 것입니다. 여러분들이 죽은 상태인데 불러내서 어떻게 하면 살아난다고 한 것이 율법입니다. 죽었는데 이렇게 하면 살아난다 하는 것 입니다. 그래서 살리는 말씀이라 한 것입니다. 영은 유익하고 육은 무익하다 한 것입니다.

여러분이 살아나려면 말을 잘 들어야 합니다. 예수님의 말을 지키는 사람은 예수님을 사랑하는 사람입니다. 여러분은 처음부터 예수님을 사랑하는 마음이 없습니다. 그러니 법 지키는 게 쉬워요, 사랑하는 게 쉬워요? 사랑하는 게 어렵습니다. 하나님께서 나를 사랑하면 내 말을 지키리니 아버지께서 사랑해주신다는 것입니다. 아버지하고, 아들 예수가 우리 안에 와서 거처를 정하리라 입니다. 이제는 내가 살지 않고, 내 안에 아버지와 아들이 사는 것입니다. 내 수준이 어떻게 되겠습니까? 하나님 수준이 됩니다. 히브리서는 누가 썼는지, 언제 썼는지를 배우는 게 성경 배우는 것이 아닙니다. 이것은 육신적으로 배우는 것입니다.

성경은 예수님을 사용하셔서 아버지가 이야기 하는 것입니다. 아버지께서 예수님을 가지시고 이야기 하는 것입니다. 예수님이라는 마이크를 가지고 하나님이 이야기 하는 것입니다. 아들을 가지고 니고데모에게 말하는 것입니다. 아버지가 아들을 가지고 이야기 하는 것입니다. 지금도 아버지가 이 고 목사를 통해 말하는 것입니다.

하나님의 아들은 하나님의 말만 합니다. 예수는 아버지의 생각이고, 감정이고, 뜻이고, 모습입니다. 이것을 히브리서에 예수님은 영광의 본체의 형상이라고 한 것입니다. 생활 속에서 우리가 왜 가난하게 사느냐면 우리가 짜여 진 틀 안에서 살기 때문에 물질의 축복을 못 받고 인물이 안 나오는 것입니다. 아버지의 인물은 예수님입니다. 아버지를 기쁘게 하고, 흡족하게 하는 것입니다. 하나님의 아들 만들기는 하나님처럼 생각하고, 느끼고, 하나님의 뜻을 세우고, 하나님 마음씨로 살자는 것입니다. 여기서 돈을 좋아하는 사람은 하나님이 돈도 많이 주실 것이라 생각합니다. 그러나 맞긴 하지만 조금 있다가 주십니다. 아이들 키우면서 무엇부터 주십니까? 돈 300만원부터 주십니까? 아닙니다.

먼저 뜻을, 생각을, 삶을, 가르치는 것입니다. 하나님도 같습니다. 지혜와 총명, 아름다운 정서를 가르칩니다. 모든 것에는 수준이 있는 것입니다. 정서도 세분하면, 강퍅하냐. 순하냐, 공감을 잘 하냐, 못하냐 입니다. 공감 능력이 뛰어난 사람이 그렇지 못한 사람보다 세상살이가 쉽고 편안합니다. 이것을 예수님께서 피리를 불어도 춤추지 않는다고 한 것입니다.

여러분은 마음의 수준이 낮습니다. 마음에도 수준이 있다는 것도 모르셨을 것입니다. 하나님의 아들 만든다는 이야기는 우리의 마음씨와 영이 하나님의 생각과 뜻, 감정으로 변화된다는 것입니다. 우리의 뜻이 지혜롭고, 견고해진다는 것입니다. 이렇게 하나님의 마음씨로 변화되는 것입니다. 예전에는 미련하고 약한 수준이지만 우리보다 뛰어난 어떤 사람보다 지혜롭고 명철한 사람으로 바꾸는 것입니다. 우리로 하여금 사는 것이 편안한 사람이 되게 해주겠다는 것입니다.

저나 여러분이나 같습니다. 감기도 걸리고, 배도 고프고, 잠도 자고 합니다. 그러나 항상 저는 아들로서 여호수아가 땅을 정복하듯 쉬지 않고 하려

합니다. 예전에는 돈 떨어지면 스트레스 받고, 기운도 없어졌습니다. 지금은 그런 것이 슬픈 것이 아니라 여러분이 그저 그대로 있어서 슬픕니다. 이런 것을 생각하면 슬퍼지고 곤고해집니다. 그 대신 누가 하나님 말씀대로 잘하면 기쁘고 감사합니다. 이것이 '나를 사랑하면' 입니다.

저와 여러분의 이야기로 대입해봅시다. 저는 주님께서 보내신 제자입니다. 여러분이 고 목사를 사랑하면 어떻습니까? 제가 가르쳐 드린 주님의 말씀을 지킵니다. 여러분이 저를 사랑하면 제가 가르쳐 드린 주님의 말씀을 지킬 것입니다. 이 말씀은 주님께 받았기 때문에 주님께서 여러분 가운데 오셔서 거처를 같이 하는 은총이 임할 줄 믿습니다. 그러면 생각이나, 감정의 수준이 높아지는 것입니다.

아버지가 아들에게 가르쳐준 대로 성장해서 30살이 되면 좋은 배우자가 따르고 좋은 데로 스카우트 됩니다. 여러분의 마음 수준을 야곱의 사다리처럼 끌어 올리세요. 야곱으로 하여금 하나님의 축복을 경험하고 그 후손에서 총리가 나오는 은혜를 경험하시기 바랍니다.

결론적으로 말씀을 드리고 마치겠습니다. 여러분의 아버지와 어머니는 세상을 의미합니다. 세상이 아버지와 어머니 속에 함축되어 있습니다. 그래서 여러분이 아버지를 받아 들였다 함은 세상을 받아들이는 것입니다. 아버지가 세상의 깊이, 넓이에 무능력하기 때문에 여러분이 무능력한 것입니다. 이제 하나님, 예수 그리스도를 받아들이는 것입니다. 그 분의 말을 지키는 것입니다.

이것을 다 하라고 하기 어려우니까, 아버지께서 예수님의 살과 피를 먹게 한 것입니다. 하나님의 아들을 먹었더니 나도 아들 되는 것입니다. 이것이 하나님의 말씀입니다. 그래서 성경은 처음부터 끝까지 하나님 아들 만들기입니다. 이것이 하나님의 뜻입니다. 이것을 굳게 세우셔야 합니다. 그리고 여러분들이 사환이 아니라 아들이 되게 해달라고 간구해야 합니다. 아들이 되면 하나님께서 모든 것을 채워주십니다.

6
새것과 옛것

「또 천국은 마치 바다에 치고 각종 물고기를 모는 그물과 같으니 그물에 가득하매 물 가로 끌어 내고 앉아서 좋은 것은 그릇에 담고 못된 것은 내버리느니라 세상 끝에도 이러하리라 천사들이 와서 의인 중에서 악인을 갈라 내어 풀무 불에 던져 넣으리니 거기서 울며 이를 갈리라 이 모든 것을 깨달았느냐 하시니 대답하되 그러하오이다 예수께서 이르시되 그러므로 천국의 제자된 서기관마다 마치 새것과 옛것을 그 곳간에서 내오는 집주인과 같으니라」

(마태복음 13:47~52)

하나님은 영이십니다. 그래서 여러분도 영이어야 합니다. 정으로 하면 영으로 하지 못합니다. 자기 머리를 굴려도 영으로 안 됩니다. 자기 머리를 굴리는 것을 성경에서 꾀라고 이야기 합니다. '악인의 꾀' 입니다.

정으로 하면 사람이고, 세상이고, 육체입니다. 사람 말, 세상 말, 육체의 말은 모두 뱀의 말입니다. 에덴동산에서 뱀이 "선악과를 먹으라, 지혜롭게 되리라, 하나님처럼 눈이 밝아지리라." 한 말은 세상 말, 사람의 말, 육체의 말입니다. 에덴동산에서는 뱀이 말했습니다.

오늘날에도 이 뱀의 말이 사람의 말, 세상 말, 육체의 말로 이어지고 있습니다.

'밥 굶으면 죽는다.', '돈 많이 벌어야 한다.', '공부 열심히 해야 한다.'

전부 세상 말입니다. 이것은 모두 인간의 정을 중심으로 한 말입니다. '세상에선 돈이 많고, 공부 잘해야 한다.', '성공해야 한다.' 전부 세상 말, 사람의 말, 육체의 말입니다.

이렇게 하여 에덴동산에서 사탄이 하나님과 아담을 떼어 놓았듯이, 오늘날 이렇게 말해서 사람들로 하여금, 돈 좇고, 사람 좇게 하고 있는 것입니다. 사탄, 뱀의 전략입니다. 얼마쯤 가면, 앞으로 이루어질 역사이지만, 뱀이 짐승으로 현현(顯現, 뚜렷이 나타남)합니다. 일곱 머리 열 뿔로 세상의 권력자로 나타납니다. 그래서 역사를 훼파합니다. 보이지 않는 용이 나타날 짐승에게 사탄의 권세를 주는 것입니다. 그래서 역사 속에서 가장 강력한 군주가 나타날 것입니다.

그러나 지금은 사람 말 들으라고 합니다. 사람 말 들으라 한 것은 하나님 말을 못 듣게 하는 것입니다. 육체의 말, 세상의 말을 듣게 하는 것입니다. 세상의 말은 무엇입니까? '돈이 최고다.', '돈을 많이 모아서 안정적으로 살아라.' 입니다. 육체를 기준으로 사람이 말하는 것입니다. 누군가가 '돈 좇지 마라.', '사람의 말 듣지 마라.', '세상의 말 듣지 마라.' 하는 것을 들으면 망한다고 뱀이 말합니다.

그러면 어떻게 살아야 되느냐 하는 방식, 공식이 성경에 나와 있습니다. 저는 그것을 가르쳐드리는 것입니다. 제가 여러분에게 돈 좇지 말고, 사람 말 듣지 말라고 대책 없이 말하면 어떻게 합니까? 성경에 대책이 다 있습니다. 그런데 여러분은 이것을 놔두고 삽니다. 성경에 들어 있습니다. 사람 말보다 훌륭한 지혜와 육체보다 월등한 영, 세상 보다 훨씬 위대한 하나님 나라가 들어 있습니다.

뱀이 여러분 속에 말합니다. 이미 여러분의 마음은 뱀에게 오염되어 있습니다. 훌륭한 철학자가 말했어도 뱀의 말입니다.

이 세상에는 두 가지 말만 있습니다. 하나님 말과 뱀의 말입니다. 하나님도 사탄도 사람 통해서 말합니다. 일찍이 여러분들은 뱀에게 오염되어 있어서 생각 하는 것이 육체의 생각, 사람에 대한 생각, 느끼는 것도 사람의 느낌, 세상 느낌, 보는 것도 사람, 돈을 봅니다. 오염 될 대로 되어 있습니다. 그런데 이것을 역회전 시키고 있는 것입니다.

이제는 말씀의 검과 십자가를 생각하고 예수님을 느껴라, 성경을 먹으라고 합니다. 뱀에 익숙해져 있어서 하나님 말대로 하라고 하면 하기 싫어서 여러분이 뻗대고 있는 것입니다. 그동안 뱀의 말을 잘 들은 사람은 마음이 뱀의 마음으로 이미 만들어져 있습니다. 이런 사람은 천국가기 어렵고, 고치기 어렵습니다. 고치려면 이 사람은 목숨을 내 놓아야 합니다. 성경에 어부가 고기를 잡아서 좋은 고기는 저쪽에, 나쁜 고기는 이쪽에 놓는다고 하죠? 하나님께서 이런 권세를 주시잖아요.

"고 목사야, 나를 따라 오너라. 내가 너로 사람을 낚는 어부가 되게 하리라." 하셨습니다. 주께서 제게 일찍이 말했습니다. 그래서 제가 어부가 되었습니다. 제가 오늘날 여러분을 보면 좋은 고기인지, 나쁜 고기인지 모르겠어요? 모르는 목사는 하나님 앞에서 직무 유기하는 것입니다. 여러분이 과일 장사해도 좋은 과일인지, 나쁜 과일인지 알아요, 몰라요? 간단한 것입니다.

뱀의 말은 여러분의 마음에 들어 있습니다. 어떤 사건과 시점에 부딪칠 때, 이렇게 하라고 하잖아요. 그게 누구 말이에요? 내 생각이고, 내 느낌이지만 그 뿌리는 뱀입니다.

여러분이 내 말을 알아듣기까지 따라오면 여러분의 뿌리를 볼 수 있습니다. 뿌리는 사람에게 있어서 영입니다. 여러분이 어떤 영을 소유하고 있느냐를 볼 수 있습니다. 이것을 볼 줄 알면 속에서 나오는 말을 안 듣고, 하나님 말씀을 듣는 것입니다. '아브라함은 여호와의 말씀을 좇아갔더라.' 입니다.

뱀은 우리의 지성을 통해, 정을 통해 네 생각이 옳다고 이야기 합니다. 네가 보는 것이 합리적이고 정확하다고 합니다. 그러나 하나님이 영이시라 우리 영 가운데 하나님이 오시면 뿌리가 바뀌어 집니다. 내 영으로부터 내 감정과 지성에다 하나님이 말씀해주는 것입니다. 이렇게 느끼고, 생각하라고 하는 것입니다. 제 마음과 영으로 주님을 찬양할 수 있습니다.

제게 주신 예수님의 은총을 자랑하겠습니다. 예를 들어, 사장은 사원에게 일을 시키고, 날이 되면 월급 주잖아요. 제게 하나님 나라를 주셨습니다. 여러분이 제가 가르쳐준 말씀대로 하면 하나님께서 하나님 나라를 주십니다. 하나님 나라로 인도할 수 있는 권세를 제게 주셨습니다. 여러분은 하나님 나라가 얼마나 좋은지 모르기 때문에 뱀의 말을 듣는 것입니다.

이스라엘 백성들은 예루살렘 성으로 예배드리기 위해서 모여들었습니다. 예루살렘 성은 이스라엘 땅 어디에서 보든 높은 곳에 있습니다. 그래서 예루살렘 성에 올라간다고 이야기 하는 것입니다. 그런데 제물을 가지고 가야 되잖아요? 그 당시 먼 땅에서 제물 가져오기 어려웠습니다. 상인들이 성전 앞에서 제물을 팔았습니다. 제사를 지내려면 제물에 흠과 점이 없어야 합니다.

그런데 종교 지도자들과 결탁한 장사꾼들이 흠이 있는 짐승을 팔아서 이득을 많이 얻었습니다. 그래서 예수님이 성전에 들어가셔서 노끈으로 채찍을 만들어서 짐승을 후려친 것입니다. "내 아버지 집으로 장사하는 소굴로 만들지 마라! 내 아버지의 집은 기도하는 곳이라." 한 것입니다.

여러분도 오늘날 주일에 제물을 가져오는 것입니다. 우리 각자가 하나님 앞에 제물입니다. 헌금은 나를 대신해서 드리는 것입니다. 짐승 제사 때도 자기 죄 값으로 자기를 잡는 것이 아니라 짐승을 하나님께 드렸습니다. 오늘날도 마찬가지입니다. 나 자신이 제물입니다. 지금은 물질로 드리는 것입니다. 그러나 그 물질에는 여러분 자신이 들어가야 합니다. '나' 가 들어가야 합니다.

그런데 십일조와 감사헌금을 그냥 헌금함에 던집니다. 그래서 예수님이 "너희가 십일조와 헌금은 드리되 너희의 인(仁, 자비, 인정)과 신(信, 믿음, 충성)은 버렸도다." 하신 것입니다. 과부의 두 렙돈은 과부 자신을 드린 것입니다.

여러분은 제물입니다. 기왕이면 흠과 점이 없는 제물이어야겠죠? 그래서 여러분에게 숙제를 드리는 것입니다. 나를 칼로 도려내고 예수님의 피로 씻어내고 하나님께 예배를 드리라는 것입니다. 여러분이 그러한 예배를 드릴 수 있기를 기도합니다.

우리의 생각, 감정, 뜻으로 살면 뱀의 말을 듣고, 사람 방식 좇아 사는 것입니다. 지금까지 그렇게 살아 왔잖아요. 그렇게 살아서 결과가 좋은 사람은 교회 나오라고 해도 안 옵니다. 여러분이 교회 나오는 것은 물론, 첫째로는 하나님이 불러서 온 것이지만 현상적으로 보면 여러분의 생각과 오감으로 살아 왔는데 별로 성공 못했기 때문에 교회에 나온 것입니다. 성경은 생명, 사는 것에 대해 말하는 것입니다. 인간적으로 잘 사는 사람은 하나님이 불러도 안 옵니다. 아직도 자기 생각이 강하고, 자기감정에 예민하고, 자기 주장이 센 사람은 교회 오라고 해도 안 옵니다.

그런데 여러분은 여러분의 생각대로 했더니 잘 안 되었잖아요. 여러분의 삶이, 공간이 여러분을 후려친 것입니다. 여러분의 공간 즉, 장사 터, 직장이 힘들잖아요. 시간과 공간이 여러분을 우겨쌌습니다. 여러분의 환경 조건이 여러분을 우겨싼 것입니다. 그래서 힘든 것입니다. 삶이 여러분을 넘어뜨리잖아요.

우리가 사는 게 슬프고, 신경질이 납니다, 탈출구는 없습니다. 사람이 삶이 쪼이고 쪼여 압박을 받으면 기름이 나옵니다. 기름이 눈물로 나옵니다. 여러분 생각, 느낌, 의지로 하지 말라는 것입니다. 이것을 빨리 깨달아야 합니다. 이것을 늦게 깨달을수록 자기 생각으로 노력해서 하려고 하는 것입니다. 안됩니다. 제발 깨달으시기 바랍니다.

우주를 통털어도 누구도 따를 수 없는 것이 하나님 말씀입니다. 하나님의 말씀은 생명, 잘 사는 법입니다. 영으로 말하면 영으로 어떻게 잘 사느냐, 육체로 말하면 세상나라에서 어떻게 잘 사느냐 입니다. 제가 이런 예는 잘 안 들지만, 노벨상 탄 사람들 중에 유태인이 20~30%라고 합니다. 그 사람들은 신명기 6장에 '너는 너희 자녀에게 앉으나 서나 여호와의 말씀을 가르치라.' 고 나오는 것처럼 자녀를 교육합니다. 그러니 마음이 좋을 수밖에 없는 것입니다.

우리의 생각, 느낌, 오감이 엮어져서 관점, 가치관이 나옵니다. 이것을 죽이는 것입니다. 신앙생활의 정점에 오를수록 '나' 가 아닙니다. 내 느낌, 지성도 아닙니다. "예수님 때문에 삽니다!" 입니다.

여러분이 눈을 뜨고 세상을 보는 게 여러분 것이 아닙니다. 예수님이 하게 하셔야 하는 것입니다. 눈이 떠지면 떠질수록 내가 아니라는 것을 알게 됩니다. "하나님, 내가 아닙니다. 내 눈, 코 모두 주님의 은총입니다!" 하는 것입니다.

우리가 예수님을 먹고 마시는 것이 중요합니다. 우리 존재 자체가 그 분 때문입니다. 그래서 그 분이 우리에게 자기를 어떻게 소개했느냐 하면 "I am The life", "네가 그렇게 살아 있는 게 '나' 다 이것입니다.

깨달음이란 실상, 사실의 세계를 깨닫는 것입니다. 교회 늦게 나왔던, 오래 다녔던, 나이 많던, 어리던 아무 상관없이 이것을 깨닫고 지혜롭게 되기 바랍니다.

저는 오랜 시간에 걸쳐 깨달았습니다. 그러나 제가 하는 말을 여러분이 깨닫고 받아들이면 제가 30년 걸렸지만 여러분은 3년 안에 할 수 있습니다. 여러분의 삶은 여러분 생각대로 되는 것이 아니라 성경대로 되는 것입니다. 영리한 것은 얼른 내 생각을 버리고 성경이 나에게 말하는 것이 무엇인가를 아는 것입니다.

대개 공부 못하는 사람들은 선생님이 말하는 것을 안 듣고 틈만 나면 딴짓하기 때문에 시험을 못 보잖아요. 여러분의 인생에 성공과 은총과 축복을 못 받느냐하면 선생님의 말씀을 안 듣기 때문입니다. 선생님이 누구에요? 예수님입니다. 이것을 요한과 안드레는 얼른 알아보잖아요. "랍비여 어디 계시오니까?" 선생님이니 따라가겠다는 것입니다.

저는 여러분에게 무슨 선생님이죠? 저는 잠깐, 잠시 선생님입니다. 진짜 선생님은 예수님입니다. 예수님은 생명 선생입니다. 사는 것에 대한 선생님입니다. 여러분처럼 그렇게 사니 생명이 피어나지 않는 것입니다. 네 생각을 좇아 살지 말고 내가 가르쳐준 대로 살아라! 입니다.

우리가 읽은 본문 말씀의 새것, 옛것을 간단히 얘기하겠습니다. 한 마디로 옛것대로 살지 말라는 것입니다. 옛것대로 살면 하나님 나라 제자 된 서기관이 옛것을 가지고 타작합니다. 옛것은 율법입니다. 저는 겸손히 말하면 바로 천국의 제자 된 서기관입니다. 서기관은 성경말씀을 잘 관리하고 해석하는 사람을 말합니다. 그래서 천국의 제자 된 서기관이죠? 제자는 어떻게 되는가 하면 '너희 집이나, 전토나, 아비나, 어미나, 네 목숨까지 버리지 아니하면 제자가 되지 못하고' 라고 합니다. 여러분, 제자가 되고 싶거든 저처럼 하십시오.

제자는 누가된다고 합니까? 잔뜩 가지고 있으면 안 됩니다. 나사로는 거지였습니다. 거지는 다 없어서 제자가 된 것입니다. 저는 여러분들이 주님의 제자가 되기 바랍니다. 제자는 무엇으로 사냐하면 하나님 나라를 가지고 사는 것입니다. 하나님 나라가 부자요, 아님 세상 나라가 부자입니까? 하나님 나라가 부자입니다. 여러분 우리 아버지 집은 황금으로 되어 있습니다. 대문이 진주로 만들어 있습니다. 그것은 미래에 갈 하나님 나라입니다. 오늘 하나님 나라를 소유하시기 바랍니다.

우리 자신이 진주가 됩니다. 그래서 성경에 진주 장사가 귀한 진주를 보고 찾았을 때 자기 소유를 다 팔아 밭을 샀다가 바로 이것 입니다. 여러분이 옛것을 가지고 살려고 하니 지구를 못이기는 것입니다. 지구는 뱀, 사탄의 것입니다. '남과 경쟁하고, 남을 이겨라, 돈을 많이 벌어라' 라고 악을

토해내잖아요. 나는 하고 싶어도 힘이 세지 못해서 못합니다.

사실, 우리가 성질이 나면 악이 나오잖아요? 그런데 그것 가지고 세상을 못이기는 것입니다. 여러분은 약한 자입니다. 그래서 하나님이 약한 사람들을 불러내서 하나님 나라를 주는 것입니다. 예수님 믿는 것은 이론으로 공부하는 것이 아닙니다. 하나님 나라를 받아 챙기는 것입니다. 받으면 새 것입니다. 하나님 나라는 새것입니다. 새것 가지고 있으면 옛것은 쓰레기통에 버리는 것입니다.

여러분, 제가 새것 가지고 있으니깐 옛것은 너무 안 좋아서 옛것이 나오면 닥치는 대로 가져다 버리는 것입니다. 제가 설교하는 것 다 알아들으셨나요? 옛것 즉, 내 생각, 내 느낌, 내 성질입니다. 그렇지만 여러분은 지금 내 설교 듣고도 집에 가서는 자기 생각으로 합니다. 그렇게 하면 미련, 가난, 슬픔을 못 벗어나고 잘사는 법을 못 찾는 것입니다.

꼭 잊지 말아야 할 것이 있습니다. 새것을 얻으려면 옛것을 버려야 합니다. 여러분 마음의 밭이 좋은 것이 있어도 나쁜 것 오래 쓰면 나쁘게 굳어집니다.

천국의 제자 된 서기관은 새것과 옛것을 가지고 집주인처럼 한다고 하잖아요. 집은 누굽니까? 여러분이 바로 집입니다. "주여, 내 집에 오시옵소서!", "삭개오야! 내가 네 집에 들어가겠다." 이것은 전부 네 마음에 들어가겠다는 말입니다. 삭개오가 벌떡 일어나서 "선생님 내가 토색(討索,돈이나 물건 따위를 억지로 달라고 함)한 것이 있으면 내 재산의 절반을 내놓겠습니다!" 이렇게 버리잖아요.

주님만 내 집에 오시옵소서입니다. "주여, 내 집에 오시옵소서" 는 "주여, 내 마음에 오시옵소서!"입니다. 집이 곧 마음입니다. 마음에 엉겅퀴, 가시나무 심어놓고, 사과, 수박이 안 나온다고 합니다. 수박 먹으려면 수박 나무 심어놓고 기다려야지, 가시나무 심어놓고 안방, 건넌방에 까지 가시가 넘치게 합니다. 그러니 인생이 재미가 없는 것입니다.

제가 누구냐면 천국의 제자된 서기관입니다. 집주인처럼, 어쩔 땐 선생처럼 여러분에게 하죠? 옛것 율법을 통해 진리의 말씀, 새집을 주는 것입니다. 인생을 애매모호하게 보지 마십시오. 인생은 성경 즉, 밝은 빛 앞에 적나라하게 나타나는 게 인생입니다. 세상이 하는 말, 인생이 뭐다 하는 말 듣지 마세요. 인생은 깨알 같이 드러나는 것입니다.

안 보려고 하지 마십시오. 술이나 마시며 인생이 무엇일까 하지 마세요. 인생 별 거 아닙니다. 성경은 인생을 비춰주는 빛입니다. 내 성질이 가시나무이구나. 그러니 내 열매가 없구나, 내 성질이 호박 나무구나 그러니 호박이 피는구나입니다.

인생을 회피하지 말고 사람을, 인생을 깨알 같이 보십시오. 여러분, 인생은 정답이 없다고들 하지만 인생은 정답이 다 나와 있습니다. 잘 살지 못하는 여러분의 생각, 양심, 느낌, 의지를 고집하지 마십시오. 여러분의 생각과 지식 등이 연약해서 세상을 못 이기는 것입니다. 세상 나라, 뱀의 말을 다 씻어 내는 것입니다.

자기의 소유를 다 팔아서 진주를 발견한 밭을 사야 합니다. 저는 이것을 도와주는 천국의 제자 된 서기관입니다. 여러분, 하나님은 안 보이지만 하나님이 다 하십니다. 그러니 하나님이 하라는 대로 하면 됩니다. 하나님은 순한 사람을 좋아합니다. 하나님은 순하시기 때문입니다.

그래서 야고보서 1장에 '성내지 마라.' 고 하였습니다. 하나님께서 나를 예뻐하는 사람이 되세요. 그 마음이 집이라고 했잖아요. 쾌적하고 아름다운 집이 되십시오. 좋은 나무 심어서 크면 새가 깃들이는 것입니다. 좋은 밭이든, 나쁜 밭이든 고쳐서 영의 나무 심는 것입니다.

7
믿음이 없어서

「여드레를 지나서 제자들이 다시 집 안에 있을 때에 도마도 함께 있고 문들이 닫혔는데 예수께서 오사 가운데 서서 이르시되 너희에게 평강이 있을지어다 하시고 도마에게 이르시되 네 손가락을 이리 내밀어 내 손을 보고 네 손을 내밀어 내 옆구리에 넣어 보라 그리하여 믿음 없는 자가 되지 말고 믿는 자가 되라 도마가 대답하여 이르되 나의 주님이시요 나의 하나님이시니이다 예수께서 이르시되 너는 나를 본 고로 믿느냐 보지 못하고 믿는 자들은 복되도다 하시니라」
(요한복음 20:26~29)

아무리 고려청자라도 담뱃재를 넣으면 재떨이가 됩니다. 생긴 건 못생기고, 키도 작고, 사회적 명성이 없어도 예수님이 들어가 있으면 그 사람이 무슨 그릇입니까? 하나님의 아들입니다.

다시 말씀드리지만, 고려청자라도 거기에 담뱃재를 넣으면 재떨이에 불과한 것입니다. 예전에 요강이란 것이 있었는데 거기에 금과 은을 넣는다면 금단지가 되잖아요. 그릇은 내용물에 따라 전혀 달라집니다.

여러분이 대통령도 아니고, 사회적으로 유명하지도 않고, 부자도 아니지만 여러분 속에 예수가 들어가면 하나님의 아들이 됩니다. 아들 중에 가장 최고의 아들이 하나님 아들입니다. 여러분이 대통령 아들, 부자의 아들이면 하나님 아들이 되기 어려운데 이렇게 가난하고 빛도 없게 태어난 분들이셔서 하나님의 아들이 될 가능성이 많습니다. 그런 면에서 축하드립니다.

하나님의 아들이 되면 하나님의 모든 특권이 주어집니다. 가장 큰 특권은 평안, 자유입니다. 하나님의 지혜를 받습니다. 아들은 아버지의 지혜를 공급받기 때문입니다. 한국 교회가 진정으로 자신을 하나님의 아들이라고 여긴다면 아버지 하나님께 배워야 합니다.

배운 대로 삶을 사는 것입니다. 그런데 그렇게 안하고 겉으로만 흉내 내고 다닙니다. 저는 여러분들이 본질적으로 하나님의 아들이 되는 법, 아들로서 사는 법 그리고 주어지는 특권 즉, 은총이 마음이나 삶에 공급이 되는 것을 가르쳐드리는 것입니다.

여러분의 부모가 부자라고 가정을 합시다. 여러분이 아들, 딸이 됨으로써 수많은 혜택이 주어지잖아요. 혹시, 아버지가 부자인데 아들이 깡통 차고, 거지처럼 삽니까? 강도도 자식을 위해서 강도짓을 하는 것입니다. 실제로, 우리가 하나님의 아들이 되면 부자의 아버지가 아들에게 특권을 주듯, 특별한 은총이 주어지는 것입니다. 저는 여러분으로 하여금 하나님의 특권이 무궁무진한 축복임을 알게 하려고 하는 것입니다. 그래서 때로는 지적해주고 야단도 치는 것입니다.

그러면 여러분, 육신의 아버지가 별 볼일이 없으니까, 사는 게 힘들잖아요. 사는 게 힘들어요, 안 힘들어요? 아무리 요즘 구직이 힘들다고 하지만 여러분 아버지가 회장이면 부장 자리는 따놓은 것 아닙니까? 아버지를 잘 만나야 하는 것입니다. 여러분 아버지가 별로 훌륭하지 않아서 하나님 아버지가 불러낸 것입니다. 이 사실을 100% 믿으세요. 거기에 자신의 잘난 합리적 이성, 지성을 집어넣지 마세요. 소용 없는 것입니다.

제가 여러분보다 무엇이 못났습니까? 저도 계산하고 판단할 수 있습니다. 저도 지식을 좋아합니다. 그래도 그렇게 하지 않고, 어떻게 하면 내가 하나님의 아들이 되어서 하나님의 특혜를 받을 수 있을까 이 계산을 합니다. 어떻게 하면 하나님의 아들이 더 되어서 특권을 누리며 살까 한 주 동안 사는 것입니다. 하나님의 계산을 하는 게 고등수학입니까 아니면, 인간

계산하는 게 고등 수학입니까? 하나님 앞에서 계산을 잘 하십시오. 이것 하나만 잘 깨달아도 깊은 축복과 은총이 임할 것입니다.

저는 청소년 시절에 위대한 꿈을 꾸었습니다. 의미 있고, 가치 있는 사람이 되고 싶은 꿈이었습니다. 다른 사람 위에서 군림하고, 부자가 되는 것은 아니었습니다. 어릴 때부터 꿈을 꾸었습니다. 그러나 지금은 평화가 좋습니다. 어릴 때 무엇인지 모르지만 큰 꿈을 꾸었습니다. 가치 있고, 의미가 있는 역사 속에 의미 있는 사람이 되는 게 꿈이었습니다.

그런데 그것이 구체적으로 무엇인지 몰랐습니다. 그런데 지금은 위대한 꿈보다 평화가 너무나 좋습니다. 내 이름의 위대함도 아니고 평화가 좋습니다. 더 나아가 나도 평화롭고, 너도 평화로운 것이 좋습니다. 그리고 지금 굉장히 평화롭습니다. 오늘 아침에는 혼자 소파에 앉아 이 평화를 누렸습니다.

이 평화에는 받침돌이 필요합니다. 거짓, 욕심, 분노, 가난, 불안, 두려움도 이겨내야 합니다. 이 평화의 받침돌은 자유입니다. 그리고 삶을 깊이 관조(觀照, 지혜로 사리를 비추어봄)하는 통찰력을 가지게 됩니다. 이 통찰력은 지혜가 밑받침 되어야 하고, 믿음과 사랑이 밑받침 되어야 합니다.

여러분 속에 거짓과 욕심이 있으면 평화는 만들어지지 않습니다. 거짓, 가난, 슬픔, 욕심, 불안을 이겨내야 합니다. 받침돌은 자유, 지혜, 믿음, 사랑이 되어야 합니다. 그런데 자유, 지혜, 믿음, 사랑은 예수입니다. 그래서 성경은 예수를 기초돌이라고 한 것입니다. 그 기초돌 위에 '나'를 세우는 것입니다.

그러면 모든 요란하고, 소란스런 것이 다 조용해버립니다. "바람아, 파도야, 잠잠 하라!" 한 것처럼, 내 삶에 찾아온 모든 불편함 들이 다 조용해져 버립니다. 나는 다만 평화로워집니다. 이 평화를 하나님이 여러분에게 주시길 기뻐하십니다. 그런데 여러분은 이것은 받지 않고, 자기가 좋아하는 딴 짓을 하고 있습니다. 자기 성질부리고 돈을 좋아합니다. 그 자체가 어긋난 것입니다. 여러분, 하나님만 똑바르고 선하고 의롭습니다. 그래서 하나님이 하라고 하는 것만 선하고 의롭습니다. 딴 짓 하면 아무리 자기가 훌륭한 일을 해도 어긋난 것입니다.

여러분들은 정을 좋아합니다. 사람이 정이 있어야 한다고 합니다. 그런데 우리 목사님은 정이 없다고 합니다. 저는 자식을 "사랑스런 내 아들아, 어땠니? 저땠니?", 하며 키우지 않았습니다. 불안이나 두려움에 끌려 다니지 말고 가지고 놀라고 하며 키웁니다. 그런 것에 끌려 다니는 것이 불의하고 악한 것, 믿음이 없는 것이기 때문입니다. 이게 하자고 하는 대로 따라하는 것이 악한 것입니다.

돈이 떨어져서 불안해하고 불안이 내 생각을 끌고 다니고 감정도 무서워집니다. 자신이 끌려 다니는 것입니다. 왜냐하면 믿음이 없어서입니다. 누가 잘난 체하면 거기에 끌려 다닙니다. 감정으로는 거만해합니다. 믿음이 없어서입니다. 전부 불의한 것입니다. 하나님만 참되고 선한 것입니다.

믿음을 요란하게 해석할 필요 없습니다. 제가 가르쳐준 말씀대로 하는 것이 믿음입니다. 대신 제가 철저하게 성경으로 하는 것입니다. 믿음이 없는 사람의 머리는 계산만 잘 돌아갑니다. 3만원에서 전기세 내고, 5만원은 통장에 넣고, 이런 것만 돌아갑니다. 여러분, 저는 하나님께 자질구레한 것까지 이야기 합니다. 옛날에 아버지들은 사랑방에서 기침만 하면 끝났죠?

그렇지만 저는 여러분에게 잠깐 아버지 역할을 할 것이기 때문에 성경말씀을 자세히 가르칠 것입니다. 우리 다니엘교회는 하나님이 아버지이십니다. 저는 잠깐 대신 아버지 역할을 하는 것입니다. 저는 그저 종입니다. 잠언에 '거친 아들이라도 종이 잘 관리하면 나중에 자식에게 줄 상속을 종도 받는다.' 고 나옵니다. 회장님 아들을 잘 가르치면 상급 받잖아요. 하나님이 아버지이십니다. 여러분은 아들이 되어야 합니다.

하나님의 아들이면, 큰 오빠, 언니가 동생들 키우듯 저도 그렇게 하는 것입니다. 이것이 성경에 틀린 것입니까? 하나님이 아버지이고 예수님이 초태생 맏아들입니다. 그 다음으로 성령으로 말미암아 예수님을 공급받은 사람들은 그 때부터 형님 동생입니다. 그래서 예수께서 "누가 내 형제고 모친이냐 하나님의 뜻대로 행하는 자가 예수님의 형제요 모친이라."고 하신 것입니다. 저는 예수님의 뜻대로 해서 예수님의 형제가 되는 것을 기뻐했습니다.

주님께서는 우리를 형제라 부르시는 것을 부끄러워하지 아니하십니다. 여러분이 지나가는데 길거리의 거지가 형님이라면 좋겠습니까? 그런데 하나님은 예수를 통해 아버지라고 부르는 것을 부끄러워하지 아니하시고 기뻐하십니다. 저는 믿음에 있어 여러분의 형이라는 것입니다.

여기에서, 중요한 말을 좀 하겠습니다. 뜻이 사람을 만듭니다. 뜻이 없으면 짐승입니다. 뜻이 삶을 만듭니다. '내가 이렇게 살리라!' 란 뜻이 없으면 짐승처럼 삽니다. 그래서 인본주의 사상가들은 인간을 휴먼니스트(humanist, 인본주의자)로 만드는 것이 지상의 목표입니다. 남을 도와주고 국가를 위해 희생하는 신념, 도덕, 예의를 가르치는 것입니다. 이것도 안 배운 사람들은 세상에서 먹고, 자고, 싸고 육체대로 사는 것입니다. 돈만 벌면 되는 줄 압니다. 그런 사람이 돈 벌면 짐승 짓만 합니다. 3류들은 이런 것도 부족한 사람들입니다. 인간적 가치체계도 부족한 사람들입니다.

우리는 그러지 맙시다. 하나님께서 불러내서 인간의 가치체계보다 비교할 수 없는 위대한 하나님의 가치체계를 우리에게 공급해주는 것입니다. 이 사실을 깨닫고 받아들이게 되면 인간적인 가치체계로 잘났다고 하는 사람들보다 뛰어난 사람으로 바뀌어지는 것입니다. 그래서 우리를 불러내서 만들어 그런 그들을 부끄럽게 하시겠다는 것입니다.

고린도전서 1장 26절 이하에 나오는 말씀입니다.

「형제들아 너희를 부르심을 보라 육체를 따라 지혜로운 자가 많지 아니하며 능한 자가 많지 아니하며 문벌 좋은 자가 많지 아니하도다 그러나 하나님께서 세상의 미련한 것들을 택하사 지혜 있는 자들을 부끄럽게 하려 하시고 세상의 약한 것들을 택하사 강한 것들을 부끄럽게 하려 하시며 하나님께서 세상의 천한 것들과 멸시 받는 것들과 없는 것들을 택하사 있는 것들을 폐하려 하시나니 이는 아무 육체도 하나님 앞에서 자랑하지 못하게 하려 하심이라 너희는 하나님으로부터 나서 그리스도 예수 안에 있고 예수는 하나님으로부터 나와서 우리에게 지혜와 의로움과 거룩함과 구원함이 되셨으니 기록된 바 자랑하는 자는 주 안에서 자랑하라 함과 같게 하려 함이라」

그러면 어떻게 해서입니까? 예수를 주어서입니다. 예수는 하나님의 능력, 지혜, 권세입니다. 아무리 좋은 신념가치체계도 인간이 들어 있습니다. 가르치는 자가 들어가는 것입니다. 어떻게 하나님과 비교할 수 있습니까? 교회가 무엇을 하고 있습니까? 교회가 하나님을 집어넣어주지 않고 세상 것을 집어 넣어주고 있습니다. 이러니 교회가 세상을 이기지 못하고 세상과 같아지는 것입니다. 여러분이나 저나 과거 그런 물을 많이 먹었습니다. 이런 나쁜 물들을 성전에서 다 쓸어내서 정결하게 하는 것입니다.

믿음이 없는 사람은 머리로 어떻게 하면 내 이익을 챙길 수 있을까 이것만 계산합니다. 여러 가지가 있겠지만 결국 남보다 내가 이익을 낼 수 있을까를 생각하지 않습니까? 휴머니즘은 그런 인간을 내가 손해가 되더라도 너에게 이익이 될 수 있을까를 가르치는 것입니다. 그런데 본성적으로 사람들이 안 하려고 하잖아요. 믿음이 없는 가슴은 불안하고 무섭고 성질만 부리는 것입니다. 믿음이 없는 뱃속에는 거짓, 욕심이 잔뜩 들어있습니다.

믿음은 말씀의 물을 부어주어서 영까지 들어갑니다. 그러면 마음이 말씀의 물로 채워집니다. 말씀은 살아 있어서 말씀의 주인이신 형상으로 만들어집니다. 지금 작업하는 것입니다. 말씀의 물이 안 들어간 상태는 어둠이고, 악이고, 거짓입니다. 이것이 여러분의 혼입니다. 모태신앙이냐, 교회를 오래 다녔나가 중요한 게 아닙니다.

아직은 제가 사람이나, 하나님 앞에 100% 전문가라 하지 못하지만 제가 여러분을 믿음의 세계로 인도하기 위한 안내자 역할을 충분히 할 수 있습니다. 그리고 하나님께서 여러분의 영과 혼을 하나님의 아들로 만들고 천국으로 인도하는 일을 잘 할 수 있는 기술자, 선생으로 저를 만들어 주셨습니다.

우리가 예수님 외에 생각이나 감정, 의지가 다른 것을 좋아하는 것은 거기에 뺏기는 것입니다. 여러분은 먹고 사는 것이 중요하다고 생각하시죠? 그러나 영혼이, 하나님, 믿음이 중요합니다. 먹고 살고 하는 것은 두 번째입니다. 이런 것들은 주님께서 주시고자 마음만 먹으면 금방 주십니다. 이런 것부터 하지 말고 먼저 그 나라와 그 의를 구하라 하셨습니다.

목사가 하는 일은 성도를 온전하게 하는 것입니다. 봉사의 일을 하고 장성한 분량에 이르게 하는 것이 목사의 할 일입니다. 내가 잘 살고, 내 이름을 유명하게 하는 것이 목적이 아닙니다. 여러분의 영혼이 예수를 받아서 하나님의 아들이 되는 것입니다.

이 보배를 질그릇에 가졌으니 사도 바울이 이 이야기를 하는 것입니다.

없어도 있는 줄로 믿습니다! 하면 있습니까? 그러면 있는 것입니까? 지갑에 돈이 없습니다. 그런데 100만원을 써야 될 때가 돼서 새벽에 지갑을 채워주소서 하고 믿습니다! 하면 있습니까? 믿음을 오해하시는 것입니다. 하나님이 전지전능하시니 없어도 있는 줄로 믿으면 있다고 합니다. 그런게 아닙니다. 믿음은 예수 자신입니다.

그래서 로마서 1장 17절은 의인은 믿음으로 산다고 한 것입니다. 예수가 내 안에 있어야 내가 예수로 사는 것입니다. 그런데 없지만 있는 줄로 믿고 예수님이 한 대로 한다고 합니다. 그러니 나중에 우리가 무엇이 됩니까? 우리가 위선자가 되는 것입니다.

믿음은 예수 그리스도를 우리 마음에 선물로 주는 것입니다. 선물주시기 위해 율법을 가지고 예수를 주려고 하는 것입니다. 예수는 거룩한 분이니 내 마음을 율법을 통해 청소하라는 것입니다. 내가 예수로 사는 것입니다. 없는데 있는 줄로 믿으면 위선 떠는 것입니다. 힘을 써야 할 때 못 쓰는 것입니다. 전부 종교인이 되는 것입니다. 자력 종교인 유교와 불교와 같아지는 것입니다. 예수 믿는 사람들도 스스로 구원받기 위해 노력하는데 그게 아니라 하나님께서 예수를 주기 위해 순종하고 복종하는 사람에게 주는 것입니다. 순종과 복종은 성결입니다.

그때부터 '의인은 믿음으로 산다' 가 이루어지는 것입니다. 이게 안 이루어지면 마음에 자기 계산, 불안, 혈기 이것으로 사는 것입니다. 뱃속에는 에베소서 2장 1절, '너희도 예전에 세상 풍조를 좇고 공중의 권세 잡은 자를 좇는 자들이라, 악령을 좇아 행했다' 고 했습니다.

그런데 교회 다녀서 예수 믿는다고 하니 믿음으로 한다고 합니다. 교회 30년, 40년 다녀도 안 바뀌잖아요. 하나님이 직접 주려고 하는 아들이란 특권을 못 누리는 것입니다. 어쩌다 사업이 망해서 죽자고 금식하니 하나님이 불쌍해서 살려주었습니다. 이런 것은 경험하지만 하나님의 아들로서 지혜와 자유, 감사, 당당함을 못 누리는 것입니다.

이만 정리하겠습니다. 믿음은 영생입니다. 예수는 영생입니다. 영생은 순종을 통해 옵니다. 그래서 여러분에게 제가 가르친 대로 하라고 하는 것입니다. 대신 여러분에게 성경 외에 다른 것을 말하지 않습니다. 저는 잠깐 형으로서 아버지 대역하는 것입니다.

순종은 복종에서, 경외함으로 나옵니다. 아브라함이 아들을 제물로 드리는 것으로 복종하죠? 경외는 사랑하는 것입니다. 경외는 장성한 자의 것입니다. 하나님을 일점일획(一點一畫)도 빈틈없이 경외하는 것입니다.

믿음이 아닌 것들 무지, 어리석음, 정으로 하는 것, 불안, 무서움, 하나님에 대해 무감각한 것들 찾아내서 가지고 노는 것입니다. 매일 예수님의 피를 뿌리는 게 바로 '나' 입니다.

8
성령으로 행하라

「세월을 아끼라 때가 악하니라 그러므로 어리석은 자가 되지 말고 오직 주의 뜻이 무엇인가 이해하라 술 취하지 말라 이는 방탕한 것이니 오직 성령으로 충만함을 받으라 시와 찬송과 신령한 노래들로 서로 화답하며 너희의 마음으로 주께 노래하며 찬송하며 범사에 우리 주 예수 그리스도의 이름으로 항상 아버지 하나님께 감사하며 그리스도를 경외함으로 피차 복종하라」

(엡 5:16~21)

여러분들에게 이야기하고, 가르치는 것은 모두 하나님의 이야기입니다. 하나님께서 사람들에게 들려주고 싶은 이야기인 것입니다. 그것을 지금으로부터 약 3천 4백년 전에 성경의 기록을 통해서 하나님이 시작하셨습니다. 물론, 전부터 이야기 하셨지만, 기록하기를 모세 때부터 기록하신 것입니다. 그전에는 구전(口傳)으로 이야기하셨습니다.

인류 역사가 만년 이하라고 성경은 이야기하지만 한결 같이 같은 이야기를 하고 있습니다. 하나님도 한분이시고, 인류가 수없이 많지만 하나님 앞에서 인간은 하나입니다. 하나님 대 인간, 인간 대 하나님. 하나님은 끊임없이 인간에게 이야기하고 있습니다. 지금은 성경에 기록을 해서 이야기하는 것입니다. 실제로 기록하신 하나님의 말씀 속으로 들어가게 되면 하나님을 만나게 됩니다. 이것을 믿으시기 바랍니다.

우리가 성경 속으로 들어가면 틀림없이 하나님을 만나고, 하나님 나라에 들어가게 됩니다. 하나님께서 매일 이야기 하는 것이 "너희가 죄를 지어서 나를 떠났다. 너희가 이것을 모르고 살면서 고생한다. 그러니 내 말을 듣고 내게 돌아오너라. 그러면 내 아들이 되고, 상속 즉, 유산을 주겠다." 그것이 나라입니다. 바로 하나님 나라입니다.

여러분들이 아침부터 밤늦게 직장생활하면서 바쁘게 돈 버는 이유는 세상 나라를 소유하기 위해서입니다. 더 좋은 아파트 소유하고 싶어서, 땅을 더 가져보고 싶어서, 전부 세상 나라를 소유하기 위해서입니다. 이것이 여의치 않으니 여러분이 괴로워하고 힘들어 하는 것입니다. 세상에서 잘되는 사람들은 교회에 안 오고, 지금 골프 치러 가고, 해외 여행하러 갔겠죠.

우리는 세상 나라를 소유하는데 상당히 실패한 분들입니다. 그래서 하나님께서 "세상나라 것이 네게 없어서 힘들고, 사는 게 무섭고 불안하지? 그러니 교회 와라." 자식, 남편, 친구 통해서 교회에 하나님이 부른 것입니다. 믿으시기 바랍니다. 가르쳐드리면 믿음이 좋아야 합니다. 자기 계산으로 '내가 우연히 그냥 나왔는데?' 하면 문제가 해결이 안 됩니다. 그렇게 교회 40년 다닐 것입니까, 아님 "가르친 대로 믿습니다. 아멘." 하고 믿겠습니까? 나는 이런 부분에 여러분이 영리하시기 바랍니다.

"네가 세상 나라를 소유하려고 했지? 잘 안되지 않았니? 이제는 세상 나라와 비교가 안 되는 하나님 나라를 너에게 상속해주겠다." 이것이 하나님의 이야기입니다. 이 이야기를 여러 세대를 거쳐, 여러 모양으로, 여러 부분을 통해서 여러 사람을 동원해서, 여러 사건을 일으켜서 자기가 주고 싶은 이들이게 이야기 하는 것입니다.

"나는 너에게 나의 나라를 주고, 나의 아들로 삼고 싶다."

수천 년의 역사 속에 오랫동안 이야기하고 계시고, 오늘도 같습니다. 그때 그 하나님, 그때 그 인간들입니다. 사람은 이천년 전이나 지금이나 똑같습니다. 똑같이 말 안 듣고, 죄 짓기 좋아하고, 세상 나라 어떻게 더 소유해볼까 지혜를 짜고, 궁리하고, 거짓말하고 다닙니다. 조금만 주어지면 자랑하고, 거만하고, 잘난 체하고 다닙니다. 옛날이나 지금이나 같습니다. 앞으로 백년 후에 나타날 인간도 우리보다 더 악질적으로 똑같을 것입니다. 하나님을 모르고, 미련하고, 어리석고 하나님이 어디 있느냐고 할 것입니다.

우리는 분명하고 명확한 하나님 나라를 소유하고 있습니다. 하나님의 아들로, 하나님 나라 안에서 살고 있습니다. 제가 여러분에게 하고 싶은 이야기는 하나님 나라, 하나님 아들에 대한 이야기입니다. 하나님께서 선물로 "수고하고 짐 진 자들아 내게로 오너라. 내가 너희를 쉬게 하리라." 해서 내가 갔더니 하나님께서 주셨습니다. 무엇을 주셨느냐 하면, 아들을 주시더라고요. "고 목사야, 너는 내 아들이야. 너는 내 아들이니 내 나라를 상속해 주겠다."

하나님 나라를 상속해주겠다 했는데 보증으로 미리 제 마음에 주셨습니다. 이것을 에베소서 1장, 골로새서 1장에 보면, '너는 하나님의 아들이다, 하나님의 나라를 주겠다. 보증으로 성령을 미리 주신다.' 고 하는 것입니다.

성령이 들어오니 내가 하나님 아들이고, 하나님 나라에서 사는 것입니다. 제가 하나님 아들인지라 24시간 아버지만 생각합니다. 그리고 무서운 것이 있으면 얼른 아버지에게 이야기합니다. 그러면 아버지께서 한없는 위로를 주십니다. 온전한 평화를 주십니다. 이것을 저보다 미리 체험한 사도 바울 선생을 통해서 '하나님 나라는 먹고 마시는 것에 있지 아니하고, 의와 평강과 희락이니라.' 고 말씀하신 것입니다.

세상 나라는 거짓으로 되어 있습니다. 그래서 거짓말을 합니다. 세상은 당분간 마귀 것입니다. 그래서 세상에서 잘 살려면 악을 행해야 합니다. 거짓말해야 합니다. 거짓말 하지 않고 세상에서 잘 살 수 있는 길은 없습니다. 그러나 하나님 나라는 거짓이 바늘구멍도 틈탈 수 없습니다. 완전한 정직과 정의와 진실의 나라입니다.

그래서 인간이 못 들어가는 것입니다. 그런데 소원하고, 사모하는 자에게 주십니다. 사모하는 자에게 성령을 주어서 들어가게 하십니다.

그래서 본문에 성령의 열매는 사랑, 희락, 화평, 오래 참음, 자비, 양선, 온유, 절제, 충성이고 이것들을 하나님 나라에서 금지할 것이 없다고 한 것입니다. 반대로 세상 나라가 돌아가는 3대 축이 있습니다. 욕심, 거짓, 분노(살인)입니다. 사람들이 열심히 무엇을 하는 줄 아세요? 욕망에 사로잡혀서입니다.

하나님께서 저를 통해 여러분에게 하고 싶은 이야기 즉, 하나님께서 고성규라는 도구를 사용해서 여러분에게 말씀하시는 것입니다. "너희들을 나의 아들로 삼고 싶다. 나의 나라를 주고 싶다." 이것을 저를 통해 말씀하시는 것입니다. 내가 그분께 받았더니 사랑과 희락, 화평입니다. 사랑은 Give & Take도 아니고, I need you 도 아닙니다.

여러분들이 인간적으로 자식, 남편을 사랑한다고 하지만 자기를 위한, 이기적인 사랑입니다. 거짓이 없는 사랑이 나올 수 없습니다. 인간 자체가 거짓되기 때문입니다. 남녀 간에 아무리 사랑한다고 해도 결국 필요를 위한 것입니다. 하나님께서는 자기의 필요를 위해서가 아니라 '오직 너만을 위해서 사랑한다' 입니다. 나의 존재도 '너를 위해서 존재한다' 입니다. 완전한 사랑이고 완전한 기쁨입니다. 이것을 하나님께서 '여러분에게 주시겠다' 입니다. 이것을 안 받을 것입니까?

하나님께서 주시는 것은 평화입니다. 이 평화는 맑음에서 옵니다. 깨끗해서 흠과 점이 없습니다. 이것이 그리스도의 피를 통해서 옵니다.

밤새 예수 그리스도의 피로 씻어지고 나면 아침에 제가 얼마나 맑은지 모릅니다. 아침에 하나님을 찬미하고, 오랫동안 누워서 끝없이, 끝없이 그 나라를 즐기고, 아버지를, 성령님을 기뻐합니다. 하나님 나라를 기뻐하면 하나님 나라가 내안에 풍성해져서 평화와 기쁨, 밝음이 더욱 풍성해집니다. 내 안에 넘쳐나니까 아침도 먹지 않고 오랫동안 누워 있는 것입니다. 그 나라에 들어가서 평화를 즐기는 것입니다. 얼마나 좋은지 모릅니다.

여러분은 교회에 와서 하나님은 이런 분이고, 예수님이 어떤 분이고, 갈라디아서가 이런 책이다 라는 것을 배워서 어떻게 하겠다는 것입니까? 이것들은 나중에라도 제가 잘 가르쳐드릴 것입니다. 정말 갈라디아서가 무슨 이야기인지, 계시록이 무엇을 이야기 하는지 말입니다. 정확하게, 모략 있게, 총명하게 여러분에게 잘 가르쳐 드릴 것입니다. 그것을 지금까지 준비해왔습니다.

이것을 잘 배우면 어떻게 되는가 하면 이 세상에서 사는 게 평화롭습니다. 그리고 인간관계를 잘 조절할 수 있습니다. 누가 날 미워하든, 싫어하든, 위에 있든, 아래 있든 상관없이 어떤 인간관계도 조절할 수 있습니다. 인간관계의 지혜와 명철을 얻을 수 있습니다. 직장생활에서도 내가 말단 사원이라도 사장을 능가하는 경영 능력을 터득할 수 있습니다. 그래서 예수님을 믿지 않는 사장도 내게 회사를 믿고 맡길 수 있는 사람이 됩니다. 이것이 바로 요셉의 이야기입니다.

여러분도 알다시피 저는 성경을 제 마음에 넣었습니다. 성경은 예수님입니다. 성경 집어넣었더니 제 안에 예수님이 들어오셨습니다. 예수님은 지략, 모략, 지혜, 권세와 권능이 뛰어난 분입니다. 제가 여러분에게 웃으면서 이야기하든지, 화를 내면서 이야기하든지, 돌아다니면서 이야기하든지, 서서 이야기하든지 모두 저처럼 이 길로 들어서길 바라서 말씀드립니다.

그래서 제가 여러분의 마음도 긁는 것입니다. 여러분 마음에는 무엇이 있습니까? 음행, 호색, 더러움, 원수맺음, 시기, 분쟁이 들어 있어서 이런 것들은 잘합니다. 술 취하고 방탕합니다. 제가 이것에 관한 킹제임스 버전을 읽어 드리겠습니다.

「육신의 일들은 분명히 나타나니, 간음, 음행, 더러움, 음욕, 마술, 원수맺음, 우상숭배, 다툼, 투쟁, 분열, 분노, 이단, 흥청거림, 시기, 살인, 수치 또 그와 같은 것들이라.

내가 전에 말한 바와 같이 이와 같은 일을 행하는 자는 하나님 나라를 상속받지 못할 것이요.」

여러분의 마음이 이렇지 않습니까? 악한 생각, 분노, 시기, 질투, 미련, 어리석음 이런 것들이 여러분의 의식세계를 어리석게 만드는 것입니다. 이런 것들이 우리 감정, 생각, 뜻에 들어 있어 우리의 지혜와 지식과 명철을 어리석게 만든 것입니다. 그래서 가난하고, 인간관계도 잘못하고, 자기가 조절을 못하는 것입니다. 조그마한 일에 화내고, 상처받습니다. 인생 70, 80년 화살 같이 지나가는 것입니다.

성경이 제발 그렇게 살지 말라는 것입니다. 에베소서 5장 18절에 '술 취하지 말고 세월을 아끼라.', '오직 성령의 충만을 받으라.' 고 나옵니다. 술 취하지 말라는 이야기는 거짓, 분냄, 악한 생각, 성질, 욕심 사나움, 시기, 질투로 네 인생 40살, 50살 그렇게 살지 말라는 이야기입니다. 그러한 마음에서 분노와 미련과 어리석음이 나오는 것입니다.

여러분, 저도 예전에 그렇게 살았습니다. 이 사실에 대해 정확히 깨달은 때가 40세였습니다. 그러나 지금은 평화, 자유, 지식, 지혜, 권세, 권능을 쌓아가고 있습니다. 저는 여러분의 겉 사람이 아니라 속사람을 이야기 하는 것입니다. 이런 일들을 고성규 개인이 할 수 있는 일인가요? 제게 주신 성령의 은총으로 말미암아 그 사람의 속사람이 제게 잡혀 오는 것입니다. 여러분, 저는 영적인 일에 굉장히 멍청한 사람이었습니다. 누구든지 여러분 문제에 대해 제가 이야기하는 것이 아니라 제 안에 계신 성령님을 통해서 여러분에 대한 답을 알려주시고, 모습을 보여주시는 것입니다.

이것을 이야기 하는 것은 여러분의 유익을 위한 것이지 제 자랑하는 것이 아닌 것을 알아주십시오. 개인적으로 여러분 앞에서 제 자랑을 하지 않습니다. 저는 자랑할 것이 없는 부끄러운 사람입니다. 미련하고 멍청하고 사람 마음도 못 알아보는 사람이었습니다. 그랬던 저를 성령님께서, 그리스도의 피로 깨끗이 씻어 주셨습니다. 음행, 더러움, 분쟁, 시기, 이단 등을 그리스도 예수님의 피로 씻어 주셨습니다. 맑게 해주신 다음에 화평, 사랑, 자유, 평화, 절제를 주셨습니다. 전에는 누가 건드리면 성질 엄청 부리는 게 제 자랑이었습니다.

옛날의 저를 이야기하면 부끄러워 고개를 들 수 없습니다. 자식, 부인, 여러분, 하나님 앞에 부끄러운 사람입니다. 그랬던 저를 그리스도 예수님의 피로 씻어 주셨습니다. 저는 원했습니다. "하나님, 저 좀 제발 씻어 주세요. 성질이 나빠요. 능력이 없어요. 지혜가 없어요. 저를 씻어 주셔서 저를 지혜롭고 권능 있게 해주세요. 목숨을 걸고 목사로서 사람들을 진실로 사랑하게 해주세요." 이 모든 것들을 하나님이 해 주셨습니다.

여러분은 사랑한다고 할 때, 진심으로 말하나요? 필요에 의해서 말하잖아요. 그러나 점차 이것이 이루어져 가고 있습니다. 고성규가 한 것이 아니라 하나님이 해주신 것입니다. 어떤 사람은 제 설교를 들으면 고 목사 자기 자랑만 한다고 하는데 그런 게 아닙니다. 그렇지 못했던 저를 이렇게 만드셨다고 하나님을 자랑하는 것입니다. 그리고 여러분도 저처럼 되라는 것입니다. 제가 자랑할 것이 무엇이 있겠습니까?

여러분, 우리가 누구를 사랑하라고 하면 힘이 듭니다. 손익계산을 하기 때문입니다. 반대로 누가 나를 사랑한다고 하면 좋아합니다. 그러나 그런 개념으로 이해하지 마세요. 예수 그리스도를 사랑하는 것은 여러분 자신을 사랑하는 것입니다. 몇 번이든지 이야기 할 수 있습니다. 예수님을 사랑하는 것이 여러분 스스로를 사랑하는 것입니다. 누가 날 사랑한다고 하면 그 사람이 내게 무엇을 주겠죠?

예수님을 사랑한다는 것은 그 분으로부터 온갖 좋은 것들이 공급되어지는 것을 의미합니다. 제가 예수님을 사랑하는 것은 그분이 곧 '나' 이기 때문입니다. 반대로 이야기 하면, 여러분이 여러분 자신 스스로를 사랑하면 미련해지고, 어리석어 집니다. 그렇게 하지 마세요. 지금까지 그래오셨죠?

내가 나를 사랑하면 죄를 사랑하는 것입니다. 다시 말해 마귀를 사랑하는 것입니다.

인간들이 자기가 자기를 사랑하면 마귀를 사랑하는 것입니다. 이것을 모르게 감추어 놓은 것입니다. 그러나 우리가 나의 사랑을 버리고 예수님을 사랑하는 것입니다. 예수님을 사랑하는 것이 '나' 를 사랑하는 것입니다. 진실로 자신을 아끼고 소중히 여기신다면 예수 그리스도를 사랑하시기 바랍니다.

내가 예수님을 사랑하기 위해서 나의 성질, 음란, 거짓, 무지, 어리석음을 버리는 것입니다. 내가 죄로 만들어져있습니다. "음란, 욕심, 가난아 가라!", "원망, 불평, 불안 다 꺼져라!" 그래도 안 가면 예수님의 피를 썼습니다. 예수님이 나의 더러운 것을 씻기 위해 죽으셨기 때문입니다. 예수님의 피는 우리의 생각, 감정, 양심, 감각 등을 씻어 냅니다.

그래서 저는 눈을 감고 예수님을 묵상하면서 내 머리부터 발끝까지 피로 씻습니다. 여러분, 피는 생명입니다. 이 피 속에 생명을 생명력 있게 만들어주는 권능이 있습니다. 피가 안돌면 썩어버리지 않습니까? 그래서 노인들이 피가 안돌아서 노화현상이 오잖아요. 마음의 현상도 같습니다. 우리 마음에 예수 그리스도의 피가 들어오면 살아납니다.

좋은 예술은 보고, 듣고, 감각했을 때 우리 마음을 살아나게 합니다. 좋은 음악을 들으면 마음이 살아나잖아요. 이런 것보다 더 능력이 있는 것이 예수 그리스도의 피입니다. 왜 설교시간에 졸리고, 듣기 싫으냐 하면 어둠이 꽉 찼기 때문입니다. 제가 여러분에게 하는 이야기는 빛입니다. 어둠이 사로잡아서 목사님이 이야기 하시는데 졸게 하는 것입니다. 심한 사람은 설교시간에 대적하라고도 합니다. 여러분 자신을 보시기 바랍니다.

말씀을 정리하고 마치겠습니다. 저는 하나님 나라로 가고 있고 여러분은 아직 많이 미치지 못하고 있습니다. 그 상태에서는 말을 들어야 합니다. 그동안 저는 하나님이 하시는 말을 들은 것입니다. 그럴 때 우리에게 필요한 것이 순종과 복종입니다. 성질 부리고, 난 이것 때문에 못해, 저것 때문에 못해 하는 것은 세월을 허랑방탕하게 보내는 것입니다.

여러분이 지구에 온 이유는 사람이 되어서 집으로 돌아오라는 것입니다. 지구에 와서 영의 사람으로 만들어져서 영의 나라인 하나님 나라로 돌아오는 것입니다. 그런데 이것은 안하고 아파트 평 수 늘리고, 열심히 돈만 법니다. 그러고 나서 70, 80세 죽을 때는 너무 허무하게 인생을 마감하고 가는 것입니다. 우리는 이러한 실수를 하면 안 됩니다. 하나님이 우리를 지구에 보낸 이유는 단 한가지 밖에 없습니다. 여러분이 영의 눈이 떠져서 하나님 나라를 소유하고 하나님 아들로서 변화 받고 하나님 아들만 들어가는 그 나라로 돌아가는 게 목적입니다.

우리가 직장은 왜 다니고, 결혼은 왜 하냐고요? 하나님의 아들로서 내가 영의 사람이 되고, 내 영이 자라나기 위해서입니다.

우리에게 주어진 모든 일들은 하나님의 나라와 아들로 변화 받기 위한 훈련도구입니다. 가정도, 직장도, 주어진 시간도 전부 이것 하기 위해서입니다.

이렇게 하면 우리는 어떻게 사는데요? 평안하게 살면서 하나님께서 여러분의 필요한 것을 채워주십니다. 여러분이 천국으로 돌아오는 길을 평안함 가운데 돌아오게끔 하나님이 미리 천사들을 보내서 한 걸음 한 걸음 인도하고 계십니다. 이것을 믿으시기 바랍니다.

9
세상을 이긴 자

「이것을 비유로 너희에게 일렀거니와 때가 이르면 다시는 비유로 너희에게 이르지 않고 아버지에 대한 것을 밝히 이르리라 그 날에 너희가 내 이름으로 구할 것이요 내가 너희를 위하여 아버지께 구하겠다 하는 말이 아니니 이는 너희가 나를 사랑하고 또 내가 하나님께로부터 온 줄 믿었으므로 아버지께서 친히 너희를 사랑하심이라 내가 아버지에게서 나와 세상에 왔고 다시 세상을 떠나 아버지께로 가노라 하시니 제자들이 말하되 지금은 밝히 말씀하시고 아무 비유로도 하지 아니하시니 우리가 지금에야 주께서 모든 것을 아시고 또 사람의 물음을 기다리시지 않는 줄 아나이다 이로써 하나님께로부터 나오심을 우리가 믿사옵나이다 예수께서 대답하시되 이제는 너희가 믿느냐 보라 너희가 다 각각 제 곳으로 흩어지고 나를 혼자 둘 때가 오나니 벌써 왔도다 그러나 내가 혼자 있는 것이 아니라 아버지께서 나와 함께 계시느니라 이것을 너희에게 이르는 것은 너희로 내 안에서 평안을 누리게 하려 함이라 세상에서는 너희가 환난을 당하나 담대하라 내가 세상을 이기었노라

(요한복음 16:25~33)

길을 잘 찾아서 걸어가면 도착점이 예수님입니다. 그러면 여러분이 예수님처럼 말하고 행동하고 살 수 있는 사람으로 탈바꿈됩니다. 이것을 '구습을 좇는 옛 사람을 벗고 새사람을 입으라' 입니다. 예수님은 새사람이고, 아담은 옛 사람입니다. 여러분은 옛 사람, 아담을 벗고 새사람이신 예수 그리스도의 옷을 입는 것입니다. 신앙생활을 잘 한다는 것은 '옛사람을 벗고, 새사람을 향하여서 잘 따라 간다' 입니다.

그런데 이것을 놓치면 옛사람은 안 벗고, 새사람을 입으로만 외치게 됩니다. 그래서 "이 백성이 마음은 내게서 멀고, 입만 존경하는 도다"라고 한 것입니다. 신앙생활은 옛 사람인 아담을 벗고 새사람, 예수 그리스도를 옷 입기 위해 그 길을 가는 것입니다. 그런데 이 길을 못찾으면 제멋대로 하는 것입니다.

이것이 사사기에 나오는데, 이스라엘에 왕이 없으므로, 즉 길이 없으므로 백성들이 자기 소견에 옳은 대로 행한다고 나옵니다. 오늘날, 교인들이 자기 소견에 옳은 대로 행합니다. 길을 못 찾았기 때문입니다. 길은 간단합니다.

아담은 옛 사람입니다. 이것을 벗고, 새사람 예수 그리스도를 옷 입는 것입니다. 100m 전방에 옷이 있다면 길을 잘 찾아서 그 옷을 잘 입는 것입니다. 이 길을 못 찾으면 광야 40년, 교회생활 3~40년 해매는 것입니다. 이 길 찾으면 3~5년이면 도착합니다. 그리고 그 옷 입으면 굉장히 편해지는 것입니다.

여러분은 누구의 것입니까? 아버지, 어머니, 남편 것이 아닙니다. 교회는 하나님 것을 만드는 곳입니다. 교회가 무엇을 하는 곳이냐고 굳이 물으신다면 하나님이 보내주는 사람들을 하나님 것으로 만드는 곳입니다. 목사는 하나님이 보내주신 교인들을 하나님 것으로 만들 줄 아는 기술이 뛰어나야 합니다. 그런데 사람들은 자기가 자기 것이라고 여기고 있습니다. 여러분들도 말로는 하나님 것이라고 하지만, 사실은 속 깊이 들어가 보면 자기 것입니다. 모두 다 내 생각, 내 뜻대로 하려는 것입니다.

그래서 내 것 만들고 싶어 하는 것입니다. 이런 여러분들을 부르시고 완전히 하나님 것으로 재생산하는 것입니다. 우선 하나님께서 여러분을 자기 것으로 만드신 다는 사실을 전제하십니까? 그것을 믿으십니까? 한분도 빠짐없이 믿으시기 바랍니다.

하나님께서는 여러분에게 십일조 내고, 건축헌금 내라고 부르지 않았습니다. 그러면 누가 교회에 오겠습니까? 우리를 부르셔서 자기 것으로 만드는 것입니다. 자기 것으로 만들어서 노예 삼으려는 것이 아니라 좋은 것들을 주기 위해서입니다. 뺏으려고 하는 게 아니라 주려고 하는 것입니다.

그런데 전제가 내가 나의 것이면 안 되고, 하나님의 것이 되어야 합니다. 하나님이 이것을 하려고 교회를 지구 위에 세운 것입니다. 목사는 하나님이 보내주신 사람들을 하나님 것으로 붙여주는 사람입니다. 이것이 제 목회의 초점입니다. 저는 이 한 가지만을 여러분에게 할 것입니다.

여러분을 하나님의 것으로 만들기 위해서는 내가 먼저 하나님 것으로 만들어져야 합니다. 그래서 수십 년 동안 성경을 연구하고, 자세히 살폈습니다. 깊게도 살피고, 주변도 많이 살폈습니다. 실수하지 않기 위해서, 그리고 어긋난 길로 가지 않기 위해 여러분도 아시다시피 오랫동안 자세히 살폈습니다. 그래서 하나님의 뜻이 무엇인지 정확히 찾아내고, 그것을 먼저 제게 실천하고 그런 다음에 여러분에게 가르쳐드리는 것입니다.

이것을 하는데 있어 하나님 말씀에 사람말로 혼합하지 않았습니다. 하나님의 말에 사람 말을 섞으면 사람의 말이 됩니다. 사람 밥에 개밥을 섞으면 사람 밥입니까, 개밥입니까? 개밥입니다. 그렇다면 하나님의 말씀에 사람 말을 섞으면 하나님 말씀입니까, 사람 말입니까? 사람 말이 됩니다. 그래서 하나님 말씀에는 사람 말을 전혀 섞으면 안 되는 것입니다. 이것을 사도 바울이 고린도전서 2장, 4장에 '우리는 수다한 사람과 같이 말씀을 혼잡치 아니하고, 편벽(偏僻, 한쪽으로 치우쳐 공평하지 못하다)되이 하지 아니한다.' 고 말했습니다.

성경은 하나님 말씀입니다. 이 말씀의 가장 큰 뜻이 하나님께서 여러분을 자기 것으로 만드는 것입니다. 이것을 여러 각도에서 설명하십니다. 어떤 때는 자기 아들 만든다고 하는 것입니다. 여러분들을 하나님께서 자기 아들 만드시길 원하십니다. 여러분은 당연히 하나님 아들이 되어져야 할 줄 믿습니다. 때로는 하나님께서 여러분을 제자로 삼겠다고 하십니다. 저도 여러분들이 제자 되시기 바랍니다.

제자에도 여러 등급이 있고, 수준이 있는데 이 세계에서 최고의 선생님이신 예수님의 제자가 된다면 더할 나위 없는 위대한 영광이 아니겠습니까? 누구의 제자 되려고 한 눈 팔고, 옆으로 가십니까? 예수님처럼 가장 좋은 선생님은 지구상에 존재하지 않습니다. 이 위대한 선생님을 따라가서 제자가 되시기 축원합니다. 때로는 이분이 신부로 만든답니다.

여러분들을 예수 그리스도의 아내로 만든다고 하십니다. 여러분처럼 자격도, 조건도 내세울 것이 없는 사람들을 예수님께서 자기 신부로 만드는 것입니다. 심지어 성령께서 우리를 자기 친구로 만든다고 합니다. "이제는 내가 너희를 종이라 하지 아니하고 나의 친구라 하리라." 하나님께서 우리를 친구로 만든다는 것입니다. 이런 모든 각도에서 말을 하지만 하나님께서 여러분을 자기 것으로 만드는 것을 기뻐하신다는 것입니다.

여러분들은 영의 세계를 몰라서 그렇지 사람들은 모두 누구의 소유물입니다. 크게 말하면 마귀 것이냐, 하나님 것이냐 입니다. 둘 중 하나밖에 없습니다. 하나님 것이 아니면, 마귀 것입니다. 그래서 마귀의 일을 하는 것입니다. 여러분이 무슨 일을 하는지 보십시오. 하나님의 일을 합니까, 마귀의 일을 합니까?

하는 일마다 마귀 일을 합니다. 마귀 일은 가는 데마다 성질부리는 것입니다. 하나님의 일은 가는 데마다 평화를 만드는 것입니다. 서로 하는 짓이 다릅니다. 그런데 교회를 오래 다니면, 속에는 마귀의 것들이 들어 있는데 겉으로는 하나님의 일을 꾸미고 다닙니다. 이것을 성경에서 예수님이 "이 바리새인들아!" 하고 질책을 하시는 것입니다.

바리새인들은 하나님 것입니까, 마귀 것입니까? 예수님은 바리새인들을 향하여서 "이 뱀의 자식들아, 너희가 지옥의 판결을 피하겠느냐!" 했습니다. 우리 속에 마귀의 일들이 들어 있는데 겉으로는 하나님 일을 하고 다니죠? 하나님을 부르면서 하나님 일로 꾸미고 다니면 율법주의자, 하나님 안 부르면서 꾸미고 다니면 도덕주의자입니다.

세상에는 도덕주의자가, 교회에는 율법주의자가 있습니다. 하나님이 우리의 연약함을 아셔서 이런 것을 책망하지 아니하시고, 마귀 일은 때려잡게 하시고, 하나님의 것이 되어 하나님의 일을 하는 사람들로 새롭게 만들어주실 것입니다. 이것을 하기 위해 여러분을 부르신 것입니다. 잘 만들어지면 새사람이 되었다 라고 하십니다.

우선 저부터 했습니다. 저는 다른 것들은 안 하고, 이것만 했습니다. 신앙생활 40년, 신학과 목회는 30년, 여러분에게 증거 하는 이 말씀만 20년입니다. 그런데도 아직도 부족합니다. 첫째, 말씀을 깨달아야 합니다. 이 말씀이 정말 무엇을 말하고, 하나님의 의도가 무엇인지 정확히 찾아내서 깨달아야 합니다. 하나님 뜻은 하나님이 보내신 자, 예수 그리스도를 믿는 게 하나님의 뜻입니다.

하나님의 일이 또 무엇인가 보십시다. 하나님의 일은 '너희가 썩는 양식을 위하여 일하지 말고, 영생하는 양식을 위하여 일하라' 입니다. 영생하는 일을 하는 것이나, 예수 믿는 믿음의 일이나 같은 것입니다. 우리가 교회생활을 통해 예수 믿는 일을 하는 것입니다. 이 일을 배워서 잘 해야 합니다. 그런데 엉뚱하게 배우면 오랫동안 헛다리 짚는 일을 하는 것입니다. 우리가 읽은 본문에도 세상을 이기는 게 있습니다. 예수 그리스도께서 세상을 이기셨습니다. 저는 여러분들도 예수님처럼 이기게 하려는 것입니다. 이길 뿐더러 정복할 수 있습니다. 이기는 것을 배우는 것이 예수 그리스도를 믿는 일입니다.

오늘, "내가 예수 믿습니다." 했더니 여러분이 세상을 이깁니까? 못 이깁니다. 세상은 마귀 것입니다. 세상은 악에 속했다고 요한복음 17장에 주님이 친히 말씀하셨습니다. 세상은 악하고 악에 속해있습니다. 악은 마귀 것이고 그래서 세상은 마귀 것입니다. 세상은 죄악 되어 있습니다. 의인은 없나니 하나도 없으며 사람은 모두 거짓되다 했습니다.

사람은 70억 인간 모두 거짓말쟁이입니다. 전부 앞뒤가 맞지 않는 거짓말만 하고 다닙니다. 이것을 성경이 증거 하는 것입니다. 그래서 사도 바울은 나는 사람을 기쁘게 아니한다. 내가 사람을 기쁘게 했다면 내가 예수 그리스도의 종이 아니라 했습니다. 세상은 죄악 되고, 마귀 것이니 우리가 지구를 떠납시다! 입니까? 세상을 이겨 먹자입니다.

여러분들도 20년, 30년 모두 삶을 살아 온 것이 세상을 이겨먹기 위한 피나는 분투와 노력들입니다. 잘 되었습니까? 왜 되지 않는가 하면, 나 자신부터 못 이기기 때문입니다. 백전백패입니다. 담배피던 사람이 담배 끊으면, 정말 대단하다고 여기지 않습니까?

그러나 그뿐이겠습니까? 이겨주어야 할 것들이 우리에게는 너무나 많습니다. 세상을 이기려면 나부터 이겨야 합니다. 나를 이기면, 너를 이기고, 우리를 이길 수 있습니다. 지구를 이길 수 있습니다. 공중의 악한 영들과의 싸움에서 백전백승할 수 있습니다. 여러분의 지성, 의지로 여러분 스스로를 못 이깁니다. 무엇만 이길 수 있습니까?

요한 1서 5장 4절을 보겠습니다. 「대저 하나님께로서 난 자마다 세상을 이기느니라. 세상을 이긴 이김은 이것이니 우리의 믿음이니라」 우리가 전혀 못 이깁니다. 사실 교회 나오는 사람들은 특히, 세상에서 깨지고 실패하고 슬프고 낙심한 사람들만 몰려듭니다. 이런 사람들만 오라고 하면 잘 오기 때문입니다. 세상에서 일류, 이류들은 교회 오라고 하면 안 옵니다. 여러분 저도 마찬가지입니다. 세상에서 실패하고 낙심할 때, 하나님이 부르셔서 어기적어기적거리며 왔습니다.

사실, 우리가 생각했던 것 보다 위대한 도움을 하나님께서 우리에게 주십니다. 이 세상을 실패하며 어렵게 사는 우리를 불러서 믿음을 주시는 것입니다. 믿음을 가진 자가 세상을 이기는 것입니다. 그래서 이 믿음을 에베소서 2장 8절에서 바울은 '이것이 너희에게 난 것이 아니라 하나님이 너희에게 준 선물이라.' 이야기하는 것입니다. 여러분이 교회 오는 이유는 선물

받으러 오는 것입니다. 이것 한 가지 주려고 불러낸 것입니다.

이것을 받으면 세상을 이기는 것입니다. 교회 오랫동안 다녀도 세상을 못 이기는 것이 믿음을 못 받아서입니다. 그런데 그런 줄도 모릅니다. 그냥 가르치는 분이 받았다고 하니깐 그런 줄 압니다. 그런데 막상 세상에서 써먹으려고 지갑을 열면 없습니다. 여러분 확실하게 믿음을 받아야 합니다. 믿음을 받으면 어떤 일이 벌어지냐 하면, 내 지갑이 비어 있었는데 선생님에게 천만 원을 받았습니다. 언제든지 지갑을 열면 천만 원짜리 척척 나오게 되는 것입니다.

이제, 믿음 이야기를 하겠습니다. 하나님이 내게 믿음 선물을 주셨습니다. 그래서 현장에 가서 착 꺼내니 믿음이 나오잖아요. 그런데 교회 30년 다녔습니다. 현장에서 써먹으려고 하는데 나오는 게 없습니다. 세상을 못 이기는 것입니다. 믿음의 일, 하나님의 일은 하나님이 보내신 자, 인자를 믿는 것이 하나님의 일이라 했습니다. 이 일은 마음의 일입니다.

믿음의 선물은 우리 마음에 주는 것입니다. 이 선물을 받으면 내면에서 자유가 나옵니다. 믿음의 주인은 예수 그리스도입니다. 우리는 옛 사람 아담의 후손입니다. 아담은 불순종, 불복종했습니다. 그래서 우리도 불순종, 불복종하고 하나님을 싫어하는 것입니다. 이것을 벗고, 순종, 복종, 죽기까지 경외하신 예수 그리스도로 옷 입는 것입니다. 이 믿음이 내게 선물로 주어지면 순종, 복종, 경외, 그 결과로 하나님이 내게 주시는 자유입니다. 이것이 로마서 8장이야기입니다. 죄와 사망의 법에서 해방되어서 생명의 성령의 법으로 해방되었다가 믿음입니다.

교회에 오자마자 해방되지 않습니다. 해방되기 위해 믿음의 일을 하나하나 하는 것입니다. 해나가는 것이 길 따라 가는 것입니다. 그래서 믿음을 쟁취하는 것입니다. 믿음이 주어졌을 때, 그 결과로 주어지는 감사, 기쁨, 총명, 지혜로 말미암아 세상을 이기는 것입니다. 믿습니다! 했더니 권능이 주어졌습니까?

써 먹으려고 하면 없습니다. 저도 예전에 그랬습니다. 세상이 힘들고, 돈이 떨어지면 얼마나 고통스러운지 모릅니다. 누가 내 옆에서 성질나게 하면 목사라서 참는 것입니다. 저는 그럴 때마다 모욕감을 느꼈습니다. 성경을 보니 다 이겨먹는다고 해서 성경을 연구한 것입니다. 보통 그리스도인들은 누가 뭐라고 하면 오래 참아야 합니다. 성경이 그런가 했더니 그렇지 않습니다. 그 사람이 악으로 거절하면 우린 선으로 싸웁니다. 선으로 상대를 완벽하게 제압할 수 있습니다. 그런 권능과 권세가 있습니다. 이것이 믿음입니다.

그래서 믿음이 세상을 이기는 것입니다. 욕심을 이기고, 거짓을 이깁니다. 분노를 깊이 묵상해서 들어가면 죽이고 싶은 마음이 있습니다. 그 속에 있는 살인, 분노, 거짓, 욕심 이런 것들을 참아 보고, 금식도 하고 기도도 합니다. 그러나 여전히 감추어져 있습니다. 이것을 다 이겨먹는 것이 믿음입니다. 그래서 이 믿음을 우리가 소유하면 자유, 평화, 감사, 위대한 소망이 주어집니다. 하나님께서 주십니다. 그래서 말라기 4장에 '여호와를 경외하는 자는 외양간에서 나온 송아지처럼 뛰리라.' 라고 나옵니다. 내가 비전(vision, 미래상)을 가졌으니 내가 뛰어야지 하면, 힘들어서 얼마 못 뜁니다. 하나님이 뛰게 하셔야 합니다. 믿음 한 가지만 주어지면 됩니다.

세상을 이긴 믿음은 이것인데 우리의 믿음이라 했습니다. 4절 초반에 보면 하나님께로부터 난 자마다 세상을 이겼다고 했습니다. 믿음이란 하나님께로 낳다 입니다. 하나님께서 나를 낳아버리는 것입니다. 내가 하나님의 아들이 되어버리는 것입니다. 예수 그리스도는 하나님의 아들입니다. 그래서 예수님은 세상을 이기셨습니다.

하나님 아들은 세상을 이깁니다. 하나님이 여러분을 낳아버리면 됩니다. 이것이 믿음입니다. 하나님이 하시려고 하는 일은 여러분을 낳으려고 하는 것입니다. 그런데 여러분은 안 낳으려고 하는 것입니다. 이것을 니고데모에게 주님께서 물과 성령으로 거듭나면 하나님 나라를 본다고 했습니다. 하나님 나라는 하나님의 나라입니다. 이 하나님의 나라를 보려면 물과 성령으로 다시 태어나야 합니다. 왜 여러분 안보이십니까? 태어나지 않았기 때문입니다.

하나님께로서 난 자마다 세상을 이긴다고 했습니다. 하나님이 낳았으니 하나님의 아들입니다. 예수님이 지금부터 형님이 되는 것입니다. 하나님의 뜻은 여러분이 하나님의 아들, 소유가 되는 것입니다. 여러분을 하나님이 낳으려고 하는 것입니다. 그러니 여러분이 잘 낳도록 되어야 합니다. 낳는다는 이야기를 사도 바울로 이야기하면, 그리스도 예수 안에서 일만 스승이 있지만 나는 내게 주신 복음으로 너희를 낳으리라고 했습니다.

바울이 무슨 일을 하고 있습니까? 하나님이 보내주신 하나님의 백성을 복음으로 낳는 것입니다. 베드로는 어떻습니까? 베드로전서 1장 23절에 '쇠하지 않고 썩지 아니하는 영원한 하나님의 말씀의 씨로 너를 거듭나게 했다.' 고 했습니다. 하나님이 하시는 일은 아담의 후손을 데려다가 예수 그리스도를 통해서 여러분을 낳는 것입니다.

바울도 그렇게 했고, 저도 그렇게 하려는 것입니다. 교회에서 도덕이나, 착하게 사세요! 부지런하게 사세요! 가르치는 것이 복음이 아닙니다. 아담의 후손들이었던 여러분들, 그 결과로 주어졌던 가난, 슬픔, 낙심, 분노, 거짓, 위선, 절망 등 이것이 전부 아담의 후손들 상태입니다. 그래서 세상을 못이기는 것입니다. 아담의 후손을 데려다가 벗기고, 물로 씻기고 해야 합니다.

아담의 상태는 문둥병자요, 벙어리요, 장님이요, 시체들입니다. 데려다가 물로 씻는 것입니다. 물은 말씀이요, 생명이요, 침례요, 거룩입니다. 쉽게 말해 다 씻은 후 바람을 집어넣으면 성령입니다. 이것이 물과 성령으로 거듭나게 하는 것입니다. 이것을 어떤 사람은 순간에, 어떤 사람은 30년이 걸릴 수 있습니다.

일단 우리가 세상을 이기기 위해선 믿음을 가져야 합니다. 믿음은 하나님의 선물입니다. 믿음의 주인은 예수 그리스도이십니다. 이 예수 그리스도를 주셔서 아들로 만드는 것입니다. 우리 스스로 하나님의 아들이 될 수 없습니다. 우리의 노력, 충성, 헌금, 열심은 하나님의 아들이 될 수 없습니다. 나는 본래 하나님의 아들이 아니라 마귀 아들입니다.

이것을 씻어 내고 주님께서 우리 마음에 자기 아들을 주셔야 합니다. 아들이 있는 자에게는 생명이 있고, 하나님의 아들이 없는 자에게는 생명이 없다고 했습니다. 믿음의 주인이신 예수 그리스도를 우리에게 선물로 주시는 것입니다. 받았으면 생명이 있고 없으면 생명이 없다는 것입니다. 하나님이 여러분을 부른 이유는 예수를 주기 위함입니다.

구약에는 에서와 야곱이 나옵니다. 누가 장자권을 가지느냐를 가지고 싸웁니다. 이 장자권은 누가 예수를 받느냐 입니다. 정해진 대로 하면 에서가 받아야 하지만 에서는 세상을 좋아했습니다. 그래서 본래 작정된 대로 야곱에게 주어진 것입니다. 오늘도 같습니다. 여러분들도 에서처럼 세상을 좋아합니다. 하나님이 여러분에게 장자이신 첫 열매 예수 그리스도를 나에게 주시고 나는 받아야 되는 것입니다.

교회는 하나님이 잘 주시고, 교인들이 잘 받게끔 하는 곳입니다. 예수 그리스도를 우리 마음에 주는 데 악한 생각, 음란, 시기, 질투, 분노 등으로 나옵니다. 그것을 물과 예수님의 피로 씻어 내는 것입니다. 첫째 하나님께서 저를 그렇게 하셨습니다. 물로 씻으시고, 십자가 피로 씻으셨습니다. 물과 피로 깨끗이 씻어 내고 대신 성령과 말씀이 들어오는 것입니다.

요한일서 5장 6절에 이런 말씀이 있습니다. "이는 물과 피로 임하신 자니 곧 예수 그리스도이시라 물로만 아니요 물과 피로 임하셨고 증거 하는 이는 성령이시니 성령은 진리니라." 예수님께서 이 세상에 물과 피로 임하셨습니다. 요한복음 19장 34절에 로마 군병이 예수님의 옆구리를 찔렀습니다. 그래서 물과 피를 다 쏟으셨습니다. 예수 그리스도께서 아기 예수로 말구유에 임하신 것보다 십자가에서 물과 피를 쏟아 주셔서 이 세상에 물과 피로 임하신 것이 중요합니다.

우리 안에 물과 피로 오십니다. 예수 그리스도의 임하심은 물과 피로 임하시는 것입니다. 저도 그렇게 했습니다. 이것을 요한복음 6장 53, 54절에서 "너희가 내 살과 피를 마셔라" 하신 것입니다. 예수님의 살을 먹고 예수님의 피를 마셨더니 내 안에 예수님의 물과 피가 들어오시고 성령이 오신 것입니다. 여러분이 물을 마시지 않고, 예수님의 피를 마시지 않으니 예수님이 임하시지 않으시는 것입니다.

정리하고 마치겠습니다. 믿음은 하나님의 선물입니다. 믿음의 주인은 예수님입니다. 하나님이 물과 피로 우리 마음에 예수님을 주시는 것입니다. 그래서 이것을 받으라는 것입니다. 이것을 받으면 증거가 있습니다. 요한일서 5장에 "증거는 이것이니 하나님이 우리에게 영생을 주신 것과 이 생명이 그 아들 안에 있는 그것 이니라." 라고 나옵니다.

증거가 있는데 영생이라는 것입니다. 물과 피가 임하면 영생이 주어지는 것입니다. 이것은 결혼한 여자가 잉태하여 아기를 임신하는 것과 같습니다. 그처럼 분명한 것입니다. 영생이 있냐. 없냐는 "예수 믿습니다!" "영생이 있는 줄 믿습니다! 아멘!" 하면 있습니까? 우리는 착각에 빠지면 안 됩니다. 너무나 명확하게 영생이 있습니다. 이 영생이 예수 그리스도고 물과 피로 임하시는 것입니다.

예수 그리스도가 세상을 이기셨으니 내가 세상을 이기게 됩니다. 로마서 8장처럼 됩니다. 누가 나를 대적하고, 정죄하고, 송사하고 이 우주 안에 누가 건드릴 자가 누구냐가 됩니다.

결론은 하나님이 여러분을 불러서 자기 아들로 낳고 싶다는 것입니다. 이것이 믿음, 영생, 예수 그리스도입니다. 그래서 예수 그리스도가 세상을 이긴 것처럼 내가 이기는 것입니다. 그래서 시편 23편이 이루어지는 것입니다. '주님이 나의 목자가 되어주시니' 실제로 생활 속에서 이기게 됩니다.

이제 때가 올 것입니다. 지금, 한국 교회와 세계 교회 교인들이 수십 년 동안 교회 생활하면서도 내적인 기근과 갈증이 해결이 안 되고 있습니다. 아무리 위대한 설교자의 설교를 3~5년 들더라도 속이 채워지지 않습니다.

저는 이 사실을 20년 전에 깨닫고 속과 겉이 일치하는 메시지를 준비했습니다. 성경을 깨닫는데 오래 걸렸고, 저 자신을 만드는데 오래 걸렸고, 쉽게 알아듣게끔 메시지를 만드는데 오래 걸렸습니다. 이런 때가 온다는 것을 예측하고 기다린 것입니다. 저는 여러분들을 하나님의 아들 만들기 위한 이 일만 할 것입니다.

10

내 안에 누가 살아

「내가 그리스도와 함께 십자가에 못 박혔나니 그런즉 이제는 내가 사는 것이 아니요 오직 내 안에 그리스도께서 사시는 것이라 이제 내가 육체 가운데 사는 것은 나를 사랑하사 나를 위하여 자기 자신을 버리신 하나님의 아들을 믿는 믿음 안에서 사는 것이라」

(갈라디아서 2:20)

사람은 모두 자기 마음을 믿습니다. 내가 내 마음을 믿지 옆집 아저씨의 마음을 왜 믿겠습니까? 자녀도 부모 마음을 다 믿기 보다는 자기 마음을 믿습니다. 누구나 할 것 없이 자기 마음을 믿습니다. 문제는 그 마음속에 무엇이 들어있냐 입니다. 그것이 큰 문제입니다. 그것이 일생을 결정지어 주는 것이고, 혼을 판단하게 하는 것입니다.

누구나 자신의 마음을 믿는다고 말씀 드렸습니다. 그런데 어떤 사람은 자기 마음이 무엇인지도 모릅니다. 내 생각이 내 마음인지, 내 행동이 내 마음인지, 거울 보면서 내 얼굴이 내 마음인지 수많은 사람들이 마음이 어디 있는지도 모릅니다. 그러면서 예수 믿으라고 하면 자기 마음을 믿습니다. 예수 믿기 싫어서입니다.

자기의 마음을 모르는 사람은 자기 마음을 아는 사람과 경쟁하면 지게 되어 있습니다. 사업하면 실패합니다. 무슨 일을 하든지 자기 마음을 잘 아는 사람이 인생에 있어 승리하게 됩니다.

여러분이 왜 고생하고 실패합니까? '내 마음 나도 몰라….' 하기 때문입니다. 여러분 마음이 어디에 있습니까? 어디 있는지 대부분 잘 알지 못합니다. 자기 마음을 믿는데 문제는 마음이 무엇인지 알고 자기 마음에 무엇이 들어 있는지 알아야 합니다. 이것을 모르기 때문에 사람들이 고통을 당하며 삶을 허우적거리고 있습니다.

모든 종교, 철학, 심오한 사상 모두 인간의 마음을 규명하려고 노력하는 것들입니다. 그래서 정치인들이 정치를 잘 하려면 사람의 마음을 잘 알아야 합니다. 경제인도 마찬가지입니다. 지금처럼 경제적으로 어려운 상황에선 생산자, 소비자의 마음을 잘 아는 경영자가 되어야 합니다. 선생님도 학생들 마음을 볼 줄 알면 좋은 선생이 됩니다.

아버지도 마찬가지입니다. 아버지가 자기와 자식의 마음을 볼 줄 모르면 법대로 하려 합니다. 아버지가 '이것이 옳은 것이다.' 라는 신념체계가 있는데 이것을 자식들의 마음은 아랑곳하지 않고 "이렇게 해!" 합니다.

자녀들이 7살까지는 눈치 보며 말을 듣지만, 초등학교만 들어가도 말을 듣지 않습니다. 더군다나 14살, 15살 되면 "아버지, 그러지 마세요!" 합니다. 아버지가 자식의 마음을 모르기 때문에 이런 일이 벌어지는 것입니다.

저도 예전에는 그러하였습니다. 어느 날 마음의 세계를 깨닫게 되었고 자녀들의 마음을 보게 되면서 그 마음을 어떻게 조절해 주는 것인지 깨달은 후부터는 편안해졌습니다.

아들이 아비를 따른다는 것은 아비의 마음을 따른다는 것입니다. 아버지의 마음에 좋은 것들을 가득 담아 놓고 "아들아!" 그러면 아들이 "예." 하고 따라옵니다. 그런데 나쁜 것을 담아 놓고 "내가 말한 대로 해!" 하면 거부와 갈등이 발생되는 것입니다. 그러니 마음이 무엇인지 알아야 하고, 그 속에 무엇이 들어있는지 알아야 합니다.

성경이 무엇을 이야기 하는지 아십니까? 하나님 마음씨가 들어 있는 것입니다. 여러분들이 성경을 읽으면 졸리고, 어렵고, 힘들지 않습니까? 그렇지만 창세기부터 계시록 끝까지 하나님 마음씨가 층별로 다 들어 있습니다. 지구도 지질학적 측면에서 층이 다 있고, 공기 중에도 대기권, 성층권이 있듯, 이 성경책에 하나님의 가장 드러난 마음 그 다음 단계, 아주 깊은 단계까지 들어있는 것이 바로 성경책입니다.

그래서 성경을 깨달으면 마음의 세계를 깨닫는 것입니다. 사람은 하나님의 마음으로 만든 작품입니다. 성경을 알면 사람을 머리부터 발끝까지 알 수 있습니다. 그렇게 되고 싶지 않으세요? "나는 지금까지 옳다고 하는 법대로 살고 싶어요." 하실 것입니까? 19절 읽어보겠습니다. 「내가 율법으로 말미암아 율법을 향하여 죽었나니 이는 하나님을 향하여 살려 함이라.」

내가 전에 하나님 마음을 몰랐을 때, 내가 옳다고 여기는 법으로 살았다는 이야기입니다. 이 성경을 기록한 사도 바울 목사님도 전에는 내가 옳다고 여기는 법으로 살았다는 것입니다. 이제는 내 법을 모두 버렸다.하나님의 마음씨를 알고, 하나님의 마음을 믿으므로 살겠다는 말입니다. 한 가지만 묻겠습니다. 여러분의 마음과 하나님의 마음 중 누가 더 똑똑 합니까? 이 답을 알긴 알지만 여전히 여러분의 마음을 믿고 삽니다.

저도 예전에는 제 마음을 믿으며 살았습니다. 착하게 살려고 하고, 남에게 결단코 해 끼치지 않고 살았습니다. 우리 가문이 대대로 그랬습니다. 그런데 돈은 못 벌고, 가난하고, 벼슬도 못 얻었습니다. 사람들도 잘 안 따릅니다. 그래서 우리 가문은 직업들이 공무원이 많습니다. 공무원하면 사람 안 따라도 괜찮고, 내가 힘써 노력 안 해도 월급이 나옵니다. 저희 집안이 대대로 그러니 저도 그랬습니다. 그런데 하나님이 저를 목사를 시키셨습니다. 월급이 제대로 안 나오잖아요. 자기가 아무리 똑똑하고 잘나봤자 사람 마음을 사로잡지 못하면 사람들이 안 따라 옵니다.

예수님께서 제자들을 부르실 때, "너희들은 나를 따라 오너라. 내가 너희를 사람을 낚는 어부가 되게 하리라."라고 하셨습니다. 그랬더니 제자들이 따라갔습니다. 어부는 낚시꾼입니다. 그물을 잘 던져야 합니다. '사람이 나를 잘 따르게 하려면 어떻게 해야 하나?' 하고 생각하니 내가 좋은 것을 가지고 있어야 한다는 결론을 얻었습니다. 내가 가장 귀중한 것을 가지고 있어야 하는 것입니다.

사람들이 정말 좋아할 만한 훌륭한 것을 가지고 있으면 되지 않을까 하는 것을 성경을 통해 깨달았습니다. 그래서 이것을 소유하기 위해 오랫동안 힘쓰고 애쓴 결과 그것이 제게 만들어진 것입니다. 여기서 제 이야기를 해서 죄송하지만 누구든지 저를 따라오면 따라오는 사람들에게 귀중한 것을 줄 수 있습니다.

여러분, 돈을 준다고 따라가면 그 사람이 따라가는 게 진심으로 따릅니까, 아니면 필요에 의해서 따라갑니까? 제가 가진 것은 진심과 전심, 지극히 사랑함으로 따라오게끔 합니다. 전에는 저도 이렇게 못했습니다. 이것을 하나님으로부터 찾아낸 것입니다. 누구든지 제가 가르쳐드린 대로 하는 사람은 너무나도 놀랍고, 신기하고, 기가 막힌 것을 줄 수 있습니다. 그런데 이것은 제 것이 아니고 하나님께로부터 받은 것입니다.

바울은 철학, 하나님의 율법, 세상 학문에 정통한 박사였습니다. 그런 것들이 효과적으로 엮어져서 신념체계, 세계관이 나오는데 이것 가지고 교회 교인들을 굉장히 핍박했습니다. 그러던 어느 날, 예수님을 만난 것입니다. 자기가 알고 있는 모든 것들을 배설물로 여겼습니다. 하나님을 향한 그 마음 즉, 하나님으로부터 하나님의 마음씨를 공급받는 것입니다. 하나님의 마음을 내 마음에 공급받는 것이 바로 믿음입니다.

제가 하는 것은 하나님과 여러분과의 관계에서 끊어진 파이프라인을 연결해주는 일입니다. 그러면 하나님의 마음씨로부터 여러분의 마음에 하나님의 지혜와 사랑과 평화가 공급되어지는 것입니다. 그래서 여러분 마음씨에 보화가 만들어지는 것입니다.

나의 마음에 미움과 분노가 들어 있기 때문에 누구를 생각할 때, 분노와 짜증이 솟구칩니다. 저는 제 속에 하나님의 것을 공급받아서 집어넣었습니다. 내 속에서 평화가 충만하게 일어납니다. 그래서 혼자서 감사와 기쁨을 즐기는 것입니다. 여러분, 왜 돈 많이 벌려고 하세요? 왜 장가가고 시집을 갑니까?

평화롭고 행복하기 위해서입니다. 평화로워야 행복한 것입니다. 이런 것은 세상 어디 가서도 구할 수 없습니다. 술집에서도, 은행에 돈을 많이 쌓아 놓아도, 골프를 잘 쳐도 평화를 얻을 수 없습니다. 오직 예수님만 우리에게 줄 수 있는 것입니다. 여러분이 예수님께 공급 받으시길 축원합니다.

그러면 또 이런 반론을 제기합니다. "평화가 생겨 행복한 건 좋은데 세상살이, 먹고 사는 것은 어떻게 하나요?" 항상 그런 문제를 제기합니다. 걱정하지 마세요. 미움, 분노, 욕심이 들어 있으면 창의적이고 창조적인 지혜가 안 나옵니다. 성질만 나오는 것입니다.

평화 속에서 내가 어떤 문제를 품으면 '하나님, 저 이 문제 잘 모르겠습니다. 환경이 막혀 있습니다. 도와주세요.' 하면 희한하게도 하나님께서 놀라운 생각을 주시던가 아니면 이것을 뚫어줄 만한 사람을 만나게 해주십니다. 환경이 홍해가 갈라지듯 활짝 열어지는 놀라운 경험을 하게 됩니다. 하나님은 그런 분이십니다.

우리가 예수 믿는 특권이 무엇입니까? 그리스도 예수 이름을 통해 하나님께서 우리에게 창조적인 지혜를 주시고, 막혔던 환경을 열어주시는 것입니다. '하나님 저는 이런 소원, 목표가 있습니다. 하나님이 도와주세요.' 하고 간구하는 소원을 품을 때, 하나님께서 환경을 열어주십니다. 하나님께서 살아계심을 증명하며 사는 것입니다.

이 하나님을 여러분 마음에 모시기를 축원합니다. 바울은 "내가 전에는 내 법으로, 내 관점으로 세상을 보았다, 내가 가장 옳다고 여겼다. 그러나 이제는 이것들 다 버리고 하나님의 마음을 공급받아 살겠다!" 이것입니다.

여러분도 그렇게 하시기 바랍니다.

내 안에 누가 사는지 보십시오. 무지가, 어리석음이, 미움과 분노가, 슬픔이 살고 있지 않습니까? 이런 것을 보란 말입니다. 무능력, 무기력 이런 것들이 우리를 좌절케 하고 절망하게 하는 것입니다. 내 마음에 슬픔, 열등감들이 살아 있음을 보시기 바랍니다. 이런 것들이 한통속으로 엮어져서 하나의 내 관점이 나오고, 내 이상형이 나옵니다. 그것이 내 눈입니다.

증권을 잘하는 증권업자들은 그 마음속에 주식이 통째로 들어 있어서 무엇을 사면 돈을 벌 수 있다는 관점 하나가 나옵니다. 이것은 오랜 경륜과 내공에서 나오는 것입니다. 식당사업을 성공한 사람들은 엎치락 뒤치락 하면서 어느 날 내가 어떻게 음식을 팔면 되겠다는 정확한 관점 하나가 생기는 것입니다. 성공하는 사람들은 자기 눈이 있는 것입니다.

우리가 왜 성공하지 못했는가하면, 눈이 여러 개라 여기 저기 채널 돌리며 재미있네, 없네 하고 있으니 삶이 풀어지지 않는 것입니다. 어느 날 정확한 내 채널이 만들어지는 것입니다. 이것이 만들어져야 복도 받고, 성공도 하는 것입니다. 여러분들도 성공하시길 바랍니다.

그렇게 하려면 내 마음에 무엇이 들어있는지 알아야겠죠? 내 마음에 누가 들어 있고, 무엇이 들어있냐 이 말입니다. 세모 들어 있으니 항상 말할 때 세모만 말하는 것입니다. 네모가 들어 있으니 항상 네모로만 행동하는 것입니다. 그러면서 동그라미를 보면 '쟤는 좋겠다. 쟤는 잘 굴러가는데 나는 왜 이리 힘든 거야. 나도 동그라미였음 좋겠다.' 합니다.

삶은 마음의 100% 표현입니다. 마음에 들어있는 대로 삶이 표현이 되는 것입니다. 이것을 세상말로 운명이요, 팔자라고 하는 것입니다. 여러분, 우리 운명과 팔자를 바꾸어봅시다. 성경은 모두 물이 변하여 포도주 되었다는 이야기들입니다.

제가 사랑하는 어떤 성도 분 이야기를 하겠습니다. 예전에 같이 있으면 제가 너무 머리가 아프고 힘들었습니다. 그런데 지금은 괜찮습니다. 이것이 제가 여러분을 품어주는 것입니다. 엄마가 자식을 품듯 말입니다. 그리고 엄마가 마음에 품고, '너는 건강하고 지혜롭게 살아라.' 하겠죠? 하나님도 그렇게 하는 것입니다.

저도 목사로서 아비처럼, 어미처럼 여러분을 제 마음에 품고 축복합니다. 성격이 괴팍한 자식을 품으면 쓰라리듯이 하나님도 마찬가지입니다. 그 부분은 싫은 것입니다. 여러분 각자에게 이 부분은 없애라고 하는 것은 제가 여러분을 품어 주려고 하는 것입니다. 제가 여러분을 품어주면 여러분에게 놀라운 변화가 일어납니다.

화를 많이 품은 사람과 함께 하면 그 화가 나한테까지 오지 않습니까? 그래서 잠언 말씀에 '화를 품는 자와 함께 하지 마라. 너도 그 화를 당할까 염려함이라.' 라고 한 것입니다. 그러나 우리에게 좋은 것이 예수님의 보혈이 있습니다. 예수님의 보혈은 우리 마음속에 있는 나쁜 것들을 씻어주는 놀라운 능력입니다.

제가 암 병을 치료하거나 어떤 문제에 있어 하나님의 응답을 구할 때 제 마음에 있는 것을 다 씻어 내고 예수님의 마음으로 바꾸어 줍니다. 그럴 때 하나님께서 사인(sign, 신호)을 주십니다. 암 병 환자도 이렇게 고칩니다. 그 사람이 저에게 자신을 맡기고 저는 그 사람을 품습니다. 그리고 예수님의 보혈로 깨끗이 씻는 것입니다. 그러면 응답을 주십니다.

이 고성규 목사의 마음도 예전에는 혈기, 분노, 자존심, 미련, 열등감 들이 강하게 들어 있어서 누가 건드리면 목사니깐 참지만 화가 굉장히 났습니다. 그러나 이런 것들을 전부 없앴습니다. 이것들이 나를 만들고 있었는데, 이제 내 마음에 나쁜 '나' 는 예수님의 십자가의 피로 깨끗이 씻어냈습니다. 그랬더니 그 마음에 예수님이 들어오시는 것입니다. 20절을 읽어보겠습니다.

「내가 그리스도와 함께 십자가에 못 박혔나니 그런즉 이제 내가 산 것이 아니요, 오직 내 안에 그리스도께서 사신 것이라. 이제 내가 산 것이 아니요, 오직 내 안에 그리스도께서 사신 것이라. 이제 내가 육체 가운데 사는 것은 나를 사랑하사 나를 위하여 자기 몸을 버리신 하나님의 아들을 믿는 믿음 안에서 사는 것이라.」

전에는 이 고 목사나, 사도 바울 안에 미움, 분노, 교만, 자기가 옳다고 여기는 것으로 '나'가 살았는데 이제는 이것을 십자가에 못 박았다는 것입니다. 그 이야기는 예수님의 피로 씻어 버렸다는 것입니다. 이제는 미움이나 열등감, 절망, 좌절이 사는 것이 아니라 예수 그리스도가 사는 것이다 입니다. 아픈 자에게 기도할 때 치료가 되고, 귀신은 꼼짝도 못하게 되는 것입니다. 내 안에 예수 그리스도가 계셔서 나를 통해 그분의 지혜와 권능을 나타내신다는 것입니다. 이것이 믿음입니다.

본문에서, 20절 후반을 보십시오. 사람은 모두 자기 마음을 믿습니다. 그러나 그 속에 무엇이 들어 있느냐를 믿는 것입니다. 이제는 사도 바울 목사 마음에 하나님의 아들이 들어와 있습니다. 여러분, 저도 제 마음을 믿습니다. 그러나 제 마음 속에는 예수님이 들어와 있습니다. 그래서 제가 누구를 믿는 것입니까? 예수님을 믿는 것입니다.

이것을 다른 성경에서 의로운 자는 예수 그리스도를 믿는 믿음 안에서 산다고 하였습니다. 이 믿음을 하나님께서 여러분 마음에 주셔서 자기 관점, 가치관, 자기 계산, 자기 논리, 자기 실증적인 것들을 버리시기 바랍니다. 이런 것들을 통해서 남을 판단하고 비판했는데 지워버리고 그분으로 살라는 말입니다.

그분으로 살면 내게 어떤 일이 일어납니까? 지혜로워지고, 권능 있어 집니다. 지혜는 보이지 않는 세계를 꿰뚫어 보는 안목입니다. 내 눈이 아닌 하나님의 눈을 공급해주어서 세상을 살게 합니다. 사람들이 돈을 벌고, 공부를 하는 것은 세상을 이기기 위해서입니다. 인생이 여러분을 힘들게 하고, 누가 도와주지 않고, 세상을 사는 게 만만치 않습니다. 그래서 돈을 많이 벌고, 공부를 하려는 것입니다.

그렇지만 그 무엇도 이 세상을 이길 수 없습니다. 병에도 지고, 사망에게도 꼼짝 못하게 됩니다. 그러나 미움, 분노, 어리석음, 열등감, 심지어 사망까지도 이기는 분이 예수 그리스도입니다. 이 예수 그리스도가 내 안에 들어왔을 때 내가 세상을 충분히 이기는 것입니다. 죽음에 대해서도 단호하게 이길 수 있는 능력이 주어지는 것입니다.

저는 죽음이 두렵지 않습니다. 오히려 준비하며 기다리고 있습니다. 주님이 나를 부르실 때 주님을 찬미하며 갈 것입니다. 내 관점, 내 능력, 내 지식, 내가 옳다고 하는 것들로 세상을 이길 수 없는 것입니다. 이런 쓰레기는 십자가의 피로 씻어 버리는 것입니다. 그러면 예수님이 들어오셔서 '나'가 되어 주십니다.

이제는 내 안에 내가 살지 않고 새로운 마음씨, 예수 그리스도가 내 안에 살게 되었다 이 사실을 믿으시기 바랍니다.

요한일서 5장 4절에 이 믿음이 세상을 이긴다고 했습니다. 악인을 이기고, 세상을 이기고, 죄를 이기고, 모든 고통을 이기는 능력입니다. 이 은총을 여러분 심령에 공급받고 능력의 사람들이 되시기를 축원합니다.

11

검을 주러 왔다

「내가 세상에 화평을 주러 온 줄로 생각하지 말라 화평이 아니요 검을 주러 왔노라 내가 온 것은 사람이 그 아버지와 딸이 어머니와 며느리가 시어머니와 불화하게 하려 함이니 사람의 원수가 자기 집안 식구리라 아버지나 어머니를 나보다 더 사랑하는 자는 내게 합당하지 아니하고 아들이나 딸을 나보다 더 사랑하는 자도 내게 합당하지 아니하며 또 자기 십자가를 지고 나를 따르지 않는 자도 내게 합당하지 아니하니라 자기 목숨을 얻는 자는 잃을 것이요 나를 위하여 자기 목숨을 잃는 자는 얻으리라」

(마태복음 10:34~39)

여러분이 하나님께 사랑 받고 복 받는 비결 중에 하나는 하나님을 위해 근심하는 것입니다. 하나님께 복 받는 지름길입니다.

회사 다니는 종업원이 회사와 사장을 위해 근심합니다. '사장님이 잘되시고, 회사가 발전을 이뤄야 할 텐데…' 그런데 보통 종업원들 이렇게 근심하나요? 월급이 적다, 크다, 자기 걱정, 자기 먹고 살 염려합니다.

이 종업원은 '사장님이 지혜로워지셔야 하는데, 사장님이 고생이 많으시겠다, 사장님 대접하고, 회사가 무궁한 발전을 이루어야 할 텐데' 하며 근심합니다. 이 사장이 정권이 바뀌어서 장관이 되었습니다. 그렇다면 가면서 누굴 데려가겠습니까? 이 사람을 데려가잖아요.

이것이 세상살이의 지혜입니다. 그래서 주님께서 고린도 후서 7장에 '세상 근심은 사망을 이르게 하는 것이요, 하나님의 뜻대로 하는 근심은 후회

할 것이 없는 구원에 이르게 하는 근심이라.' 했습니다.

성경 말씀은 하나님과 우리 사이를 이야기하는 것입니다. 하나님은 누구이고, 우리는 누구며, 그 관계가 어떻다는 것을 이야기 하는 것입니다. 그 자체가 세상살이의 지혜입니다.

여러분들은 회사에 다니면서 사장과 회사를 위해 근심한 적 있으세요? 이것이 세상살이, 인간관계의 지혜입니다. 그러면 사장이 나를 심중에 두게 됩니다. 대개 세상살이를 2류나 1류 중하에 사는 사람들은 이런 것을 잘 합니다. 그런데 3류 이하로는 이런 걸 잘 못합니다. 성경 말씀 어디를 찾아서 읽으나 하나님이 '나와 이렇게 친하게 지내자' 그리고 동시에 세상을 어떻게 하면 잘 살 수 있는가에 대한 명철, 지식, 지혜가 들어 있습니다. 저는 보면 그것이 눈에 뜨입니다.

이런 것을 논리적으로 설명할 필요가 없습니다. 말씀 자체에 들어 있습니다.

예를 들어, 성경에 '범사에 감사하라.' 라고 나옵니다. 그런데 우리는 '누가 무엇을 나에게 주었을 때' 감사합니다. 그리고 평소에 늘 불평, 불만, 신경질 냅니다. 범사에 감사하는가는 자신의 상태를 이야기 하는 것입니다.

저는 인간적으로 별 볼일이 없습니다. 하나님께 은혜를 많이 받고, 사랑을 많이 받는 비결은 자신이 굉장히 어리석은 사람이란 것을 깊이 깨닫는 것입니다. 그러면 하나님이 기뻐하십니다. 여러분은 그것을 모른다는 것이 문제입니다. 그러니 특별히 은혜를 못 받는 것입니다. 제가 어떻게 마음이 평안하고 기쁘고 감사하는가 하면 '하나님, 저는 미련합니다. 나쁜 놈입니다.' 합니다. 말이 아니라 내 상태를 보는 것입니다. 내 상태를 늘 발견해서 하나님께 이야기 하는 것입니다.

사도 바울이 내가 죄인 중에 괴수라고 한 것은 입에 달린 말이 아니라 속으로 들어가서 자기 실상을 본 것입니다. 그러니 가히 이룰 수 없는 은혜를 하나님이 바울 선생에게 주신 것입니다. 굉장히 간단한 것입니다. 왜 은혜를 못 받습니까? 자기 꼴을 못 보기 때문입니다. 사람들이 누가 멋있는 말을 하면 은혜 받았다고 말 합니다. 그러나 그런 것 가지고는 0.001% 속사람이 안 바뀝니다.

정말 중요한 것은 겉 사람은 후패하나 우리 속은 날마다 새로워지는 것 그 자체가 은총입니다. 안 바뀌면서 누군가 명 설교를 한다고 하는 것은 은혜도 아니고 감동도 아닙니다. 인간 속에 있는 감정을 흔들어 주어 감동을 받는 것입니다. 그런 것을 감동 받고 은혜 받았다고 하지만 안 바뀝니다. 여러분이 그런지도 모르고 교회를 다니고 있습니다.

하나님께서 끊임없이 주시고 계세요, 안 주고 계세요? 성경이 말하는 은혜의 정확한 해석은 주님이 나와 함께 한다 입니다. 은혜를 받았다 함은 주님이 나와 함께 했다 입니다. 항상 성경이 말하는 대로 규명하고 말씀대로 되어져야 합니다. 그렇지 않으면 성경적 개념과 세상적 개념이 합쳐져 뭉뚱그려져서 우리의 신앙 자세가 애매모호해집니다.

세상과 섞여진 설교를 2시간 동안 깔깔 거리고 듣고 나가는데 속사람이 바뀝니까? 이것이 은혜입니까? 제 예전 성격이 정확한 걸 좋아했는데 그래서 하나님이 제 성격을 쓰시는 것입니다. 저도 성경이 없으면 성경대로 안 됩니다. 성경처럼 이 세상에 정확한 게 없습니다. 보이는 세계에서나 보이지 않는 세계에서나 가장 정확 무오한 말씀입니다.

천국은 항상 감사의 상태입니다. 그래서 이것을 항상 감사하라고 표현한 것입니다. 그리고 항상 하나님이 주시고 계십니다. 눈이 닫혀 못 찾아 먹고 있을 뿐입니다. 하나님은 입술로도 감사하고 사랑해요 하는 것도 기뻐하시지만 정말 기뻐하는 것은 여러분의 상태가 감사의 상태, 사랑의 상태가 되어져서 주님께 감사하고 사랑할 때에 기뻐하십니다.

어떻게 기뻐하시는가 하면, 제 가슴에 있는 사랑을 가지고 주님 '감사합니다.', '사랑합니다.' 하면 주님의 마음이 출렁 출렁하고 하나님이 가슴을 뜨겁게 합니다. '내가 너를 얼마나 사랑하는지 모른다. 내 아들아, 내 딸아'

주체를 할 수가 없습니다. 그런 경우는 드물지만 자식들이 "엄마, 아빠 너무 사랑해" 하면 부모의 마음이 출렁 출렁해서 "내 아들, 내 딸아!"하는 것입니다. 가슴이 뜨거워지는 것입니다. 하나님의 가슴을 뜨겁게 하는 것이 사랑입니다.

이것을 아는 것은 제가 이것을 하니까 아는 것입니다. 제가 성경을 해석하는 것은 주님과 나 사이에서, 세상살이에서 경험되어지는, 말씀대로 되어 지고 이루어지는 것들을 이야기 하는 겁니다. '범사에 감사하라.' 누가 줘서 감사하는 것이 아닙니다. 내 상태가 감사의 상태입니다. 혼자 평안하게 나 자신을 흔들어 주지 않으면 평안, 감사, 기쁨이 잔잔하게 있습니다. 그런데 실로암 물가에 천사가 내려와 물을 동하게 하듯 찬양이나, 통성으로 기도하거나, 설교하거나, 주님을 사랑하는 사람을 만날 때 제 가슴이 출렁 출렁 거립니다. 그 자체가 머리부터 발끝까지 마구 기쁘게 해줍니다. 어느 정도냐 하면 주체가 안 될 정도입니다.

믿음의 완성은 사랑입니다. 믿음을 출발해서 소망을 거쳐 완성인 사랑에 이르는 것입니다. 이런 것도 모르고 그냥 교회를 다닙니다. 가르쳐줘도 하지 않습니다. 알아야 되고 가르쳐 준대로 하셔야 상태에 도달하는 것입니다. "어떻게 하면 빨리 할 수 있어요?" 하시는데 사랑하면 됩니다. 이것만 말해 줄게요. 그 다음 비밀은 여러분 스스로 깨우치십시오. 저는 안타까워서 말도 못하고 사랑하세요란 말밖에 못하고 있습니다. 사랑하면 빨리 됩니다.

상태, 수준에 어떻게 도달하는가, 제가 쓰는 방법은 하나님이 쓰시는 방법과 같습니다. 예수 그리스도는 탁월한 선생이십니다. 예수님께서 전체를 상대로 납득시키는 말씀하시고 개별적으로는 납득된 상황에서 한 사람, 한 사람 마음의 껍질을 벗기십니다.

예수님이 하신 것처럼 저도 그렇게 합니다. 제가 이런 교육 방식을 어디 가서 박사학위로 받은 것이 아니라 예수님이 하신 그대로 하는 것입니다.

전체 설교를 통해 여러분을 납득시키고 제가 개별적으로 사랑, 평화에 초점을 두고 사랑이 아닌 껍질을 하나씩 벗기는 것입니다.

그러면 여러분의 속에서 성질, '꼭 이렇게 해야 하나?' 이런 것들이 나옵니다. 미리 말하지만 여러분 속에 건질 것이 없습니다. 여러분이 내면이나 생활 속에서 가진 무엇을 가지고 하나님을 사랑할 것입니까? 진실로 없는 것을 정확히 볼 줄 알아야 합니다. '내가 예수 그리스도를 사랑한다고 교회를 다녔지만 내 속에 주님을 사랑할 만한 것이 아무 것도 없구나!' 를 볼 줄 알아야 합니다.

이것만 알아도 소크라테스가 말한 '네 자신을 알라.' 가 되는 것입니다.

세계를 알려면 나 자신부터 알아야 하는 것입니다. 나의 마음과 생각과 의지, 지성을 알아야 합니다. 우리 속에 천사도, 악마도, 만물이 들어있습니다. 그래서 자기를 보면 세상을 보게 되는 것입니다. 그런데 이런 이치는 모르고 자기는 안보고 남부터 보는 것입니다.

예수님의 교육방식은 하나씩 죄악된 마음의 껍질을 벗겨서 자기 자신을 통찰하게 해주는 것입니다. 인식의 깊이, 넓이 확장을 통해 세미하게 자기 자신을 보게 하십니다. 그래서 예수님이 자기를 보려면 빛이 필요하듯 "나는 세상의 빛이라" 하신 것입니다. 건물 지은 것을 재건축하려하면 다 무너뜨려야 합니다. 심리학에서는 내담자를 상담자가 충분히 받아주고 칭찬해야 한다고 하는데, 이런 것으로는 인간을 못 고칩니다. 이것이 성경방식입니다.

아담 이후의 옛사람 내면은 전혀 인정하지 않습니다. 그런데 우리는 자신이 잘났다고 고집을 부립니다. 지금도 자신의 생각이나 뜻이 옳다고 여기는 자는 예수 그리스도를 모르는 것입니다. 여러분이 진정 예수 그리스도를 알려면 자신 전체가 무가치함을, 내 생각, 느낌, 양심, 지성이 전혀 무가치함을 알아야 합니다. 그래서 여러분에게 계속 자기 꼴을, 무가치한 것을 알라고 이야기 하는 것입니다.

그렇지만 여러분 속에서 입으로는 아멘 하지만 꿈쩍도 안하고 있습니다. 이것이 여러분의 마음에 있는 큰 산입니다. 그것이 여러분의 의식에 끊임없이 자기 생각, 느낌을 쏘아 대는 것입니다. 정작 자신이 무슨 생각을 하며 사는지 모르는 것입니다. 이것이 허망한 생각, 총명이 어두워졌으며, 감각이 마비된 옛 사람의 상태입니다.

정말 좋은 설교는 이런 마음의 사실을 정확하게 보여주고 자신이 '나쁜 사람이구나, 도둑놈이구나'를 알게 해주는 게 최고의 설교입니다. 심리학적, 정신 의학적 치료도 마찬가집니다. 슬픈 정서가 여러분 속에 들어있습니다. 이것은 사랑받지 못하고 부모가 챙겨주지 못해서 생긴 것입니다. 또 열등감도 들어 있습니다. 이것은 어디서 왔는지 보라 이 말입니다. 여자들은 대개 남보다 못 생겨서입니다.

그 허상에서 깨어 나오십시오, 안 벗어나면 대한민국은 성형 한국이 될 수밖에 없는 것입니다. 교회가 이 부분을 하나님이 만들어 주신 것에 감사하면서 내적인 아름다움을 만들어줘야 하는데 이것을 못하니 교회 안이나, 밖이나 성형외과를 가는 것입니다.

그리고 물질입니다. 저도 너무 가난해서 이것을 극복하는데 많이 고생했습니다. 부자만 나타나면 조용히 있습니다. '부자는 말도 이렇게 하는구나, 옷도 저렇게 입고 다니는 구나' 부자 앞에서 힘을 못 씁니다. 내가 잘난 체 하고 있는데 나보다 공부를 많이 한 사람이 들어오면 얌전해집니다. 다들 안 그런 척 하고 있는데 그러지 않으세요?

이런 거 잡는데 저도 많은 시간이 걸렸습니다. 이것을 극복하지 않으면 교회 안에서도 마찬가지입니다. 돈 없는 장로는 당회 안 간다고 하는 것입니다. 사실 목사님의 세계에서도 교회 재정상 보통 승용차 타시라고 하지만 부득불 고급 승용차를 타고 목사님 사이에서 자랑하는 것입니다.

다 허상입니다. 허상에 속으면 안 됩니다. 실제로 안전과 여러 좋은 측면을 고려해서 좋은 차를 탈 수 있습니다. 그렇지 않은데도 불구하고 그런 차를 고집하는 것은 내 속에 들어 있는 욕심과 허상입니다. 이 허상을 다 쫓아내면 평안해집니다. 저도 여기까지 오는 데 많은 시간이 걸렸습니다. 혹시라도 우월감이나 열등감이 나오면 그 자리에서 검으로 난도질을 하는 것입니다. 그런 것들이 나의 의식을 사로잡아 끌고 가지 않게 하는 것입니다.

평화가 아닌 것들, 감사가 아닌 것들을 자꾸 벗겨내는 것입니다. 허상 즉, 소유욕, 탐욕, 열등감, 무책임과 같은 것들이 여러분 속에 잔뜩 들어 있죠? 무책임, 헛된 욕심을 양파 껍질 벗기듯 자꾸 자꾸 벗기고 들어가는 것입니다. 여러분 내면은 복잡합니다. 이런 것들을 검과 피로 하나씩 제거하는 것입니다. 검과 피로 제거합니다. 그렇게 하면 내 속에 검과 예수그리스도의 피 하나로만 통일이 이루어집니다.

검은 예수 그리스도의 말씀입니다. 말씀은 예수 그리스도의 살입니다. 피와 살은 동떨어져 있나요? 살 속에 피가 있잖아요. 여러분에게 검을 주었는데 나중엔 말씀이 들어가고 말씀은 살이 됩니다. 그래서 검을 쓰라고 하는 것입니다. 끊임없이 검을 써야 합니다. 제가 이렇게 만들어진 가장 중요한 것이 바로 말씀의 검입니다.

처음부터 보혈로 잘 안 됩니다. 보혈로 하는 것보다 검이 더 잘됩니다. 해보시니 검이 먼저인 것을 아시겠죠? 그래서 말씀의 검을 가지라고 한 것입니다. 말씀의 검을 가지라고 하니 시편 23편 외우고 다 외웁니다. 요한복음을 다 외우더라도 그 말씀대로 안 됩니다.

제가 가르쳐드린 방식대로 하면 말씀대로 됩니다. 검의 모양이 만들어지면 그 검에 의해 보여집니다. 내 속에 있는 것이든 외부로 침투해 오는 것이든 무엇이든지 잡힙니다. 현미경으로 봐야 될 것들 다 검광에 비춰집니다. 내 속의 어두움이 들어오더라도 이 검 때문에 내 의식을 사로잡거나 내 영을 우겨 싸지 못합니다. 주님께서 미리 아시고 잠언에 '검이 검을 날카롭게 하듯이 친구가 친구의 얼굴을 빛나게 하리라.' 하신 것입니다. 지금은 여러분이 저에게 검술을 배우는 것입니다.

이 검과 피로 관점이 모아집니다. 우리가 그동안 검을 쓰고 십자가의 피로 지웠는데 관점이 생기는 것입니다. 관점이 씨입니다. 관점이 생길 때까지 싸우는 것입니다.

이스라엘이 광야 40년 동안 애굽적인 마음을 말씀의 검(율법의 역할)으로 싸우고 제사(피흘림)로써 성결케 했듯이 오늘 우리가 말씀의 검과 십자가의 피로 성결케 합니다. 그렇게 하면 나의 마음이 검과 십자가로 하나된 관점이 만들어집니다. 이 관점이 씨앗이 됩니다.

저도 예전에는 논리적이었습니다. 추리소설을 좋아했습니다. 제 지식 기능이 합리적이고 실증적이어야지 믿었습니다. 영으로 변화되면서 논리적이고 합리적으로 하려고 하는 기능을 칼로 잘라 죽였습니다. 칼이 예수님의 말씀이지요?

아까도 말씀드렸듯이 말씀을 집어넣어서는 잘 안 되잖아요. 많은 분들이 말씀을 마음에 집어넣어서 말씀대로 되려고 했었지만 잘 안되었습니다. 저는 여기에 질문을 던졌습니다. 그리고 어떻게 하면 할 것인가 하고 보니 검이더라고요. 제가 이 검을 잘 쓰는 사람에게만 개인적으로 더 잘하는 비법을 가르쳐 드릴 것입니다.

무슨 칼을 쓰던 상관이 없습니다. 칼을 여러분 속에 품고 세우십시오. 저는 영화 보면서도, 텔레비전 보면서도 검을 세웁니다. 무엇을, 언제, 어디를 가든지 항상 검을 세우고 있습니다. 앞뿐만 아니라 왼쪽, 오른쪽, 위, 아래 전 방향으로 휘두릅니다. 검이 나의 정서이고, 지성이고, 생각이고, 양심입니다. 세계를 검으로 봅니다.

이 검이 누구입니까? 예수 그리스도입니다. 내 눈이 예수 그리스도의 눈, 내 귀가 예수 그리스도의 귀, 내 입이 예수 그리스도의 입니다. 예수님 말만 하는 것입니다. 예수님을 노래하고 기뻐합니다. 어떤 것이든 간에 항상 예수 그리스도로 해석되어집니다. 정치, 경제, 과학 무엇을 듣던지 예수 그리스도로 만들어집니다. 이것을 일부러 만들려고 해도 잘 안 되는 것인데 검으로 했습니다.

심상(心像)은 마음 판입니다. 칼을 집어넣어서 다른 것들은 다 잘라 없애고 오로지 칼만 만들어 집니다. 무엇을 하던지 검을 세우십시오. 3류들이 칼을 안 갈기 때문에 3류인 것입니다. 1류는 칼을 갑니다. 이 칼은 어떤 사상의 칼보다, 어떤 경제의 칼보다 양날이 서서 예리하기 때문에 이 세상 어떤 검보다 비교할 수 없는 최고의 검입니다.

이 검이 주님께로부터 우리 교회에 주어진 불 검입니다. 주님께서 불을 땅에 던지러 왔다고 했습니다. 불과 검이 합쳐지면 불 검, 화염검이 되는 것입니다. 천국은 상태를 이야기 합니다. 천국은 그 상태에서 항상 발전하는 것입니다. 평화 속에서 더 큰 평화로 발전하는 것입니다. 제 속에 평화가 있습니다. 제게 주신 이 평화가 끝없이 깊이 들어가고 있습니다.

그런 상태에서 넓게, 길게 퍼져 나갑니다. 평화가 뿌리가 깊어져서 흔들리지 않는 평화를 갖게 되는 것입니다. 찬송가가 나의 노래가 아닌 것이 없습니다. 자기 노래로 알고 찬송하는 곡이 몇 곡이나 됩니까? 사실, 무엇에 의해서 흔든 감정으로 노래하는 것입니다. 주님은 그런 노래를 잘 받으시지 않습니다. 제가 사실 그렇게 만들어지지 못하면 이런 말을 못합니다. 그래서 얼마나 감사한지 모릅니다.

계속 바라보고 바라봐야 합니다. 이것을 뚜렷하게, 줄기차게, 끈질기게, 예리하게, 명료하게 해야 합니다. 내 시각을 항상 또렷하고, 명료하게 해야 합니다. 계속 줄기차게 검을 쳐다보면서 말입니다. 명료한 것은 빛을 이야기 합니다. 명철해지는 것입니다.

사실, 우리가 또렷하게 할 줄 아는 게 있습니까? 성질을 부릴 때는 날카롭습니다. 줄기차게 게으름 떱니다. 나쁜 것을 집어넣고 끈질기게 합니다.

'나는 게으른 자야, 나는 슬픈 자야!' 대개 삼류들은 자기 인생에 마이너스가 되는 것을 집어넣고 끈질기게 합니다. 옆에서 아무리 고치라고 해도 마이동풍입니다.

저도 예전에 그랬습니다. 모든 사람들은 줄기차게 뚜렷하고 명료하고 끈질긴 게 있습니다. 문제는 심상에다 무엇을 집어넣는 가 입니다. 무엇이 바로 문제입니다. 연애라는 것도 남자의 마음에 여자를 집어넣고, 여자의 마음에 남자 집어넣고 뚜렷하게 쳐다보는 것입니다. 생각하면 생각할수록 심상에 새겨지는 것입니다.

우리 모두의 마음 판에는 잡동사니들이 들어 있습니다. 1류들도 잡동사니들이 똑같이 들어 있지만 철저히 그것을 억제하고 자기가 하려는 것에 집중을 잘 하는 사람들입니다. 몰입, 집중입니다. 3류들 속에는 어중이떠중이 잡동사니가 가득한 것입니다. 그 사람의 상태를 굳이 이름을 붙이자면 고물상입니다. 하나님은 상태로 이름을 짓습니다.

모세가 광야에서 도망가서 십보라 사이에서 아이를 낳았을 때 '게르솜'이라 지었습니다. 게르솜이란 모세 자기 상태를 나타내는 '타지에서 객이 되었다.' 란 뜻입니다. 하나님은 상태를 가지고 이름을 짓습니다. 요한계시록에 보면 장차 다시 오실 예수 그리스도의 이름이 '신실과 진실' 이라 나옵니다. 바로 그 상태입니다.

옛 인디언들은 자기 이름을 바람의 아들이라고 하든지 자기 상태를 가지고 이름을 짓듯 말입니다. 신실과 진실을 집어넣고 묵상하면서 다른 것들은 다 칼로 자릅니다. 그러나 그 무엇보다도 칼이 신실과 진실입니다.

예수 그리스도는 온 우주를 뛰어 넘는 가장 탁월한 분이십니다. 하나님 아버지께서 이분을 나에게 주십니다. 목사님들이 이 비밀을 터득하고 이 말씀처럼 되어 지면 성도들의 마음을 꿰뚫어 보게 되는 것입니다. 여러분이 나에게 마음을 주면 내 심상에 겹칩니다. 내가 그 사람에 대해 꿰 뚫어 보게 됩니다. 빗겨가지 못하고 포착됩니다. 슬픔, 가난 다 보게 됩니다.

그래서 제가 코치해드립니다. 여러분이 저와 같이 바뀌어지는 것입니다. 집어넣고 복사본을 만드는 것입니다. 우리는 예수 그리스도의 복사본입니다. 그래서 여러분이 나에게 마음을 주면 제가 여러분을 해체해서 만들어지게 하는 것입니다. 이 비밀을 아시기 바랍니다.

그러면 그 사람의 마음에 있는 것이 저에게 증상으로 나타납니다. 이것이 마태복음 8장 17절, '예수 그리스도께서 우리의 약한 것을 친히 담당하시고, 병을 짊어지셨도다.' 입니다. 이것을 잘라내는 것입니다. 그리고 본인에게 알려주는 것입니다. 본인이 그것을 찾아서 없애버렸기 때문에 제가 그 다음날 편안해지는 것입니다. 칼질을 잘하면 내게 그 증상이 없어집니다. 내가 그 사람이 했는지 안했는지를 알게 됩니다. 이것이 내 양은 내 음성을 듣고, 나는 저희를 알며, 저희는 나를 따르는 것입니다. 목자들이 데려 가는 방식입니다. 여러분이 나에게 마음을 안주면 계명으로 다룹니다. 계명으로 다루니 여러분이 나를 무서워합니다. 율법 수준은 구약 수준입니다. 사랑은 신약 수준입니다.

그런데 정확히 아셔야 할 것은 계명을 창세기부터 말라기까지 통과해야 합니다. 계명을 통과하면서 계명 속에 들어가는 것입니다. 계명이 내 안에 세워지면 계명이 완성되었다는 것입니다. 계명의 완성은 신약입니다. 신약은 사랑입니다. 그래서 율법의 완성이 사랑인 것입니다. 여러분이 계명 속에 들어가지 않으면 사랑이 안 만들어집니다.

구약과 신약을 나눌 것이 없이 구약 안에 신약이 있고, 신약 안에 구약이 있습니다. 율법 속에 사랑이 있고 사랑 속에 율법이 있습니다. 율법 없이 사랑한다 하는 것은 마귀에게 속는 것입니다. 사랑을 모르면서 계명으로 자기를 세웠다 하는 것도 거짓입니다. 계명으로 세워지면 사랑이 되고 사랑이 채워지면 계명이 완성되는 것입니다. 이 두 가지는 둘이면서 하나입니다.

많은 은사자들이 속는 것이 바로 이것 입니다.

"주여 우리가 주의 이름으로 귀신을 쫓아내고 주의 이름으로 선지자 노릇하지 않았습니까?"

주께서 "이 불법을 행하는 자들아 다 물러가라." 하셨습니다. 계명대로 하겠다는 것입니다. 계명이 세워지면 사랑으로 하는 것입니다. 계명으로 나를 세우는 것이 믿음의 도입니다. 믿음의 도는 내 속에 계명을 세우는 것입니다. 계명의 완성이 또 십자가입니다. 십자가는 하나님의 사랑을 확증하는 것입니다.

심상 이야기를 더 해보겠습니다. '무릇 지킬만한 것보다 마음을 지키라. 생명의 근원이 이에서 남이라.' 했습니다. 생명의 근원인 마음 터에 쓰레기, 사람, 고향을 집어넣어야겠습니까? 아브라함은 한 성을 바라보았음이라 했습니다. 마음 판에 한 성을 집어넣으세요. 새 예루살렘성을 집어넣으세요. 전라남도 무슨 군을 집어넣고 왜 그리워하십니까?

우리는 '다 버렸노라' 입니다. 오직 내 안에 새 예루살렘성을 바라보고 꿈꾸는 것입니다. 바라보는 것이 믿음입니다. 믿음은 바라보는 것의 실상입니다. 믿음의 주요 온전케 하시는 예수를 바라보자입니다.

제가 이렇게 말하는 내용은 아브라함, 요셉, 이삭, 다윗 모든 사람에게 이렇게 한 것입니다.

심상은 보이지 않는 추상의 세계입니다. 보이지 않는 곳에 보이는 것을 집어 넣는 것입니다. 이것을 주님께서 실상화(實像化) 시키는 것입니다. 결론은 나 자신이 검이 됩니다. 전에는 혈기나, 미움을 집어넣어서 불의의 병기가 되었으나 이제는 예수 그리스도의 검을 집어넣어서 내 자신이 의의 병기가 되는 것입니다.

명창이나 우리나 같습니다. 우리를 광야에 외치는 소리라고 했습니다. 소리 자체가 바로 나입니다. 명창들은 폭포에서 폭포소리를 이기며 소리를 얻습니다. 득음의 한 경지는 소리 자체가 바로 그가 되는 것입니다. 세상에서 소리로 밥 먹고 사는 사람들도 자기가 하는 소리가 자기라고 하는데 교회가 그만도 못해서야 됩니까? 그 사람들은 판소리를 가지고 득음을 하잖아요.

그런데 우리는 무엇을 가지고 소리를 얻어야 합니까? 예수 그리스도를 가지고 소리를 얻어야죠. 예수 그리스도는 말씀입니다. 하나님 말씀을 가지고 소리를 얻어 광야에 소리가 되는 것입니다. 광야에 외치는 자의 소리가 말씀을 가져야 됩니다.

말의 주인이신 예수 그리스도가 오시는 날 "볼지어다. 세상 죄를 지고 가는 어린 양이로다."하는 것입니다. 세례 요한은 이렇게 했지만 우리는 다시 오실 예수 그리스도를 역사에 증명하는 것입니다. 세계여, 지구여, 교회여! 깨어나라! 예수 그리스도께서 다시 오신다! 하는 것입니다. 이 세상에 돈 많이 벌고, 잘 먹고 잘 살려고 보냄 받은 게 아닙니다. 그분이 오신다는 이야기를 세상에 소리를 지르란 이야기입니다. 그러기 위해 하나님께서 돈도 주고, 밥도 주고 하는 것입니다.

요즘에 저는 하나님께 언어구사를 잘 할 수 있게 해달라고 기도하고 있습니다. 뭐든지 하나님께 달라고 하십시오. 끊임없이 바라고 바랐더니 나중에 실상이 되는 것입니다. 나를 지혜롭고 명철하게 하시고 경우에 합당한 말이 되게 해주세요. 이것을 계속 달라고 하는 것입니다. 심상에 집어넣고 바라고 바라는 것이 믿음입니다.

예수님께서 바디메오를 불러 네가 원하는 것이 무엇이냐 물으실 때 나의 눈을 뜨게 해달라고 원했습니다. 사무치게 바랬습니다. 마침 여리고성을 지나시는 예수님 만나게 된 것입니다. 사실 예수께서 바디메오를 만나러 가신 것입니다. 바디메오의 슬픔을, 상처의 소리를 들으시고 친히 만나러 가신 것입니다.

사람들은 원하는 것이 뭔지도 모르고 삽니다. 원하는 게 없습니다. 하나님께 가장 본질적인 것 하나를 원하십시오. 나의 마음판에 새기고 새겨서 그것이 내가 되고 나의 삶이 되어지도록 원하세요. 우리 득음합시다. 하나님의 소리를 얻으시기 바랍니다.

12

가장 큰 것은?

「내가 사람의 방언과 천사의 말을 할지라도 사랑이 없으면 소리 나는 구리와 울리는 꽹과리가 되고 내가 예언하는 능력이 있어 모든 비밀과 모든 지식을 알고 또 산을 옮길 만한 모든 믿음이 있을지라도 사랑이 없으면 내가 아무 것도 아니요 내가 내게 있는 모든 것으로 구제하고 또 내 몸을 불사르게 내줄지라도 사랑이 없으면 내게 아무 유익이 없느니라 사랑은 오래 참고 사랑은 온유하며 시기하지 아니하며 사랑은 자랑하지 아니하며 교만하지 아니하며 무례히 행하지 아니하며 자기의 유익을 구하지 아니하며 성내지 아니하며 악한 것을 생각하지 아니하며 불의를 기뻐하지 아니하며 진리와 함께 기뻐하고 모든 것을 참으며 모든 것을 믿으며 모든 것을 바라며 모든 것을 견디느니라 사랑은 언제까지나 떨어지지 아니하되 예언도 폐하고 방언도 그치고 지식도 폐하리라 우리는 부분적으로 알고 부분적으로 예언하니 온전한 것이 올 때에는 부분적으로 하던 것이 폐하리라 내가 어렸을 때에는 말하는 것이 어린 아이와 같고 깨닫는 것이 어린 아이와 같고 생각하는 것이 어린 아이와 같다가 장성한 사람이 되어서는 어린 아이의 일을 버렸노라 우리가 지금은 거울로 보는 것 같이 희미하나 그 때에는 얼굴과 얼굴을 대하여 볼 것이요 지금은 내가 부분적으로 아나 그 때에는 주께서 나를 아신 것 같이 내가 온전히 알리라 그런즉 믿음, 소망, 사랑, 이 세 가지는 항상 있을 것인데 그 중의 제일은 사랑이라」

(고린도전서 13:1~13.)

우리 교회는 성도들이 개인적으로나 전체적으로나 완전을 잡아야 합니다. 오늘의 본문 고린도전서 13장은 사랑장이라고 합니다. 사랑은 무엇입니까? 온전한 것입니다.

본문에 나오지만 부분적인 것은 무엇입니까? 8절에서 10절을 보면, '사랑은 결코 없어지지 아니하되 대언은 있다 해도 없어질 것이요, 타 언어들도 있다 해도 그칠 것이며 지식이 있다 해도 사라지리라. 우리가 부분적으로 알고 부분적으로 대언하나 완전한 것이 오면 그때에는 부분적인 것이 없어지리라.'

부분적으로 하는 것이 무엇입니까? 예언, 방언, 지식입니다. 심지어 1절과 3절에 보면 사람의 말, 천사의 말, 모든 비밀, 모든 지식도 포함이 됩니다. 모든 비밀을 알기만 해도 대단한 인물입니다. 모든 지식을 알고 산을 옮길 만한 믿음이 있다면 여기 조용히 앉아 있지 못하고 여기, 저기로 뛰어다닐 것입니다. 그러나 부분적으로 하는 것은 사랑이 없으면 아무 유익이 없습니다. 사랑을 해야 만이 유익이 있습니다.

사랑은 온전한 것이라고 말씀을 드렸습니다. 요한일서 4장 8절이나 16절에 보면 하나님은 사랑이시다고 나옵니다. 그렇다면 온전한 것은 누구예요? 하나님이십니다. 온전한 것은 사랑이고 사랑은 곧 하나님입니다. 그렇다면 온전한 것은 하나님이십니다. 하나님이 온전하신 것 같이 너희도 온전하라고 예수님께서 하셨습니다.

성경에서 '온전하라' 한 말은 '너희도 사랑하라' 라고 하심입니다. 예수님께서 말씀하신 계명이 무엇이죠? 첫 계명이 '하나님을 사랑하고, 둘째 계명이 네 이웃을 네 몸과 같이 사랑하라' 라고 하셨습니다. 로마서 13장에서는 사랑은 온 율법의 완성이라고 했습니다.

지금까지는 우리가 부분적으로 배웠잖아요. 사람의 방언, 천사의 말, 예언하는 능 등 말입니다. 지금도 여기, 저기에서 예언을 많이 하지요? 세계적으로 예언 사역하는 유명한 여자 목사님도 계시고, 우리나라에도 이런 사역을 하시는 목사님들이 많이 계십니다. 그런데 그분들에게 가면 일성이 "하나님이 당신을 사랑하십니다.", "당신을 크게 쓰십니다.", "당신은 영적으로 하나님이 보시기에 사랑스럽습니다." 이렇게 이야기 합니다.

여러분, 초대 교회의 예언은 이런 것이 아니었습니다. 하나님의 말씀을 선포하는 것이 예언입니다. 하나님의 말씀을 통해 어떤 사람의 삶이 충분히 예측 가능합니다. 하나님께서 우리에게 주시는 지혜를 통해 나와 타인의 삶이 해석되어집니다. 성경을 가지고 사람, 벌어진 사건의 원인, 과정 등이 추적 가능합니다.

성경 말씀을 놓아두고 기도했더니 이렇다 저렇다 하는 것은 물론, 성령께서 주시는 영감이나 메시지가 있지만, 그런 예언사역은 위험할 수 있습니다. 예언의 은사가 있다 하더라도 성경으로 들어와야 합니다. 그래야지 자기에게 좋고, 다른 사람에게 피해가 없습니다. 오직 성경으로 해야 합니다. 성경은 신비, 놀라운 능력, 지혜 등 없는 것이 없이 다 들어 있습니다.

저도 장기 금식도 해보고, 하나님의 소리도 들어봤습니다. 번개 치는 소리로 " 내가 너를 기뻐한다!" 머리와 가슴으로 천둥 치듯 들려왔습니다. 소파에서 자다가 몸이 붕 떴다 떨어졌었습니다. 소리가 머리와 가슴으로 들렸습니다. 그때 제가 전도를 많이 할 때였습니다. 저도 투시 은사도 있었고, 방언 등 여러 가지 은사들도 체험해봤습니다. 소리도 듣고, 환상도 보았지만 그런 것들은 부분적이었습니다.

하나님께서는 그런 은사만을 가지고 사역하는 것을 그다지 크게 기뻐하시지 않으시는 것 같습니다. 그랬다면 우리에게 말씀을 안주셨겠지요. 모든 은사나 환상 등은 성경으로 다듬어져야 합니다. 그리고 성경을 통해서 그런 일들이 벌어질 수 있습니다. 성경 통해 투시 은사를 받을 수 있고, 방언 해석도 되어 질 수 있고, 은사를 해석할 수 있습니다.

성경을 문자적으로 해석하면 이런 일이 벌어지지 않습니다. 그러나 성경 속으로 들어가면 성경 말씀을 통해 지식, 지혜, 은사 등이 나타납니다. 지혜는 해석 능력을 말하고 그 범위도 넓고 깊습니다. 이 지혜의 은사는 누구나 받아야 하는 것입니다. 일부 기도를 많이 하는 사람에게 주시는 것이 아니라, 성경 속으로 들어가면 하나님께서 누구에게나 주시는 것입니다.

교회를 오래 다녔어도 이런 지혜가 없기 때문에 인간과 인간끼리 부딪치는 사건에 대한 해석이 되지 않는 것입니다. 해석이 안 되니까, 일부이지만 교회를 다니면서 무당에게 가는 일이 벌어지는 것입니다. 여러분이 교회를 다니시는 한 여러분 삶에 대한 모든 사건을 잘 해석해야 합니다. 그렇지 않으면 교회를 터무니없이, 심하게 말하면 엉터리로 다니는 것입니다.

저나 우리 다니엘교회 성도들은 완전을 잡아야 합니다. 완전이라고 하면 어렵게 생각하는데 도덕적, 윤리적으로 완전 하라는 것이 아닙니다. 우리의 지성이나 감정으로 하는 것은 부분적입니다. 우리 지성, 감정, 의지, 영 전체가 하나로 통일이 이루어지는 것이 완전입니다. 지성 따로, 감성 따로, 의지 따로, 영 따로 놀기 때문에 우리 내면이 분열이 되어 있는 것입니다. 그래서 부분적으로 하는 것입니다.

통일을 이루면 완전이 만들어집니다. 우리 다니엘교회에 다니는 사람은 온전을 알아야 하고, 온전을 향하여서 달음박질해야 합니다. 예수 그리스도는 온전입니다. 그분의 삶, 감성, 지성, 뜻, 비전, 그 모든 것들과 연합되어져서 나도 성취가 되어져야 합니다. 성취가 안 되는 부분은 그것을 잡으려고 끊임없이 좇아가는 것입니다.

이렇게 되는 것은 일단 제가 말씀을 가르치면 깨닫고 순종하는 행동을 하셔야 합니다. 제가 방법을 가르쳐드리지만 여러분이 안 하면 소용이 없습니다. 중요한 것은 여러분에게 가르쳐준 대로 완전에 이르는 계명을 따르는 것입니다. 여러분에게 설교하는 모든 내용은 완전에 초점을 맞추는 것입니다. 여기에 초점을 맞추고 가는 길을 제시하는 것입니다. '저는 힘들어서 안 갈래요.' 해도 가야합니다. 이것이 가장 중요합니다.

저와 여러분과의 내적인 커뮤니케이션(communication, 소통)이 있어야 합니다. 여러분을 위해서 하는 이야기입니다. 제가 여러분에게 말씀을 가르쳐 준 대로 한다 해도 잘 안됩니다. 이것이 복음으로 인하여 교제함이라, 성령의 교통이 있을지어다 입니다. 제가 성경을 가르쳐드리면 녹음도 하고, 적기도 하지만 아무리 그렇게 해봐야 잘되지 않습니다.

완전이 무엇입니까? 사랑이잖아요. 예수님은 완전합니다. 계명을 주었으니 우리가 계명을 따라가야 합니다. 그래도 안 됩니다. 왜냐하면 예수님과 나의 사랑이 이루어져야 하기 때문입니다. 서로 사랑하는 것입니다. 가르쳐주면 지식적으로, 이론적으로 정리했으니 내가 다 알았다가 아닙니다. 사랑하는 것입니다. 서로 사랑하라 입니다. 그래서 여러분이 나를 사랑해야 합니다. 나는 여러분을 사랑합니다.

이렇게 이야기 합시다. 부모가 아이를 낳아놓고, 밥만 주고 사랑을 안 해주면 어떻게 자라겠습니까? 아이가 바른 길로 가지 않고 삐뚤어지고 부모에 대해 분노하게 될 것입니다. 그리고 우스개 소리로 커서 필리핀에 부모를 던져놓고 오는 것입니다. 그러나 그렇지 못하는 것이 부모가 사랑을 주었기 때문입니다. 그래서 자식이 부모를 던져놓지 않고 같이 오는 것입니다.

예수님하고 우리와의 내적인 교통이 이루어지고 서로 사랑이 이루어지면 굳이 이 고목사의 도움을 받지 않아도 될 것입니다. 그런데 여러분이 잘되십니까? 여러분이 잘되면 목사가 필요합니까? 이것은 하나님이 낳아놓고 네가 알아서 커라 입니다. 그래서 육신의 아버지와 어머니가 필요하듯이 영적인 부모형제가 필요한 것입니다.

성경에 땅에 있는 자를 많이 아버지라 하지 마라 한 것처럼 저도 여러분에게 많이 선생 될, 오랫동안 아버지 역할을 할 생각이 없습니다. 빨리 하나님께 독립시킬 것입니다. 이것이 바로 부모를 떠나는 것입니다. 복음으로 너희를 낳았음이라 입니다. 다른 교회 목사님이 이렇게 하시는지 안하시는지 내버려두고, 우리 교회는 이렇게 하는 것입니다. 여러분의 영과 혼을 하나님이 내게 주신 복음을 가지고 여러분을 낳아드리는 것입니다.

저는 하나님의 말씀을 통해서 여러분의 영도 거듭나게 하고 혼도 단장할 것입니다. 에스더가 단장하고 왕을 만나는 것이고, 룻이 단장해서 보아스를 만나는 것입니다. 마태복음 25장에 열 처녀 이야기도 나옵니다. 교회는 신부 단장하는 곳입니다.

가장 이상적인 것은 성령 충만으로 영이 거듭나고 말씀으로 혼이 만들어지는 것입니다. 영은 성령, 혼은 말씀으로 만들어지는 것입니다. 그러면 영은 성령님이시고, 말씀은 예수님이십니다. 예수 안에 아버지 하나님이 계시니 내 속에 성령이 오시고 말씀으로 단장되어지면 삼위 일체 하나님 성부, 성자, 성령이 내 안에 들어와서 한 마음이 되는 것입니다. 이것이 완전입니다. 내 속에 삼위 하나님에 의한 사랑이 충만해지는 것입니다.

긍정적으로 살라는 말은 좋은 말입니다. 좋은 말인데도 불구하고 그 말이 들어가서 혼이 온전하게 되지 않습니다. 그런데 제가 여러분에게 하는 방법은 개인적으로나 전체적으로 놓고 허물어뜨리는 것입니다. 혼에는 온갖 쓰레기가 들어 있습니다. 그런데 여기에다 '긍정적으로 삽시다' 라고 하는 것은, 안 듣는 것보단 낫지만, 근본적인 해결책이 되지 않고 항상 부분적으로 되는 것입니다.

부분적으로 되니까, 11절에 보시듯이, 어린 아이처럼 하는 것입니다. 온전한 것은 장성한 어른입니다. 교회를 10년, 20년, 30년 다녀도 어린 아이입니다. 단지 이성적 조절이 더 잘 되는 것입니다. '내가 장로이고 권사인데 참아야지…' 이런 기술은 늘어도 어린 아이의 수준을 못 벗어납니다.

우리가 영으로 해야 완전한 것입니다. 영으로 하는 것은 말씀으로만 하는 것입니다. 이것도 성령으로 하는 것입니다. 그런데 말씀으로 잘 안하면서 성령으로만 하면 이상한 쪽으로 넘어갈 수 있습니다. 처음에 성령이 우리에게 오시면 분명하게 말씀하십니다. "오른쪽으로 가라", "누구에게 가라" 정확하게 가르쳐 주십니다. 그런데 이것이 일 년 지나, 이년이 지나면 자기 심보가 나옵니다. 나중에는 내 생각이 성령을 우겨 싸서 내 생각을 성령의 생각이라고 하는 것입니다.

가장 안전한 것이 말씀으로 하는 것입니다. 말씀으로 하면 성령의 뜻이 정확하게 분간이 되고 시간이 지나면서 성령의 은사가 소멸되는 것이 아니라 더 예민해지고 깨끗해집니다. 영으로 하는 것은 오직 성경 말씀으로 하는 것입니다. 말씀을 통해 성령 충만이 이루어지고 아버지가 들어오시고, 내 자신이 자라납니다. 오직 성경으로만 되는 것입니다.

그리고 두 번째로 이것은 여러분의 영으로 하는 것입니다. 그런데 사람들이 영이 무엇이고, 어디 있는지 모릅니다. 영성으로 한다하지만 영의 실체를 모릅니다. 영이 무엇이고 혼이 무엇인지 분간을 못하는 경우가 많습니다. 그래서 이분들이 도움을 많이 받는 책이 워치만 니의 『영에 속한 사람들』과 같은 책들에 영향을 많이 받더라고요. 저도 오랫동안 내 영이 무엇인가에 대한 통찰을 해왔습니다.

많은 책을 보았지만, 그런 것보다 중요한 것이 성경말씀을 통해서 나를 정확하게 보는 것입니다. 그래야 실수하지 않습니다. 내 영은 무엇이고 내 혼은 무엇인가. 영에는 성령이 오셔야하고 우리 혼에는 말씀이 들어가야 합니다. 성경에 통털어서 영과 혼을 마음이라고 하기도 하고, 영만 마음이라고 하기도 하는 등 여러 가지 번역을 해놓았더라고요.

그러나 여러분에게 말씀을 드리는 것은 마음은 영이 포함된 영혼을 아울러서 말하는 것입니다. 정확하게 말할 때는 영과 혼을 분리해서 말하기도 합니다. 저도 가끔 여러 목사님의 설교를 텔레비전을 통해 봅니다. 과연 설교를 어떻게 하고 어디에 초점을 맞추는가를 알기 위해 말입니다. 인품이나 성품이 좋은 분들이 많이 나오시더라고요.

그러나 타켓이 잘못 맞추어져 있습니다. 듣는 성도들의 지성이나 감정에 맞추고 설교를 합니다. 감성적인 설교를 하면 마음이 부드러워지고 편안해집니다. 감성에 맞추었기 때문입니다. 지성에 맞춘 분들은 우리 지성을 즐겁게 해줍니다.

사실, 하나님의 말씀은 지성과 감성이 아니라 영입니다. 그래서 영에 초점을 맞추어야 합니다. 그분들 설교를 듣고 있으면 목적이 상실됩니다. 하나님의 목적은 우리의 영이잖아요. 영에 초점을 맞추고 우리 영에 밀어 넣어줘야 합니다. 영의 말씀을 가지고 감정에 초점을 맞추고 즐겁게 해주면, 이 사람이 감성이 풍성해 지고 지식적이 되지만 영을 놓치게 되는 것입니다.

감성을 부드럽게 해줘서 울기도 하고 웃기도 하니 은혜 받았다고 합니다. 한두 시간 실컷 웃고 나서 은혜 받았다고 합니다. 영은 텅 비는 것입니다. 타겟(target, 표적, 목표)이 잘못되었기 때문입니다.

이런 설교는 들어도 속사람 즉, 영이 여간해서 바뀌지 않습니다.

어떤 분들이 은사로 한다고 하고 영에 초점을 맞추려 하지만 영에 대한 정확한 이해가 없기 때문에 바른 길로 가지 않고 곁길로 자꾸 가게 됩니다. 그러니 결국 그분들이 교인들을 붙잡을 때 정으로 붙잡습니다. 영으로 못잡기 때문입니다.

저는 여러분들을 지식적으로 가르쳐드릴 수도 있고, 정도 줄 수 있습니다. 그러나 가장 기본 타겟은 지성이나 감성이 아니라 영입니다. 영은 나입니다. 영이 잘 되는 길은 성령과 말씀입니다. 영적으로 하나님의 말씀을 선포해도 성도들이 말씀과 성령에 의해서 다스려지지 않으면 헛수고 하는 것입니다.

제가 여러분에게 말을 잘하던지 못하던지, 설교를 잘하든지 못하던지 제 자신을 성령과 말씀으로 영에 초점을 맞추고 이야기하면 여러분의 영이 잘 되는 것입니다. 또 어떤 분들은 영으로 한다고 성경으로만 한다고 하시는 분이 있습니다. 그런데도 불구하고 자기가 전하는 말씀과 자신이 하나로 연합되어 있지 않기 때문에 듣는 성도가 바뀌지 않습니다. 여러분들이 분별하기를 원해서 하는 이야기입니다.

우리 성도들 한 사람, 한 사람이 영으로 해야 합니다. 말씀과 성령입니다. 말씀과 성령은 완전을 향하여, 사랑을 향하여 갑니다. 사랑은 장성한 분량입니다. 부분적인 것은 어린 아이입니다. 지금까지 부분적으로 교회 생활하고 부분적으로 성경을 이해했습니다. 부분적으로 하다 보니 무언가 설교를 들으면 깨닫고 감동도 받지만 여전히 한쪽으론 채워지지 않았잖아요. 이러한 패턴으로 10년, 20년 다녀도 충족되지 않는 무언가 비어 있는 것입니다. 부분적으로 하기 때문입니다.

부분적으로 하는 분들 중에 어디에 사람들이 몰리냐 하면, 능력이 더 세게 나타나는 데를 찾아가는 것입니다. "병도 고치지만 저기는 귀신도 쫓아낸다더라!" 모두들 저쪽 은사자들 보다 더 큰 은사를 받기 위해 고군분투하는 것입니다. 모든 목사님들이 목사 일을 하는 것이 너무 힘들다고 하고, 개척교회 목사는 힘들다고 합니다. 그것이 모두 부분적으로 하기 때문입니다.

그러나 제가 단언컨대 지구상 가장 최고의 직업이 목사입니다. 하나님이 평가하시기 때문입니다. 그래도 하나님이 자기 종, 목사를 가장 사랑하고 계십니다. 다만 목사님들이 그걸 잘 모르기 때문에 그러는 것입니다.

성경이 중요하게 말하는 것이 기도하라 입니까? 전도하라 입니까? 성경이 중요하게 말하는 것은 하나님 나라 만들기입니다. 그리고 사람 만들기입니다. 하나님 나라에 하나님만 계신 게 아니라 사람도 있습니다. 사람을 만들어 놓으면 기도하고, 충성도 하고, 전도도 하는 것입니다. 부분적으로 만들어 놓으면 어린 아이 같고 자기가 하려는 것만 하려고 합니다. 그러나 제가 말씀 드린 모든 것을 할 수 있습니다. 온전하면 무엇이든지 할 수 있는 사람으로 만들어 집니다.

이 두 가지를 통해서 결론은 사랑 만들기입니다. 하나님 나라 주인인 하나님과 백성인 국민이 사랑하는 것입니다. 이것이 성경이야기입니다. 사랑해서 기도하고 충성하고 봉사하는 것입니다. 성경의 가장 중요한 핵심이 이것입니다. 다른 것도 이야기 할 수 있어요. 기도 많이 해라, 축복 받아라 이야기 할 수 있지만 본질이 하나님 나라입니다.

하나님 나라에 하나님만 있으면 외로우시니 사람을 두십니다. 여러분은 하나님의 파트너입니다. 하나님은 어른이시고 우리는 어린 아이입니다. 하나님이 애들하고만 노십니까? 5만 명의 교인들이 모였는데 다 아기입니다. 독처하는 게 좋지 못해서 하나님 신부 좀 만들려는데 신부가 아니라 애들입니다. 하나님이 30년 기다려도 여전히 애입니다. 한국 교회가 120년의 역사를 지녔는데 아직도 애입니다.

저는 우리 교회에 40명 모이거나 4만 명이 모이거나 한 사람을 대하듯이 말씀을 가지고 만드는 작업을 하고 있습니다. 말씀은 동일하다는 것입니다. 어린 아이가 아니라 어른을 만드는 것입니다. 여러분이 영어의 달인인데 50명을 못 가르치겠습니까? 5만 명을 못 가르치겠습니까? 이것은 지혜와 사랑으로 되는 것입니다.

설교 말씀을 통해서는 말씀의 지식과 지혜, 명철을 제공합니다. 여러분이 하나님의 말씀의 지식이 많아져야 지혜가 나오는 것입니다. 어떤 지혜와 지식을 가르치느냐 하면 여러분을 여러분 되게 해주는 것을 가르치는 것입니다. 나의 '나' 된 것을 가르치는 것입니다. 안 하려고 하지 말고 깨어나세요.

왜 안 하는 줄 아세요? 육체의 마음에 사로 잡혀 있기 때문입니다. 육체의 마음에서 나오는 것 중에 쉬운 것 하나 예로 들자면 게으름입니다. 텔레비전을 보고 즐기거나, 게임을 하거나, 다른 사람들 하고 수다를 한다거나 이것들은 게으름을 즐기는 것입니다.

이것이 재미있으니 마음을 거기에 써먹는 것입니다. 여러분에게 가르쳐 드린 것은 마음 쓰기를 하라 입니다. 그동안 마음을 안 써봤잖아요. 칼을 세워라 하니 마음에 안 들어갑니다. 마음 쓰는 게 힘듭니다. 몇 초하다가 게으름으로 돌아가 버립니다.

여러분의 생각이나 총명, 감성의 탄생이 어디서 나옵니까? 심비(心碑)에서 나옵니다. 심비는 마음에 새겨진 것입니다. 마음 판에 거짓이 깊이 새겨 있으니 생각이 그렇게 나오는 것입니다. 거짓된 생각이 돌아가는 것입니다. 이것을 심상이라고 합니다. 생각은 심상에서 나옵니다. 마음 판에 새겨진 것이 무엇인가? 우리 마음 판에 음란이 새겨져 있으니 약간만 자극을 줘도 속에서 음욕이 툭하고 나옵니다. 이것이 생각과 느낌의 탄생입니다.

고린도후서 3장에 예전엔 돌비에 새겨주었지만 지금은 심비에 하나님 말씀을 새긴다고 나옵니다. 여러분 마음 판엔 쓰레기들이 잔뜩 새겨졌는데 그 위에 은사가, 권능이 임한다고 하지만 심비에는 거짓이 새겨 있어서 오래 못가는 것입니다. 그리고 몸부림치며 기도하고, 말씀을 많이 외워도 마음이 안 바뀌는 것입니다.

제가 여러분에게 하려는 것은 심상 자체를 바꾸려는 것입니다. 각을 떠내서 지워버리고 그 자리에 하나님 말씀을 새기는 것입니다. 원리를 아시겠어요? 혹시라도 내가 교회 생활을 오래 했으니 금방 되리란 생각은 하지 마십시오. 금방 되지 않아요. 제가 하는 말을 잘 깨닫고 순종하고 저와 여러분과의 내적 교통함, 이 두 가지를 통해서 되는 것입니다. 옛 사람을 십자가에 못 박으면서 새사람으로 만들어 지는 것입니다. 정말 안하려고 하는 사람만 빼고 모두 할 수 있습니다.

그래서 제가 칼을 들라고 하는 것입니다. 말씀을 가지고 여러분 내면에 들어가면 별 희한한 잡동사니들이 다 드러납니다. 그리고 이런 것들은 안 나갑니다. 예수 이름으로 나가라고 해도 안 나갑니다. 그래서 정말로 칼 없이는 안 됩니다. 칼을 가지고 푹 찌르고 들어가 떠내야 합니다. 구약시대 때 제사장들이 제물인 소나 양을 칼로 각을 뜨듯이 해야 합니다.

여러분이 아직 속으로 들어가지 않아서 모르는데 들어가면 갈수록 칼의 능력에 대한 깊은 깨달음이 나옵니다. 말씀을 잘 따라오려면 하나님을 사랑하고, 하나님께서 나를 튼튼히 붙잡고, 나도 하나님의 약속을 튼튼히, 강력하게 붙잡는 사람만이 할 수 있습니다. 완전을 향하여 나아가는 것입니다.

우리가 기초석들이기 때문에 중요합니다. 여러분이 나와 함께 지혜와 사랑을 갖춘 사람들로서 교회 흐름을 조성하고 그 기반 위에 새로 온 성도들을 이 말씀과 성령으로 끌고 가면서 어린 아이에서 어른으로 만드는 작업을 하는 것입니다. 마태복음 24장에 '화있을 진저 애 밴 자들이여, 젖먹이는 자여' 라고 나옵니다. 물론 목자들을 이야기 하지만 그 교회에 애만 있고, 젖먹이는 자들만 있는 것입니다. 애 밴 자들과 젖먹이는 자들은 환난날에 바람에 나는 겨처럼 날아가는 것입니다.

피로 씻는 것을 좀 더 이야기 하겠습니다. 갈라디아서 5장 24절에 '예수 그리스도의 사람들은 육체와 함께 그 정과 욕심을 십자가 못 박았다.' 고 나옵니다. 정은 육체의 속성입니다. 정은 나와 너 사이의 정입니다. 정이라는 파이프를 통해서 그 사람의 어두운 성품들이 내게 들어옵니다. 그래서 그 사람의 어두움이 나의 의식이나 생각을 우겨 싸서 내가 예수님께 맞추고 말씀을 따라가야 하는데 그것을 방해합니다. 그래서 영의 사람이 되기 위해서 앞으로 영으로만 파이프를 연결할 줄 알아야 합니다. 정으로 맞추었던 것을 없애야 합니다.

저에게 정으로 하면 초반에 받아 주겠지만 다 받아 줄 수 없습니다. 여러분들은 나를 대할 때 말씀으로 대해야 합니다. 정으로 처음은 해주지만 점차 영의 관계로 나아가야 합니다. 하나님과 나와의 관계도 영의 관계입니다. 하나님께 정으로 밀어 붙이면 하나님의 은총과 능력을 못 받습니다. 하나님은 자신이 영인 것처럼 여러분도 영이 되길 기다리십니다. 여러분의영을 가지고 여러분의 지성, 정, 의지를 지배하면서 하나님께 영으로 나아갈 때 나의 영에 온갖 충만한 것을 주십니다.

우리 영의 기능은 영이신 하나님과 선이 연결되는 기관입니다. 하나님 나라는 영입니다. 하나님 나라의 은총은 우리 영으로 옵니다. 정으로 하면 하나님과 안 통하는 것입니다. 이것은 초신자에게 처음 2~3년은 하나님이 응답을 잘 해주시지만 그 다음에 잘 안 들어주시는데 우리가 여전히 정으로 하기 때문입니다.

우리 교회에 사람이 오면 제가 1~2년은 정으로 해줍니다. 말씀을 깨닫게 되면 정으로 안합니다. 나의 타겟이 영이기 때문입니다. 로마서 8장에 육으로 살면 반드시 죽으리로되 영으로 살면 생명과 평안과 의라고 했습니다. 오직 영으로 하는 것입니다. 그래서 주님께서 본토, 친척, 아비 집을 떠나라 하신 것입니다. 정을 떠나라 한 것입니다. 그런데 정은 끈끈이여서 붙으면 안 떨어집니다. 이것이 내 안에 들어오면 미운 정, 고운 정이 들어서 안 떨어집니다.

지금까지 교회를 다니면서 이런 끈끈한 정을 하나님의 사랑이라고 여겨왔잖아요. 교회들마다 그렇지 않습니까? 육체의 정은 철저하게 귀신의 파이프라인입니다. 육정으로 하는 데마다 귀신이 바글 바글 합니다. 입으로는 하나님 찬양을 하고 있지만 속으로는 귀신 찬양이 일어납니다. 이런 사실을 모르면서 하고 있습니다.

육체의 정은 귀신줄입니다. 부모와 자식 간에도 부모가 성결하지 않는데 자식에게 정으로 연결되어지면 부모의 안 좋은 것들이 그대로 공급되어집니다. 그래서 하나님께서 남자가 여자와 결혼하여 부모를 떠나라 한 것입니다. 물리적 공간을 떠나라 라는 것이 아니라 지금 관계 형성된 정을 끊으라는 것입니다.

그렇다고 어릴 때부터 정을 끊으면 안 됩니다. 정을 주면서 점차 말씀을 가르쳐서 정이 중요하지 않고 하나님의 말씀과 사랑이 중요한 쪽으로 가르쳐야 합니다. 부모가 계속 성결하게 되어야 합니다. 그럴 때 주는 정은 사랑이 됩니다. 자기가 성결하지 않으면서 자식을 키우면 자식을 참새로 만드는 것입니다. 자식에게 정을 주려면 부모가 먼저 성결해야 합니다.

성결은 예수님의 피로 됩니다. 이 세상에 성결은 예수님의 피 밖에 없습니다. 가장 필요한 게 예수님의 피 입니다. 예수님의 피로 성령님도 오시고 아버지도 오십니다. 예수님의 피 없이는 우리는 소생 불가능합니다. 시간이 지날수록 예수님의 피 밖에 없습니다. 언제나 십자가를 묵상하고 예수님의 피를 먹고 마시는 것입니다.

여러분, 주무시고 계십니까? 소설책 읽고 계십니까? 이렇게 기도하세요. 오직 주님의 보혈로 머리부터 발끝까지 흘러넘치게 해주소서. 끊임없이 십자가를 바라보고, 십자가를 생각합니다. 누구와 이야기 할 때도 십자가를 깊이 묵상합니다. 나의 성결은 예수님의 피입니다. 인품이 훌륭한 것 필요 없습니다. 내가 자랑할 수 있는 것은 그분의 피 때문에 나의 생활이나 마음이 정결해지는 것입니다.

죄도 제 힘으로는 못 끊습니다. 끊어지지 않는 죄로부터 내가 성결할 수 있는 게 그분의 보혈 때문입니다. 그래서 고개를 숙이지 않을 수 없습니다. 예수 그리스도의 보혈은 하나님이 인간에게 주신 최고의 축복입니다. 이것을 안 하고 도를 닦고, 수양하는 것은 쓸모없는 짓입니다. 주님의 보혈은 우리의 지성과 영성, 양심, 큰 어두움이라도 씻어집니다. 이것은 관념이 아닙니다. 주님이 내가 너희에게 말하는 것은 아는 것을 말하고 본 것을 말한다고 했습니다. 십자가 피가 그렇습니다. 내 속에 도저히 끊을 수 없는 것을 끊게 합니다. 한 번에 안 끊어질 수 있습니다. 그러나 또 씻고 씻으면 결국 씻어 집니다.

어떠한 상처, 절망, 슬픔도 보혈로 씻을 수 있습니다. 희한하게 그 상처와 슬픔이 나를 지배하지 못합니다. 내가 시달렸던 것이 열등감입니다. 열등감을 수면 위로 올려서 씻고 씻으면 없어져 버립니다. 제가 부자를 보면 열등감이 나왔습니다. 그리고 키 큰 사람을 만나도, 나보다 공부 많이 한 사람을 만나도 열등감이 나옵니다. 아무리 미세한 열등감이더라도 꺼내서 보혈로 씻고 또 씻었습니다. 저의 극심한 열등감은 가난이었습니다. 부자를 만나면 내 옷은 싸구려 같고 우리 식구들은 후줄근해 보입니다. 나나 여러분이나 같을 것입니다. 나중엔 비참까지 갑니다.

부탁인데 이거 하나만이라도 잡아보세요. 5 천 원짜리 옷을 입고 비싼 옷 입은 사람 옆에 서보십시오. 열등감이 생기면 그 자리에서 없애 보십시오. 대개 가난한 사람이 부자에 대한 분노가 있습니다. 이것도 잡아 내야 합니다. 이런 것을 잡아내지 않으면 속에서 뒤틀린 마음이 나옵니다. 돈 많은 경제인중에 건전한 사람들이 많음에도 우리나라 국민들이 안 좋게 보는 것이 열등감, 분노 때문입니다. 이러한 측면에서 우리나라 의식의 수준이 올라가려면 열등감을 치워야 합니다.

무엇 때문에 열등감이 나오는가, 다 끌어 올리는 것입니다. 끌어올리는 것은 쳐다보는 것입니다. 또 하나 좋은 방법은 가난으로 인한 열등감이 잘 나오게 하려면 부자를 일부러 만납니다. 부자 옆에 열등감이 저절로 나옵니다. 이것을 십자가의 피로 씻는 것입니다. 이것을 '대하여' 라고 제가 이름 붙였습니다.

열등감이 쌓이고 쌓이는 것입니다. 이것이 '나' 가 되어집니다. 열등감이 들어 있으니 어떻게 부자가 되겠습니까? 관념을 가르치는 것이 아니라 가르치는 대로 해야지 실제로 되는 것입니다. 여러분이 항상 대하고 나도 여러분을 대하는 것입니다. 여러분이 나를 보고 따라오라고 말입니다. 여러분이 나를 대하여 자라는 것입니다.

뭔가 해결이 안 되면 나를 건드리는 사람을 만나십시오. 그런 사람을 만나면 내가 훌륭해 집니다. 내게 좋은 사람만 있으면 대하여가 안 이루어집니다. 철이 철을 날카롭게 하듯이 친구가 친구의 얼굴을 빛나게 한다고 했습니다.

이제, 그만 정리하고 말씀을 마치겠습니다. 끌어올림이 무엇인지 아세요? 물체의 일처럼 끌어 올리는 것입니다. 그런데 3류 들이 마음을 안 쓰고 몸만 쓰려 합니다. 잘 사는 사람은 몸과 마음을 동시에 쓰는 사람입니다.

다 같은 원리입니다. 열등감을 끌어올려서 오랫동안 관조, 쳐다보는 것입니다. 쓰라리지만 계속 쳐다보는 것입니다. 과거의 기억, 아픔을 다 끌어올려서 보혈로 씻어버리는 것입니다. 하나 떠 올리면 수많은 기억들이 계속 나옵니다. 그러면 없애줍니다. 이전 일을 생각하지 말라가 바로 이것입니다.

이런 일을 왜 해야 합니까? 좋은 일과 하나님께 복을 받기 위해서입니다. 그것을 여러분이 정확히 깨닫기 바랍니다. 속에 있는 것을 끌어 올리고 쳐다보는 것, 쳐다보면서 내 마음에 포착하는 것입니다. 잡히는 것을 보혈로 씻는 것입니다. 얼마 후에 이것이 없어집니다. 이것을 잘 깨달으시길 바랍니다.

13

그를 풀어 주었으니

「그가 또 그 땅에 기근이 들게 하사 그들이 의지하고 있는 양식을 다 끊으셨도다 그가 한 사람을 앞서 보내셨음이여 요셉이 종으로 팔렸도다 그의 발은 차꼬를 차고 그의 몸은 쇠사슬에 매였으니 곧 여호와의 말씀이 응할 때까지라 그의 말씀이 그를 단련하였도다 왕이 사람을 보내어 그를 석방함이여 뭇 백성의 통치자가 그를 자유롭게 하였도다 그를 그의 집의 주관자로 삼아 그의 모든 소유를 관리하게 하고 그의 뜻대로 모든 신하를 다스리며 그의 지혜로 장로들을 교훈하게 하였도다 이에 이스라엘이 애굽에 들어감이여 야곱이 함의 땅에 나그네가 되었도다」

(시편 105:16~23)

예전에는 토지가 자본이었습니다. 지금은 지식, 정보 시대라고 합니다. 앞으로 21세기는 지식 시대를 떠나서 지혜의 시대라고 합니다. 그러면서 지혜가 무엇인가에 대해 이론적으로 설명을 많이 해놓았습니다. 성경은 '지혜는 여호와를 경외하는 것이다.', '지혜는 겸손한 자에게 주신다.', '사모하는 자에게 주신다.' '그래서 찾고 두드려라.' 라고 말합니다.

제가 우리 교우들에게 강조하는 것은 지혜 자체가 되라는 것입니다. 되는 길을 구체적으로 자세하게 가르쳐 드리잖아요. 지혜가 무엇인가, 지식이 무엇인가, 믿음이 무엇인가 가르쳐 드리잖아요. 지금까지 믿음이 무엇인가에 대한 본질적이고도 현상적인, 그 믿음 안에 완벽하게 들어올 수 있는 공식이나 방식을 못 들어 보시지 않았습니까?

저는 성경을 가지고 믿음이 무엇이고, 믿음이 어떻게 마음에 들어가고, 여러분이 어떻게 믿음에 들어가는가에 대해 정리해 드리잖아요. 지금까지 막연하고, 애매모호했던 것들에 대해 분명하게 말해주잖아요.

그러므로 여러분이 설교를 듣고 있으면 '아하! 그렇구나!' 하는 의식을 얻지 않습니까? 명확해지고, 또렷해집니다. 그런데도 여러분들이 이렇게 그대로 계시니 제 칼끝이 아직 예리하지 않은가 봅니다. 제 칼을 가는 것입니다. 이렇게 센 분들을 만나게 하셔서 하나님이 제 칼끝을 예리하게 하시는지 한편으론 하나님께 감사합니다. 어지간히 찔러도 들어가지 않으니 제 칼이 더 세야 합니다. 칼과 방패 싸움인데 여러분은 방패고 저는 칼입니다.

대개 삼류의 사람들이 인간적으로 잔꾀를 부릴 줄도 모르고 수단과 방법을 간구할 줄도 모르는 무대책이 대책인 사람들입니다. 사는 것이 그저 그렇습니다. 사람들이 저 사람 인간성은 괜찮다는 소리는 들어도 건질 것이 없습니다. 그리고 가난을 못 벗어납니다. 그러나 하나님이 믿음 안에 들어가면 틀림없이 물질적인 복도 주십니다.

그런데 이 안에 못 들어가니까 여전히 밖에서 "돈! 돈!" 거리고 허우적거리는 것입니다. 이 길은 사랑의 길이요, 주님과 연합되는 임마누엘이 이루어지는 길입니다. 나중에는 나는 그, 그는 나가 됩니다. 이것을 들은 어떤 분들은 저를 이상한 목사라고 생각할지 모릅니다. 왜냐하면 수준이 이것을 이해하지 못하기 때문입니다. 나는 그고, 그는 나입니다. 임마누엘, 함께입니다. 성경에 다 있습니다. 너희가 '내 안에 거하고, 내 말이 너희 안에 거하면 세상 끝날까지 함께 하리라.' 입니다.

이 '함께' 가 안 되어지는지 설명해보겠습니다. 사람들이 자신을 다 죄인으로 알고 있습니다. 그러니 주님은 검사입니다. 자신이 죄인이니 예수님을 생각하면 검사이고, 재판이나 하시는 분입니다. 이것이 율법주의입니다. 그러니까 이런 사람이 기도하면 '주여, 죄를 지었습니다. 용서해주십시오.' 라는 패턴을 못 벗어납니다. 율법 수준을 못 벗어나서 그렇습니다. 율법 수준을 벗어나면 내가 죄인이 아니라 의인이 됩니다.

내가 의인이 되면 주님이 나의 친구, 신랑, 나의 사랑하는 주인이 되는 것입니다. 율법의 종이 아니라 의의 종이 되는 것입니다. 그리고 아바, 아버지가 됩니다. 맘과 몸을 다하여서 모든 인격을 다하여서 나의 아버지입니다. 빈틈이 하나도 없이 모든 맘을 다하여서 나의 아버지입니다.

이 길은 쉬운 길입니다. 지금까지 어떻게 긍정적으로 살아야 한다, 어떻게 목적을 이루어야 한다고 많은 말을 합니다. '예수님은 이런 분이다, 그러니 우리도 그렇게 살자!' 입니다. 제가 하는 것은 '예수님은 이런 분이다, 우리도 그렇게 되자!' 입니다. 알자! 가 아니라 되자! 쪽으로 되는 것입니다.

그래서 제가 몇 가지 공식을 알려드렸잖아요. 듣자, 보자, 잡자, 싸우고, 피로 씻고, 채우고, 되고, 살고 입니다. 이것들을 일순간에 해버리는 것입니다. 일순간에 해버리는 것을 이렇게 단계적으로 이야기 하는 것입니다. 이것을 성경적으로나, 신학적으로 전혀 하자없이 준비해두었습니다. 15년 동안 구체적으로 분명하고도 완벽하게 누구나 할 수 있게 해두었습니다. 여러분이 못하는 것은 아마도 여러분이 내 숯 돌이기도 하기 때문일 것입니다. 여러분이 다음 세대를 위한 이 말씀을 깨달으시길 바랍니다.

예수님의 뒷다리만, 예수님의 왼손만, 예수님의 귀만, 예수님의 오른 쪽 눈만 이야기 해 왔습니다. 어느 날 사람들이 예수님의 오른 쪽 눈 소리만 듣다가 예수님의 왼쪽 눈까지 설명해주는 목사님이 나타나면 그 목사님에게 몰려갑니다. 그러다 귀까지 설명해주는 목사님을 만나면 또 몰려갑니다.

저는 전체적인 예수님을 이야기하기 원합니다. 아브라함, 이삭, 야곱, 모세가 기록한 이야기가 전부 자신의 이야기여야 합니다. 하나님께서 저를 요셉과 같이 만들고 계십니다. 그래서 요셉을 설교하려 하면 제 속에서 솔솔 나오게 되는 것입니다.

저는 요즘 점(點)이 되고 있습니다. 모든 만물이나, 하나님 말씀이 이 안에 다 들어갑니다. 세상을 다 분석하려 하면 복잡하지만 점으로 해석이 되어 집니다. 점으로 사람을 관찰하면 저 사람이 왜 그러는지 알게 됩니다. 심리학 강의를 들으면 내 안에 상처받은 아이, 가계에 흐르는 저주를 끊으라 등, 여러 가지 심리 검사들을 이야기합니다. 그런데 그런 이야기를 할 필요 없습니다.

하나님의 복음이 그것 하나 해결 못해서 심리학적인 것을 도입해야겠습니까? 왜 그런 일이 벌어지냐 하면 눈이 안 열어져서 입니다. 그러니 다른 학문을 도입해서 성도들의 성향을 알아보고, 자기 자신도 검사해보고 그래서 이런 거구나 하고 설교를 하는 것입니다. 아브라함이 이런 심리로 이렇게 했구나 하고 도입을 해서 해석하는 것입니다.

하나님의 말씀은 거룩하고 완벽한 말씀입니다. 그런데 심리학 같은 말을 집어넣으면 잡탕이 되는 것입니다. 하나님의 말씀에 사람의 말을 집어넣으면 이것은 사람 밥에 개밥을 넣는 것과 같이 됩니다. 분석하기 위해 배울 수 있지만 성경으로만도 나와 남을 볼 수 있습니다.

요셉은 예수 그리스도의 통치권입니다. 구속사란 면에서 요셉은 예수 그리스도를 상징합니다. 요셉이 종으로 팔려가는 것은 하늘 왕권을 버리고 이 땅의 종으로 팔려 오시는 예수 그리스도의 모습입니다. 구속사적 측면에서 예수님의 모형입니다.

요셉의 인간적 측면에서 보면, 오늘날 우리와 동일한 인물입니다. 어떻게 해서 동일성이 이루어지는가 하면 요셉의 사건에 들어가 보고, 우리 자신을 대입해보면서 우리도 똑같이 요셉이 간 길을 갈 때 요셉처럼 되는 것입니다. 아브라함, 이삭, 요셉 모두 그 길 가는 것입니다.

모세도 마찬가지입니다. 모세의 광야생활도 길을 가는 것입니다. 같은 길입니다. 예수님께서 구약에 나타난 하나님의 백성이 간 길을 오셔서 나는 그 길이다 한 것입니다. 내 백성은 전부 그 길을 간다. 그러니까 여러분이 이 길로 들어서면 요셉이 되어지는 것입니다. 하나님의 백성이므로 같은 길을 가는 것입니다. 아브라함, 요셉, 야곱이 내 조상이고, 친지요, 모친이 되는 것입니다. 이 길로 가지 않으면 아브라함과 여러분이 상관없이 떠돌이 신앙생활 하는 것입니다.

요셉은 하나님이 꿈을 주셨습니다. 꿈은 마음의 그림이고 심상(心像)입니다. 삼류들은 마음에 그림이 없습니다. 그래서 여러분이 값어치가 없는 것입니다. 요셉의 위대함은 하나님이 요셉의 마음에 그림을 그려주었기 때문입니다. 열한 볏단과 열한 별이 자기에게 절하는 그림입니다.

이 그림이 있어야 되요, 없어야 되요? 심상에서 그림, 문학, 시가 나오는 것입니다. 저는 주님에게 시를 원했습니다. 지금은 제가 어떤 부딪친 사건에서 시가 나옵니다. 예전에 전혀 시와 상관이 없었습니다. 예술이란 게 마음의 그림에서 나오는 것입니다.

하나님이 제 마음에 샘을 주셨습니다. 요셉에게 준 그림과 같았습니다. 마음은 판입니다. 고린도후서에 심비(心碑, 마음판)라고 나오잖아요. 제게 부인할 수 없는 그림입니다.

제가 구한 게 강물을 구했습니다. 한 발짝 옮길 때마다 설교할 수 있게 해달라고 기도했습니다. 제가 신기해서 거듭 이야기 하는 것입니다. 그래서 15년 동안 많은 고통과 많은 인내가 있었습니다.

모진 고난 속에서도 이 말씀을 붙잡는 것이 그림 때문이었습니다. 그러면서도 제가 여러분에게 말했던 것이 그날이 오기를 속에 품은 것입니다. 요셉이 얼마나 울고, 기다렸겠어요. 그날이 오기를 말입니다. 이것을 하나님이 주셨으니 하나님이 이루실 날이 온다는 것입니다.

이 속으로 들어가십시오. 혹시 하나님께 못 받았어도 괜찮습니다. 지금 집어넣으면 됩니다. 공연히 저기 가서 기웃거리고, 허튼 짓 하지 말고, 인생 최고의 가치와 보람인 예수 그리스도를 집어넣는 작업을 하십시오. 책 1천 권을 읽어도 그게 그 소리입니다. 그러지 말고 성경만 읽으십시오.

바라기는 성경을 읽으려면 먼저 잠언부터 읽으십시오. 잠언은 칼끝입니다. 저는 예전에 하루에 한 번씩 읽었습니다. 그리고 다른 책을 읽었습니다. 마음이 무뎌지다가도 잠언을 읽으면 마음이 예리해집니다. 잠언을 읽으면 제 마음이 칼 같이 예리해 집니다.

성경 속으로 들어가야 합니다. 너희가 내 안에, 내가 너희 안에 입니다. 그러면 시편 105편 18~19절을 읽어보십시오. 요셉 이야기입니다. 요셉이 감옥에 갇혔을 때 이야기입니다. 그 발이 착고에 그 몸이 쇠사슬에 묶였는데 여호와의 말씀이 임할 때까지입니다. 마태복음 3장 1절의 '주의 말씀이 세례 요한에게 임하니라.' 입니다. 어떤 사람이 성실하지 않는데 하나님께서 그 사람을 만들기로 했습니다. 하나님의 목표가 민첩하고, 부지런한 사람입니다.

이 말씀으로 마음 판과 삶이 만들어질 때까지 하나님께서 단련하십니다. 요셉은 아예 예수님을 가지고 합니다. 말씀이 응했다는 것은 말씀이신 예수 그리스도의 형상과 모양이 요셉 속에 만들어졌다는 것입니다. 저도 기다리는 것입니다. 하나님께서 이 고 목사에게 어떤 말씀으로 임하시는지 기다리는 것입니다. 하나님께서 예수 그리스도를 가지고 저를 완전하게 만드시는 그날을 기다리는 것입니다.

어떤 목사님이 어떤 설교를 하시던지 하나님이 이것을 하고 계십니다. 하나님은 에덴동산 회복하시는 분입니다. 에덴동산을 회복하려면 완벽한 아담이신 예수 그리스도를 가지고 사람을 만들어야 합니다. 하나님의 목적은 사람 만들기, 창조입니다. 사람은 누군지 아세요? 예수님만 사람입니다. 전도서에 '짐승인줄 알게 하려 하노라.' 라고 나옵니다.

우리가 복음을 통해 깨달아야 하는 것은 우리가 나쁜 사람이라는 것입니다. 그리고 이것을 깨달을수록 예수 그리스도의 은총과 완벽함이 내게 부딪쳐 오는 것입니다. 사도 바울이 나는 죄인 중에 괴수라는 말은 예수님은 위대한 분이라는 말입니다. 전에는 바울이 똑똑하다고 생각했는데 내 자신의 꼴을 보고 나니 예수님만 최고구나 그동안 자신이 부끄럽고 창피한 것입니다.

다시 말씀 드리지만 사람이신 완벽한 예수 그리스도를 가지고 다시 창조하시는 게 하나님의 일입니다. '하나님의 일은 하나님이 보내신 자, 인자를 믿고 영생을 얻는 것이니라.' 입니다. 하나님의 일을 하자인 것입니다. 여러분 각자가 하나님의 일을 해야 하고 사람으로 만들어진 우리가 다른 사람을 작업을 해야 합니다. 이것이 성경적인 제자 교육입니다.

정말로 인간의 추악성을 고발해야 할 곳은 교회입니다. 교회에서 여러분들이 흉악한 죄인이라는 것을 증명해야 합니다. 여러분 각자 스스로 고상하다고 생각하고 있기 때문입니다. 구약 성경이 두꺼운 이유는 너는 나쁘다는 것을 계속 이야기하기 위함입니다. 여전히 나는 고상하니 은혜가 되지 않는 것입니다.

여러분, 심상을 만드는 분이 되어야 합니다. 축복이냐, 가난이냐 판가름하는 것입니다. 하나님께서 불러내시고, 믿음을 주시고 은혜 주신 것은 완벽한 그림이신 예수 그리스도를 주겠다는 것입니다.

말씀이 응했다는 것은 예수 그리스도의 형상과 모양으로 요셉이 만들어졌다는 것입니다. 항상 여러분이 이것을 꿈꿔야 합니다. 제가 오랫동안 꿈꾼 게 이것입니다. 제가 아브라함, 이삭, 야곱을 꿈꾼 것이 아닙니다. 4복음서에 예수님에 대해 잘 나오잖아요.

내 마음에 예수님을 집어넣는 것입니다. 저는 성경을 읽으면서 내 마음에 새겨 넣습니다.

이것을 하라고 세상에 우리를 보낸 것입니다. 이것에 우리의 가치와 목적, 보람이 달려 있는 것입니다. 오직 예수 그리스도를 통한 나의 심상, 삶 만들기입니다. 이 일을 잘 하고 있으면, 하나님이 자기를 사랑하는 자를 위하여 예비하신 것은 눈으로 보지 못하고, 귀로도 듣지 못하고, 마음으로 생각하지 못하였다함과 같은 놀라운 은혜를 주십니다.

여러분이 무슨 일을 하거나 하나님이 말씀을 가지고 여러분을 단련하는 것입니다. 깨달음이 무엇이냐 하면 이것을 아는 것입니다. 모른다고 하면 계속 연단만 받는 것입니다. 하나님이 전에는 에덴을 완벽하게 만들어 놓고, 사람을 만드셨지만 지금은 반대로 먼저 그 나라와 그 의를 구하라 합니다. 지금은 먼저 사람을 만드십니다. 하나님의 말씀에 순종하면 만들어지는 길로 들어가집니다. 그러면 에덴을 주십니다.

하나님께 저는 샘을 받았잖아요. 16살 때 샘을 받았는데 오늘날 이루어지고 있습니다. 몇 달, 6개월, 1년 정도 지나면 완벽하게 더 이루어집니다. 주님께서 사마리아의 여인에게 "이 샘의 물을 먹는 자는 목마르려니와, 내가 주는 물은 영원히 목마르지 아니하리라." 라고 하셨잖아요. 아무리 생각해도 너무 신기해서 혼자서 싱글 싱글 웃고 다닙니다. 저는 몰랐지만 하나님이 자기 일을 하셔서 펑펑 퍼내도 나오는 샘을 만드셨습니다. 여러분이 나처럼 받은 바 없으신 분들은 받으십시오. 검을 받으십시오.

내 살을 먹고, 내 피를 마시라를 심상, 그림으로 받으십시오. 세계는 그림으로 만들어져 있습니다. 이 그림은 전부 말에서 나왔습니다. 말은 마음에서 나왔습니다. 눈에 보이는 세계는 예수님의 마음에서 나옵니다. 예수님의 마음을 알고 나면 세계가 따뜻하게 느껴집니다. 세계가 '너' 가 아니라 '나' 로 느껴집니다.

모든 만물이 내 품에 들어오고 따뜻해집니다. 말씀을 먹고, 예수님의 피를 마시는 것입니다. 이것이 예수님입니다. 제가 그 동안 한 일이 이것이고, 성경을 읽은 것입니다. 이것을 하면 잘 들어가집니다. 계속 자라납니다. 들어가면서 통찰력이 생깁니다. 통찰력은 핵심을 꿰뚫는 지혜입니다.

지혜를 겸손한 자에게, 사모하는 자에게 주신다고 합니다. 그러나 여러분에게 가르치는 것은 듣고 그 다음 단계를 보라는 것입니다. 인간에 대한 통찰력입니다. 자기 생각, 정서, 뜻, 영도 보게 되면 귀신을 보게 됩니다. 사람에 대해 알게 되면 하나님에 대해서도 잘 알게 됩니다.

보이는 세계와 보이지 않는 세계에 대한 눈이 생깁니다. 사람은 온 만물의 집약(集約, 하나로 모아 요약하다)입니다. 환경이 뭐냐 하면 사람의 보금자리입니다. 사람을 알게 되면, 세계가 뚫어지게 되어 있습니다. 그래서 여러분에게 보라고 한 것입니다.

직장을 다녀서 힘든 거 이해합니다. 그래서 여러분에게 저처럼 많은 것을 요구 하지 않았잖아요. 잠자기 전에 해라, 버스 탈 때 해라, 텔레비전 보면서 해라, 그것이 초, 분이 쌓여서 마음에 쌓이는 것입니다. 왜 사람이 미련하고, 가난하게 사냐하면 좋은 말을 안 들어서 그런 것입니다. 좋은 말을 선택해서 잘 듣는 사람은 부요하고 잘 살 수 있습니다. 여러분의 본성 속에는 좋은 말보다 나쁜 말이 잔뜩 들어가 있습니다. 자기 생각과 느낌으로 하면 삶이 안 풀어지게끔 되어 있습니다. 그래서 하나님이 좋은 말을 준 것입니다. 내 말을 들으면 지혜롭고, 명철해진다고 한 것입니다. 귀를 여시고 마음으로 받아 순종하십시오.

순종할 줄 알아야 합니다. 무릎을 꿇고, 절도 할 줄 알아야 합니다. 좋은 것에 대해서 무릎을 꿇을 줄 알아야 합니다. 그것이 자기에게 축복과 행복과 명철입니다. 성질이 뻗치고, 반항하고, 불복종하고 싶어 합니다. 그러나 꺾을 줄 알아야 합니다. 즉각 순종, 복종할 줄 알아야 합니다. 그렇지 않으면 삶이 단련합니다. 게으른 자는 성실해질 때까지 성실을 가지고 단련하는 것입니다.

사람이 생각하기를 자기가 게으른 것은 모르고, 상사가 왜 그런 거야, 엄마, 아빠는 왜 그런 거야 합니다. 분명히 서로 간에 뭐가 부족하기 때문에 말과 행동으로 단련하는데 눈치를 못 채면 이렇게 나가는 것입니다. 지혜로운 사람은 어째서 그런 것인가에 대해 생각해 봅니다. 모르면 물어봅니다.

그림을 잘 그려야 합니다. 말씀의 검과 십자가의 피가 들어오면 부정이 단절됩니다. "긍정적으로 삽시다.", "지혜롭게 삽시다.", "겸손하게 삽시다." 이런 말들이 필요 없습니다. 왜 그렇습니까? 전부 검을 가지고 없애는 것입니다. 교만을 없애고, 부정을 나오는 대로 없애는 것입니다. 남는 게 긍정만 남습니다. 이 두 가지만 집어넣으면 됩니다.

이 두 가지를 집어넣고 제게 와서 싸움하는 법을 배우는 것입니다. 요셉이 뭐한지 아세요? 팔려 가고, 누명을 쓰고, 감옥에 갇혔을 때 열한 볏단이 자기에게 절을 하는 예수 그리스도의 왕권을 꿈꾸었습니다. '나는 왕이다', 그리고 그는 왕으로서의 사상을, 왕의 정서를, 왕의 법도를 세우고 있었을 것입니다.

하나님, 저를 소리로 부르셨으면 말을 주십시오. 저는 왕권보다는 선지자 사역을 꿈꾸었습니다. 어떻게 하면 말씀 사역을 더 명확하고, 지혜롭게 할 것인가를 끊임없이 꿈꾸었습니다. 요셉이 이 길을 간 것이고, 끊임없이 그림을 새김질 했습니다. 왕으로서 갖추어야 될 품위, 지혜, 지식, 명철, 총명 하나님의 형상과 십자가, 보혈을 묵상하고 있으면 하나님으로부터 공급되어지는 은총입니다.

이것이 희한한 것입니다. "지혜는 겸손해야지 받습니다." 말하지만 여러분이 이것을 하고 계시면 하나님께서는 여러분이 왕으로서, 여러분이 하는 일에 대가가 되도록 하실 것입니다.

14
자유

「예수께서 그 자라나신 곳 나사렛에 이르사 안식일에 늘 하시던 대로 회당에 들어가사 성경을 읽으려고 서시매 선지자 이사야의 글을 드리거늘 책을 펴서 이렇게 기록된 데를 찾으시니 곧 주의 성령이 내게 임하셨으니 이는 가난한 자에게 복음을 전하게 하시려고 내게 기름을 부으시고 나를 보내사 포로 된 자에게 자유를, 눈 먼 자에게 다시 보게 함을 전파하며 눌린 자를 자유롭게 하고 주의 은혜의 해를 전파하게 하려 하심이라 하였더라 책을 덮어 그 맡은 자에게 주시고 앉으시니 회당에 있는 자들이 다 주목하여 보더라」
(누가복음 4:16~20)

하나님은 우리에게 밖에서 이야기 하지 않으십니다. 밖에서 이야기 할 땐 성경으로 이야기 하십니다. 하나님은 우리 안에 거하십니다. 하나님의 인도나 음성에 대한 많은 책과 설교가 있습니다. 그런데 이것은 우리 속에서 하나님이 하십니다. 마음은 판이고, 주님은 영이십니다. 우리의 마음 판에 음성이나 그림, 글로 인도하십니다. 그래서 주님의 음성을 들을 수도 있고, 그림으로 알 수도 있고, 마음 판에 글 쓰듯이 알 수도 있습니다.

물론 주님께서는 밖에서 이야기 하실 수 있으십니다. 그러나 대체적으로 지금은 우리 마음 판에 이야기 하십니다. 그리고 꿈이라든가, 여러 사건, 누구의 말을 통한 깨달음을 통해 인도하십니다. 외적인 부분은 설교, 성경, 꿈, 누구의 도움으로 깨닫기도 합니다. 그러나 가장 좋은 것은 본인이 이렇게 깨닫는 게 가장 좋겠죠? 우리 마음 판에 하나님이 하십니다.

어떻게 하면 알 수 있습니까? 마음 판을 깨끗이 하면 됩니다. 우리가 하나님 앞에서 할 일은 내 자신을 깨끗하게, 맑게 하는 것입니다. 마음 판이 맑고, 깨끗해지면 하나님의 음성이나 말씀이 내게 분명하게 부딪쳐옵니다.

예를 들어, 다른 글씨가 써져 있는데 여기에 요한복음을 쓰면 선명하지 않겠죠? 쓰여 있는 데다 또 쓰니까요. 우리가 해야 할 일은 계속해서 우리 마음을 씻는 일입니다. 여러분이 힘들고, 어렵고, 가난하고, 슬플수록 마음을 청결하게 하십시오. 주님께서 친히 인도해 주십니다.

저는 예전에도 그랬듯 늘 깨끗하게 씻기만 합니다. 마음 판에 주님의 피를 계속 묵상하고 있습니다. 제가 주로 하는 일이 그 일입니다. 그런데도 사람 만나고, 일하러 가고, 텔레비전을 보고 해서 더러워지면 그 뒤에 깨끗이 씻습니다. 마음 판에 주님의 피를 뿌려서 닦는 것입니다. "해도 잘 안 되는데요?" 하는 사람은 그동안 다른 것들이 새겨져 있기 때문입니다.

예를 들어, '눈치를 잘 봄' 이 여러분 마음 판에 새겨져 있습니다. 이것이 깊숙이 광범위하게 새겨져 있습니다. 그래서 여러분 생각 속에 깊이 눈치 봄이 새겨져 있어 자동적으로 눈치를 봅니다. 그리고 감정 속에도 깊숙이 새겨져 있습니다. 여러분이 눈치를 볼 때, 눈을 위, 아래로 살피고 그렇게 느끼기도 합니다. 심상치 않으면 얼굴이 괜히 엄숙해집니다.

왜냐하면 저쪽에서 무슨 공격을 할지 모르니 방어체계를 갖추는 것입니다. 이것이 순식간에 돌아갑니다. 그런 눈치 봄이 바로 '나' 입니다. 이 외에도 많은 것들이 우리 속에 들어 있습니다.

저도 눈치 봄이 심했습니다. 어디 가서 눈치를 살피고 괜찮다 싶으면 푸근해지고, 아니면 긴장을 했었습니다. 그러나 지금은 눈치를 보는 게 아니라 분별합니다. 눈치 보는 것은 너에 의해서 내가 좌지우지 되는 것입니다. 상황의 주도권이 너에게 있잖아요. 너는 주인이고 나는 종이 되는 것입니다.

실제적으로 누구를 만나면 여러분이 대개 주인이 됩니까, 종이 됩니까? 그러니 사는 게 기쁘지 않는 것입니다. 내가 어딜 가든 항상 주인이면 기쁘잖아요. 스티븐 코비가 지은 『성공하는 사람의 일곱 가지 습관』을 보면 주도적이 되라고 나오는데, 저는 세상적으로 그런 이야기를 하자는 게 아니라 여러분의 삶, 내면이나, 상태, 모양을 살펴보라는 것입니다. 여러분이 종인가, 주인인가 말입니다. 종으로 살잖아요. 질문할게요. 자신을 부끄럽게 여기지 않습니까?

세상에서는 주인과 종 두 종류가 살고 있습니다. 하나님이 교회로 부른 사람들은 다 종입니다. 그래서 여러분의 의식상태가 다 종의 성품으로 만들어져 있습니다. 고린도 교회에 바울이 참으로 '너희가 왕 노릇하길 원한다, 그래서 너희나 나나 주 안에서 왕 노릇 하자.' 하는 것입니다. 그 말이 주인 노릇하자 하는 말입니다. 주인 되는 게 복을 받는 비결입니다.

결국 에서와 야곱의 싸움은 장자권, 주인이 되는 싸움입니다. 이 장자권의 싸움이 무엇인가 하는 비밀을 야곱은 알았지만 에서는 가볍게 여겼잖아요. 주인이 되고, 장자가 되는 축복은 누구로부터 주어집니까? 예수님으로부터 주어집니다. 예수님이 주인이시고, 장자이십니다. 그래서 맏아들이신 예수 그리스도를 본받게 하려 하심이라 한 것입니다.

여러분이 많은 사람들에게 좋은 사람, 쓸모 있는 사람입니까? 필요 없다는 이야기는 아닙니다. 우리는 누구에게 있어서 굉장히 귀한 사람입니다. 그러나 그렇다고 세상에 지대한 영향을 미치는 인물이 아닙니다. 그래서 전체 세상으로 보면 있으나 마나 한 사람입니다. 가족에겐 꼭 필요한 사람이겠지만 목동 경기장만 가도 그 사람은 있으나 마나한 사람입니다.

이것이 한 명의 주인과 백 명의 하인 이야기 입니다. 한 명의 주인은 없어서는 안 되는 사람이지만 하인 열 명은 있으나 마나입니다. 그래서 여러분이 세상살이 하면서 누가 여러분을 귀중하게 안 봐주는 것입니다. 있어도 그만이고, 없어도 그만입니다.

하나님께서 교회에 나오라고 한 사람들은 이런 사람입니다. 이것이 종의 성품입니다. 자기 자신을 스스로 부끄럽게 여기는 것입니다. 자신 스스로를 값어치 없게 느끼는 것입니다. 저도 예전에 이것이 심했습니다. 이런 것들이 마음 판에 깊이 새겨져 있습니다. 우리끼리 있을 때는 주님을 찬양 합니다 하지만 돈이 많은 사람을 만나거나 하면 그래도 주님을 찬양합니다가 됩니까? 그래서 여러분들이 하나님께 축복을 못 받는 것입니다.

여러분 자기 스스로를 무가치하게 여기는 이유가 부모가 돈이 별로 없고, 가문이 좋지 않고, 배경이 안 좋기 때문입니다. 여러분들 자신도 공부를 잘하지도 못하고, 칭찬을 많이 받는 사람이 아니기도 합니다. 그리고 여러분이 확실한 기술이 있어서 다른 사람에게 영향을 미치는 사람도 아닙니다. 그럼, 뭘 가지고 사십니까? 여러분은 근근이 세끼 밥 먹고 사는 것입니다. 제가 이렇게 말하는 게 어쩌면 여러분을 괴롭히는 이야기일 것입니다. 그렇지만 괴롭혀야만 합니다. 괴롭혀서 잠자는 의식을 깨워야하기 때문입니다.

우리가 어떻게 살아야 합니까? 자유로 살아야 합니다. 무엇이든 구하는 것은 하나님이 주시는 걸로 받고 살아야합니다. '너희 생각에 넘치도록 하겠다!' 그랬는데 생각이 그런 생각이나 하니 늘 자신을 부끄럽게 여기는 일만 생기는 것입니다. 자석이기 때문입니다. 끼리끼리 모이는 것입니다. 그래서 여러분을 부끄럽게 하는 사람과 그런 상황만 만나게 되는 것입니다.

어제, 어떤 성도가 전화를 했습니다. "목사님, 저는 제가 만나는 사람마다 망가지고, 나를 떠나는지 모르겠어요. 이제는 갈 데도 없어요." 그래서 내가 "혹시 죽고 싶거든 내게 오라고 했습니다." 왜 그렇게 잘 안되냐 하면 키가 175㎝ 정도 돼야 잘 살고 남도 도와주며 사는데 165㎝라 허덕이는 것입니다. 그래서 삶이 안 풀어지는 것입니다.

인생을 심오하게 생각하지 마세요. 간단한 것입니다. 여러분이 주인으로서 자격이 미달이 되기 때문입니다. 그런데 여러분들이 그렇게 사는 것이 겸손한 줄 알고, 인간성 좋은 걸로 알고, 염치 있는 걸로 압니다. 그래서 삶이 안 펴지는 것입니다. 자신을 가치 없고, 부끄럽게 여기는 것을 확실하게 잡아야 합니다. 이것은 여러분 이야기이기 이전에 전부 제 이야기였습니다.

여러분, 어떻습니까? 남은 굉장히 부러워하면서도 대신 여러분 보다 못난 사람 보면 무시하고 삽니다. 자기도 생쥐 꼬리이면서 옆의 쥐꼬리보고 비웃습니다. 의식들이 굉장히 얄팍합니다. 여러분들이 그래서 부자가 안 되는 것입니다.

주님께서 우리에게 살라고 하는 것이 '자유롭게 살아라', '부족함이 없어라', '너희 마음의 생각을 지켜 주시리라', '무엇이든지 믿고 구한 것은 받은 줄로 믿으라' 하셨습니다. 이렇게 사는 것은 안 되는 것이 아니라 절대적으로 되는 것입니다. 만약, 이것이 안 되면 성경이 거짓을 말하는 것입니다. 저도 이렇게 떳떳하게 설교할 수 없습니다.

그러나 이것이 너무나 명백한 사실이라 제가 여러분에게 큰소리치며 하는 것입니다. 저도 자신을 부끄럽게 여기고, 제 것을 가치 없게 여기고, 남의 것을 훌륭하게 여겼습니다. 같은 브랜드의 같은 것을 써도 부자인 다른 사람이 하면 더 가치 있게 보입니다. 이것이 종의 근성입니다. 오늘 청산하시기 바랍니다.

자신을 무가치하게 여기는 것이 마음 판에 즉, 말로, 글로, 그림으로 새겨져 있습니다. 하나님의 말씀은 살아 운동하여, 혼과 영과 골수, 관절을 쪼갠다고 하듯 혼, 영, 골수 속에 새겨져 있습니다. 나는 혼과 관절, 골수 속에 새겨 있는 것을 칼로 떠낸 것입니다. 여러분들이 이것을 못하는 것입니다. 이것을 포를 뜨듯해야 합니다. 여러분 감정, 생각에 있는 것을 정확히 꿰뚫어 보고 칼로 떠내는 것입니다. 이것을 해야 합니다. 잠자는 것도 좋지만 이것도 하십시오. 베어낸 자리에 예수님 십자가의 피를 바르는 것입니다.

여러분이 가난하고 못사는가 하면 선하고 의로운 일에 마음을 써먹지 않아서입니다. 학교로 돌아가 이야기 하면 공부를 열심히 하고 선생님 말씀에 순종하는 것입니다. 그런데 여러분들이 학교 다닐 때 선과 의는 쌓지 않고, 자고, 놀고, 희희 낙락하고, 게으르고, 무책임한 죄를 쌓은 것입니다. 오늘날 여러분이 값어치 없는 사람이 된 것입니다.

오늘날의 선과 의는 돈이 많은 것입니다. 그런데 여러분은 없잖아요. 하나님이 불쌍히 여기사 불러내서 돈과 비교가 안 되는 놀랍고 훌륭한 의와 선을 우리에게 제공하시는 것입니다. 이 선과 의가 여러분에게 가르쳐드리는 말씀의 칼과 예수님의 피 입니다. 의라는 검을 꺼내면 죄가 꼼짝을 못합니다.

반대로 사단이 죄의 검을 꺼내면 죄인이 꼼짝을 못합니다. 여러분에게 검을 쓰라던가, 예수님의 보혈을 먹으라는 것은 하나님의 의입니다.

하나님의 의는 세상적인 의와 전혀 다른 것입니다. 하나님의 의를 세상적인 의, "착하게 살아라", "책임감이 있어야 한다." "성실하게 살아라" 와 같은 말을 하나님의 말씀과 같은 수준으로 판단하고 가르칩니다. 그러니까 세상 사람들이 살아가는 게 교회 다니는 것과 다 같은 게 아니냐고 이야기하는 것입니다. 그러나 하나님의 의는 이런 게 아닙니다. 위에서 말한 것은 일반적으로 말하는 세상적인 의입니다. 우리가 세상적인 의도 별로 없기 때문에 가난하게 사는 것입니다.

하나님께서는 우리에게 하나님의 의를 주기 위해 우리를 불래내셨습니다. 하나님의 의는 예수 그리스도 자신입니다. 예수님 자신하면 여러분이 받아들이기 힘드니깐 쪼개서 예수님의 살과 피로 나누는 것입니다. 예수님의 살을 먹고 피를 마시는 게 하나님의 의를 받아먹고 마신 사람입니다. 그때부터 내가 세상의 의가 아니라 하나님 앞에 의인이 됩니다.

요한복음 6장 53절에서 55절에 이것이 잘 나와 있습니다.

「예수께서 이르시되 내가 진실로 너희에게 이르노니 인자의 살을 먹지 아니하고 인자의 피를 마시지 아니하면 너희 속에 생명이 없느니라 내 살을 먹고 내 피를 마시는 자는 영생을 가졌고 마지막 날에 내가 그를 다시 살리리니 내 살은 참된 양식이요 내 피는 참된 음료로다」

어떤 사람이 "착하게 살아라", "성실하게 살아라" 이렇게 말을 듣고 "아멘" 한 사람이 10년 동안 교회 생활을 합니다. 또 다른 사람은 하나님의 의인 예수 그리스도의 피를 마시고 살을 먹어라 하고 10년 동안 교회 생활을 했습니다.

어떻게 되었겠습니까? 첫 번째 사람은 교회에서 착하고, 성실한 사람으로 소문이 나서 장로, 권사, 목사가 되었습니다. 두 번째 사람은 어떻게 되었겠습니까? 예수님처럼 되었겠죠.

무슨 이야기냐 하면, 착하고 성실한 것은 마음속에서 살아 역동적이지 않습니다. 그러나 예수님의 살과 피는 우리 안에 들어와 살아 역동적입니다. 착하고 성실한 것은 고정적이지만 예수님의 살과 피는 내 안에 살아 꿈틀거려서 내 마음을 깊이 파고 들어가고, 확장하고, 넓혀 놓고, 자신감이 생기고, 깊이 내려가므로 흔들리지 아니하는 것입니다.

여러 축복의 말은 처음에 들을 땐 괜찮지만, 어느 시점에선 듣기 싫어집니다. 그런데 살과 피를 먹으라는 이야기는 10년 전이나 20년 후나 듣고 들어도 기쁩니다. 살아 있기 때문입니다. 이 살과 피는 안에 들어가서 자기 자신이 알아서 합니다. 도덕적이고, 여러 축복에 대한 이야기는 자기가 해야 합니다. 살을 먹고 피를 마시는 것은 내가 이것만 하면 됩니다. 나머지는 살과 피가 들어와서 알아서 다 합니다.

이것이 '너희 속에 착한 일을 하시는 이가 예수 그리스도의 날까지 이루리라.' 입니다. "긍정적으로 삽시다!", "아멘!" 하면 긍정적으로 자기가 사는 것입니다.

그러나 피와 살을 먹으면 내 안에서 말씀이 알아서 합니다. 내 안에서 나를 인도하시고, 생각나게 하시고, 어디로 가라 하는 것은 거기서 다 나옵니다. 실제적으로 그런 것입니다. 용기 있게 살 필요 없습니다. 그냥 살 먹고 피 마시면 자신감, 용기가 속에서 모락모락 나옵니다. 무가치하게 여김이 다 사로 잡혀서 사라지고 가치 있음이 사로잡습니다. 잡아먹으면 점수가 올라갑니다. 점수가 올라가면 나는 커지고, 적군은 작아집니다. 성경에 여호수아가 가나안 땅의 원주민을 전부 밥이라고 하잖아요. 가나안 땅에 원주민이 있어야 합니다. 밥 먹어야 하기 때문입니다.

이 모든 일들이 내가 의식적으로 해야겠다고 하는 것이 아니라 내 안에 계신 분이 자동으로 하는 것입니다. 내가 끊임없이 하는 일은 살 먹고 피 마시는 것입니다. 이것도 처음엔 힘듭니다. 왜냐하면 마음을 안 써먹고 살았기 때문입니다. 여러분에게 누가 왜 이렇게 사시느냐고 한다면 어릴 적부터 마음을 안 써서 이렇게 산다고 하십시오.

여러분이 마음을 썼어도 소극적인 그라운드에서 우리 엄마, 우리 아빠, 우리 아들하며 살았기 때문입니다. 논밭을 평수로 이야기 하면 간신히 150평을 가지고 벼도 심고, 콩도 심으니 근근이 먹고 사는 것입니다. 마음의 밭을 써먹지 않아서입니다. 어떻게 하는 것이 크게 써먹는 것이냐 하면 이제 와서 나는 장관이 되고, 대통령이 되겠다고 되겠습니까? 이것은 거의 불가능한 것입니다. 가르쳐준 대로 예수님의 살 먹고 피 마시는 것입니다. 시간을 어떻게 보내십니까? 점심시간 어떻게 보내십니까? 드라마 보는 시간에 10분만 투자해서 살 먹고 피 마십시오.

생활 속에서 살다 보면 사건에 부딪칠 때 어찌 할 바를 모르는 게 나옵니다. 이럴 때도 예수님의 살 먹고, 피 마십시오. 여러분이 잘 되더라도 살 먹고 피 마시고, 잘 안 되더라도 어렵고, 막막하고, 답답할 때도 해야 할 일은 주님의 살을 먹고 피를 마셔야 합니다. 상상을 해도 좋습니다. 실제로 십자가의 사진을 걸어놓고 바라보면서 하셔도 괜찮습니다.

무슨 방식으로 해도 괜찮습니다. 채찍으로 맞는 장면을 생각해도 좋아요. 살점이 뜯어지면서 피 흘리고, 가시 면류관을 쓰셔서 고통스런 주님의 피,

땀을 생각하세요. 목표는 십자가에 죽어 가시는 주님을 생각하는 것입니다. 그 생각 자체가 내게 보혈의 은총이 임하는 것입니다. 좀 더 적극적으로 예수 그리스도의 옆구리와 손에 흘리는 피를 내가 마시는 것입니다.

우리가 처음에 예수님을 위해 교회에 나왔습니까? 전부 자신을 위해 나온 것입니다. 하나님이 알고 계십니다. 하나님은 자신의 보혈이 여러분 각자가 필요하다는 것을 알고 계세요. 느낌이 없어도 여러분이 십자가를 생각하며 그분의 피를 마시는 것을 기뻐하십니다. 하나님을 기쁘시게 하는 것입니다. 느낌이 없어도 괜찮습니다. 좀 더 진척 시켜서 내 안에 무가치하게 느껴지는 마음 들을 마음의 칼로 도려내고 피로 씻어 주는 것입니다.

이렇게 하는 행위가 예수님의 피를 마시는 것입니다. 그냥 묵상하면서 먹을 수 있지만 적극적으로 나의 무가치한 마음을 찾아 거기다 피로 씻어내면 더 적극적으로 하는 것입니다. 여러분이 못 느끼더라도 여러분 마음 판에 새겨진 나를 부끄럽게 여기는 것들이 씻어집니다. 내가 남에 대해서 부끄럽게 여기는구나 하는 그 느낌을 살려 내십시오. 주님에 대한 느낌이 안 살아나도 괜찮습니다. 말로만 해도 괜찮습니다. 느낄 수 있는 것을 꺼내서 피로 씻어 내는 것입니다.

영의 세계에서는 생각이 곧 실제입니다. 여러분들을 뒤에서 장악하고 있는 악한 영들이 주님의 십자가의 피를 싫어하기 때문에 계속적으로 피로 씻어 내면 여러분을 놓아 줍니다. 여러분 뒤에서 심령을 잡고 있는 영들이 떠날 수밖에 없는 것입니다. 마음의 세계에서 깊숙이 새겨져서 의식화 되어 있고, 신념화 되어 있는 것을 지우는 것입니다.

그러면 가벼워지는 느낌이 옵니다. 그래서 줄기차게 끊임없이 하는 것입니다. 실제적으로 없어지기 때문에 내 자신이 가벼워지고 부드러워집니다. 여러분들이 이를테면 나를 강력하게 사로잡고 있는 종의 근성을 꺼내서 하면 좋습니다.

열등감을 꺼내서 한번 이 싸움을 해보십시오. 열등감은 무엇 때문에 나오죠? 혼자 있으면 안 나오잖아요. 그러면 그 대상을 만나러 가십시오. 돈 때문에 열등감이 나오면 돈이 많은 친구를 일부러 만나러 가십시오. 일부러 폼 나게 입지 말고, 평상복 차림으로 가십시오. 그 친구가 "나 이번에 다이아 했다!" 그러면 속에서 끓어오릅니다. 씻는 작업이나 칼싸움을 잘하는 사람은 그 자리에서 합니다.

저도 과정을 밟을 땐 일부러 찾아 갔었습니다. 백화점에 초라하게 입고 가서 나오는 것을 꺼냈습니다. 1~2년 꺼냈더니 이제는 안 나옵니다. 칼로 도려내고 피로 씻었기 때문입니다. 이렇게 바뀌는 것입니다. 내가 의도적으로 그러지 말아야지 하지 마십시오. 맡겨줘야 합니다. 그러면 돈으로부터 자유가 옵니다. 어떤 일이든 전부 이러한 패턴으로 처리하는 것입니다.

일단 뭐든지 나오는 게 좋습니다. 예를 들어, 미안함이 나오면 그 상황을 무마한 후 아까 내 속에 뭐가 나왔더라 하면서 꺼내는 것입니다. 겉으로 보이는 현상적인 면에서 일처리를 하면서 마음속에 나오는 것을 팽개치지 말라는 것입니다. 하나님께서는 우리의 마음을 축복하십니다. 그런데 마음판에 '나는 종입니다.' 가 들어 있습니다.

잠언에 웃기는 것이 있는데 종이 상전되는 것이라고 나옵니다. 종이 상전이 되어 보십시오. 이상하게 다스리는 것입니다. 그래서 하나님이 종의 근성을 고치고 주인의 성품으로 바뀔 때까지 여러분을 이 고 목사에게 맡겨 놓고 기다리고 계신 것입니다.

저는 하나님이 돌아오실 때까지 여러분을 작업하고 있는 것입니다. '아무것도 염려하지 말고 모든 일에 기도와 간구로 너희 구할 것을 하나님께 아뢰라' 라는 수준이 되려면 나 자신을 부끄럽게 여기고 값어치 없게 여겨야겠습니까? "나는 이럴 때 어찌 할 바를 몰라 합니다, 나는 열등감에 쉽사리 잡힙니다" 하면 어찌하겠다는 것입니까?

요즘에 하나님께서 저에게 무엇을 요구하시냐하면 높은 산에 올라가는 그림을 그리게 하십니다. 이해가 안 되면 그림을 그려 보십시오. 마음에 높은 산이 보이고 산꼭대기에서 제 기도하는 그림이 그려집니다. 그래서 하나님이 아브라함에게도 아들 바치라고 했을 때 어찌 했을까, 그림으로 말해주었을까, 음성으로 속삭였을까 하고 생각해 봅니다.

다시 정리하면, 하나님이 여러분의 마음에 음성, 글씨, 그림으로 인도하시고, 생각하는 대로 일이 되게끔 하십니다. 그렇게 하려면 여러분 마음이 깨끗해야 합니다. 믿음은 실상입니다. 실상은 예수 그리스도입니다. 나에 대한 내 그림입니다. 여러분 마음 판에 아버지 들어있죠? 아버지가 여러분의 실상인 것입니다. 그래서 여러분이 아버지, 어머니를 닮습니다.

사람의 마음에 어떤 그림이 그려졌는지 보십시오. 그것이 여러분의 실상입니다. 내 그림이 참새 들어 있으면 당연히 참새로 나옵니다. 독수리는 얼마를 벌고, 참새는 얼마를 벌어야 할까요? 참새는 몇 알갱이 먹으면 배부릅니다. 참새는 소 한 마리 가져다 줘도 소화를 못시킵니다. 우리 아버지가 참새니 나도 참새입니다.

제 속에도 들어있는 아버지의 이미지 즉, 형상이나, 말투를 없애기 위해 걸어갈 때 우리 아버지를 철저하게 무시하고 예수님을 생각하면서 걸었습니다. 예수님의 이미지를 만들면서 걸었습니다. 가볍게, 편안하게 걸어갔습니다. 그러면서도 무겁게 지구를 밟으면서 걸었습니다. 걸을 때도 그런 느낌과 이미지로 걸었습니다. 우리 아버지가 참새처럼 뛰셨으니 저는 그렇게 하지 않으려는 것입니다.

이런 이미지와 그림을 칼로 도려내는 것입니다. 순간순간 내 얼굴, 표정에 우리 아버지 표정이 나오면 저는 그것을 포착했습니다. 잘라내고 피 발라서 씻어냈습니다. 어떤 것, 잘 안 떠나는 것들에 대해서 그 이미지를 생각하면서 "개야! 소야!" 했습니다. 그렇게 말하는 것을 싫어합니다.

아버지, 어머니에게 사랑을 받아서 괜찮다면 참새입니다. 그러나 독수리로는 만들어지지 않습니다. 그 다음 만들기 위해 철저하게 칼질하고, 피로 씻어내고, 말해주는 것입니다.

내가 냉정하게 그런 이미지가 나오면 "내가 너와 무슨 상관이냐, 꺼져!" 단호하게 칼질하는 것입니다. 누가 되었든지 그렇게 했습니다. 저의 마음 판에 그림이 들어와야 할 분은 예수님입니다. 예수님 외에 다른 것들은 쓰레기입니다.

이것을 완벽하게 없애버리는 것입니다. 내 안에 예수님의 형상과 모양이 만들어지기 시작하고 또 다른 사람을 내 깨끗한 마음 판에 집어넣으면 그 사람의 마음의 상태와 영의 상태가 내 안에 나타나 그 사람을 알게 됩니다.

이런 것은 하나님이 주신 능력입니다. 이것이 예민하면 할수록 다니엘이 느브갓네살 왕의 꿈을 해석할 뿐만 아니라 보게 되는 것입니다. 마음을 쓸 줄 모르게 되면 다니엘이나 요셉이 했던 이야기는 그냥 지나간 스토리가 되는 것입니다. 우리가 요셉처럼, 다니엘처럼 하고 있으면 다른 사람의 영의 상태까지 알게 되는 것입니다.

여러분 속에 아버지, 어머니 들어있죠? 이것이 여러분의 실상입니다. 삶을 만들어 냅니다. 이 속에 살과 피를 통해 예수님의 그림을 새겨 넣는 것입니다. 이 길 속으로 들어온 사람들은 좀 더 예수님에 대해서 많이 이해를 해서 내 속에 그림을 그리는 것을 부지런히 해야 합니다.

"삭개오야, 내려오너라", "바람아 잠잠하라" 그림을 끊임없이 쌓아야 합니다. 거기서 끝나는 게 아니라 내가 직접 가서 하는 것입니다. 이 세상에 다른 것에 미치면 파멸입니다. 아무리 세상에 좋은 것이라도 파멸이지만 예수님께 미치고 미쳐도 괜찮습니다.

여러분의 아버지는 실상으로 들어가서 재생산이 안 됩니다. 여러분의 아버지가 대형 참새여도 여러분은 중형, 손자는 소형이 됩니다. 예수님의 실상이 새겨지면 자손 천대까지 순익이 진보합니다. 예수님의 살과 피가 들어오면 살아계신 분이라 내가 참새였는데 까마귀, 까치, 독수리로 바뀌어 집니다. 실상은 예수 그리스도이며, 나의 아버지, 어머니는 허상입니다. 하나님께서는 우리가 열등, 가난, 슬픔, 무서움에서 벗어나 자유롭기를 원하십니다.

다 같은 원리입니다. 리더가 자기 사원에게 줄 수 있는, 아버지가 아들에게 줄 수 있는, 목사가 성도에게 줄 수 있는 최고의 축복이 '자유' 입니다. 모든 것으로부터 자유입니다. 예수님이 우리에게 자유를 주시고 자유롭게 하는 방식을 알기 때문에 큰 소리 치는 것입니다. 자유와 지혜가 있으면 어딜 가든지 리더입니다.

15

멈추지 말라

「그리스도께서 우리를 자유롭게 하려고 자유를 주셨으니 그러므로 굳건하게 서서 다시는 종의 멍에를 메지 말라 보라 나 바울은 너희에게 말하노니 너희가 만일 할례를 받으면 그리스도께서 너희에게 아무 유익이 없으리라 내가 할례를 받는 각 사람에게 다시 증언하노니 그는 율법 전체를 행할 의무를 가진 자라 율법 안에서 의롭다 함을 얻으려 하는 너희는 그리스도에게서 끊어지고 은혜에서 떨어진 자로다 우리가 성령으로 믿음을 따라 의의 소망을 기다리노니 그리스도 예수 안에서는 할례나 무할례나 효력이 없으되 사랑으로써 역사하는 믿음뿐이니라 너희가 달음질을 잘 하더니 누가 너희를 막아 진리를 순종하지 못하게 하더냐 권면은 너희를 부르신 이에게서 난 것이 아니니라 적은 누룩이 온 덩이에 퍼지느니라」

(갈라디아서 5:1~9)

온종일 기쁨이 충만하고, 감사하고, 자유함을 느낍니다. 기지개도 한번 펴보기도 합니다. 이렇게 하는 것은 굉장히 쉽습니다. 나쁜 생각들이 들어오면 얼른 군사를 보내서 없애버립니다. 제 안에 천군과 천사가 다 있는 거 같아요. 다른 생각이 틈타면 1군단 보내서 다 없애버리고 다시 돌아옵니다. 불안 같은 것도 찾아오지도 않습니다. 오더라도 즉각 군대를 보내 처리 합니다.

하나님께서는 기쁨만 주시지 않으십니다. 성경말씀을 많이 깨닫게 하십니다. 저를 장차 축복할 것을, 지금도 영육 간에 보살펴 주시고 계시지만,

몇 달 혹은 일 년 후엔 더욱 풍요롭게 해주실 것을 알게 해주십니다. 물론, 풍요로운 것이 제 목적으로 삼는 것은 아닙니다. 제가 목적 삼는 것은 오직 예수 그리스도입니다. 삼위일체 하나님입니다.

오늘은 삼일절입니다. 삼일절은 삼위일체의 날입니다. 삼위일체의 날은 "독립 만세! 자유를 달라!" 자유를 얻는 날이 3.1절입니다. 그래서 삼위일체 하나님이 독립과 자유를 주셨기 때문에 기쁘기 한량없어서 온 국민이 이렇게 만세를 부르는 것입니다. 여러분, 독립과 자유입니다. 노예, 종으로 살고, 사슬로 얽매여 있잖아요. 우리 마음과 생활에 있는 가난, 혹은 힘센 사람의 권위가 우리를 장악하고 억누르려고 합니다.

슬픈 사건들에 포로가 된 것들이 우리를 독립 만세하게 합니까? 가난으로부터 독립하시기 바랍니다. 아멘만 하지 말고 정말로 하십시오. 제 말은 아멘만 할뿐만 아니라 실질적으로 가난에서 벗어날 수 있는 독립운동을 하라는 말입니다.

우리가 자녀를 낳으면 자녀가 커가면서 독립군이 되지 않습니까? 부모는 독립 안 시키려고 옆에서 곁눈질하고 감시합니다. 그러나 자녀는 어찌하든지 독립하려고 몸부림을 칩니다. 그런데 우리 아이들이 어느 쪽으로 독립하려 합니까? 게으름 쪽으로 독립하려 합니다. 여러분 하나님은 이러한 것에서 우리를 독립시키려 이 세상에 오신 것입니다.

3.1절이니 3.1절 설교를 할까요? 우리가 과거 일본에게 장악당했잖아요? 그래서 독립이 있어야 합니다. 이러한 사건을 생활, 영적, 마음의 면으로 해석하면 은혜가 됩니다. 여러분 마음이 무엇 때문에 독립을 못합니까? 여러 가지가 있습니다. 미련하면 독립을 못합니다.

그러니 일본이 하는 말이 한국이 우리 일본의 식민지 통치를 통해 근대주의로 발전했다는 헛소리를 하는 것입니다. 한국 민족을 일본 사람들이 미련하게 보았기 때문입니다. 여러분, 미련 혹은 가난으로부터 하나님께 독립시켜 달라고 합시다.

지혜는 볼 줄 아는 것입니다. 잠언에 '힘으로도, 지혜로도, 모략으로도 여호와를 당해내지 못한다'고 했습니다. 인간이 지혜롭고, 모략이 뛰어나도 하나님을 당하지 못하는 것입니다. 하나님의 지혜와 모략을 배우셔서 하나님으로부터 비롯되는 자유, 독립을 소유하시기 바랍니다. 하나님은 우리가 독립하길 바라십니다. 생활, 영적, 마음의 자유입니다. 하나님은 이것을 원하세요. 마찬가지로 부모가 자식에게 이런 것을 원하는 것입니다.

이런 독립을 방해하는 일본군이 있습니다. 그런데 일본군에 붙어서 먹고 사는 친일파가 있습니다. 여러분들이 웃고 넘어가지만, 여러분이 친일파 노릇하고 있잖아요. 친 사파, 친 마파, 친 귀파! 여러분이 성경 말씀대로 하지 않으면 무슨 파입니까? 삼일절로 이야기하면 친일파입니다. 친일파가 누구입니까? 독립과 자유는 꿈꾸지 아니하고 일본에 붙어 종노릇하며 자기 백성을 착취하는 사람들입니다.

그런데 여러분이 영으로나 마음의 세계에서 그런 일을 하고 있잖아요. 친 마귀파, 친 게으름파, 친 미련파. 그러면서 자기가 독립군인줄 알고 삽니다. 여러분이 깨닫지 못하면 그렇게 친일파 노릇을 하는 것입니다.

여러분, 저의 기쁨과 자유를 이야기 하는 것은 저만 해야 할 일이 아닙니다. 저만 하고 주일날 여러분께 자랑하는 것이 하나님의 뜻입니까? 먹고 사는 것도 걱정하지 마세요. 정말 하나님이 책임 져 주세요.

오늘, 말씀의 제목이 "멈추지 말라" 입니다. 좋은 길을 가는데 있어 멈추는 것은 비진리입니다. 강도, 사기 치는 짓, 게으름은 멈추어야 합니다. 그러나 의, 선, 지혜, 명철, 사랑을 좇아가는 것은 멈추면 안 될 줄로 믿습니다.

멈추지 않는 게 진리입니다. 진리가 무엇이냐 하면 멈추지 않고 목적지를 향하여 달음박질 하는 것이 진리입니다. 이것을 예수께서 '나는 그 길이요'

라고 하신 것입니다. 우리가 예수 그리스도의 길을 가는데 있어 멈추어선 안 됩니다.

본문에 보면 어떤 사람이 꾀어 갈라디아 교인들을 달음박질 못하게 넘어뜨렸다고 나옵니다. 그래서 바울 선생이 누가 달음박질을 잘하더니 못하게 꾀이더냐. 이것이 너희를 위한 것이 아니요 자기들을 위한 것이라고 이야기 합니다. 여러분들로 하여금 생활이나 마음으로 예수님을 향하여 달음박질 못하게 하는 그 무엇들이 있습니다.

그것이 여러분들을 위한 것인 줄 아세요? 미련한 것이, 게으른 것이, 여러분을 위한 것입니까? 게으름이 이불 속에서 드러누워 5분만 더, 10분만 더 하다가 2시간을 자게 합니다. 이런 미련이, 게으름이 여러분을 위한 것입니까? 우리를 진리의 길에서 달음박질 못하게 하고 이탈, 정체시키는 것은 우리를 위한 것이 아닙니다.

일본이 독도를 자기 땅이라고 하면서 우리를 괴롭히잖아요. 우리 입장에서 웃긴 일입니다. 북한은 미사일 쏜다고 하고, 중국은 발톱을 감추고 우리 땅을 자기 역사로 편입하려고 호시탐탐 노리고 있습니다. 미국은 어떻습니까? 그나마 조금 우리 도와주지만 러시아라든가 강력한 나라 사이에 우리나라가 주머니처럼 껴 있잖아요. 그래도 한편으론 일본이 괴롭힌 덕분에 이만큼 사는 것입니다. 때론 성질이 나서 일장기도 태우고 대사관 앞에서 소란도 피우지만 뜻있는 국민은 마음 모으기 하죠? 일본을 잡으려면 우리가 성장해야 된다고 말입니다.

일본은 하나님께서 우리나라의 축복을 위해 즉, 우리나라가 안일과 퇴보의 잠을 자려고 하면 일본을 시켜서 "독도는 일본 땅이다!" 하고 한번 씩 흔들어서 잠자는 우리 국민들을 깨우는 것입니다. 그러니 우리가 화는 나지만 하나님이 일본을 통해 우리를 "깨어라!, 정신 차리라!" 훈계하는 줄로 알고 감사합시다. 또 다른 쪽에선, 북한이 더 정신 차리라고 미사일 만들어 놓고 쏘겠다고 합니다. 미국은 쏘면 MD 쏘겠다고 합니다.

우리나라 국민들이 정신 차리고 하나님을 찾고, 의지하고, 부르짖어 구해야 하는 때입니다. 해방이후에도 일본이 우리를 계속 힘들게 하고 괴롭히는데 이것은 일본을 위한 것이 아니라 한국의 축복을 위해 흔들어 주는 것입니다.

우리가 발전하고 부흥하고 축복을 받는 것은 좋은 환상과 목표를 향해 달음질 하는 것입니다. 우리가 가난할 땐 잘 살아보자고 허리띠를 졸라 메었습니다. 그러나 생활수준이 만 달러, 2만 달러 되자 물질에 치우치고 정신문명의 퇴보와 아울러 사상, 영적 퇴보가 찾아오고 있잖아요. 하나님께서 주변의 여러 가지 상황을 통해 우리나라 국민들로 하여금 2만 달러의 물질 속에 갇혀서 포로 되지 않도록 옆 나라를 통해 흔들어 깨워주시는 것입니다. 더 좋은 목표와 목적지를 향해 나아가란 뜻입니다.

이스라엘 나라는 성경을 통해 살펴보면 옆에 있는 강한 나라를 하나님이 키워서 괴롭힙니다. 한국의 상황하고 같습니다. 우리나라 옆에 강한 나라를 붙여서 끊임없이 흔듭니다. 잠자지 못하게 하려고 말입니다.

혹시 개인적으로 누가 힘들게 하고 괴롭히면 하나님께서 잠자지 말고 깨어나란 뜻 인줄 아십시오. 오히려 우리는 일본에게 감사해야 합니다.

아버지가 아들의 양육을 위해 매를 마련했습니다. 자녀가 잘못할 때마다 매를 때렸습니다. 자녀가 성장해서 크면 아버지가 매를 어떻게 합니까? 마침 가을이 되어 낙엽을 모아 불을 떼려 하는데 같이 불 때잖아요. 일본은 사실 굉장히 불쌍한 나라입니다.

우리는 그 나라 때문에 가슴을 쓰러 내리고 속 쓰리지만 그럴 때마다 깨어나서 목적지를 향하여 나아가란 말입니다. 돈, 가난, 부모, 형제, 주변 상황이 괴롭힌다면 여러분의 성장과 발전, 축복을 위해서 긁어 주는 것인 줄 아십시오.

저도 그러하였습니다. 끊임없이 내외로 불안하고, 괴롭힘 당하고, 그러한 것들을 겪으며 왔습니다. 그러면서 예수 그리스도에게만 갔습니다. 예수님에게 가서 불안해 못살겠다고 하고, 돈도 없다고 하고, 분도 내고, 안팎으로 일어난 일들을 예수님에게 가지고 가서 해결을 보았습니다. 저의 목적이 예수 그리스도였습니다.

제가 그분의 말씀 속으로 들어가야지 만이 내가 부요하고, 편안하고, 행복해지고, 축복 받겠구나 해서 예수님에게만 갔습니다. 그분 안에 들어가니, 하늘에 먹구름이 끼고 천둥 번개가 치고 소나기가 내리지만 그 위에 올라가면 햇빛이 비치고 평안한 것과 같습니다. 예수 안에 들어가면 이와 같이 바로 구름 아래 있는 것이 아니라 푹신푹신한 구름 위에서 뒹굴면서 노는 것입니다.

성경이 아버지께로 돌아가는 것을 멈추지 말라고 했습니다. 여러분이 집을 나왔습니다. 성경으로 하면 에덴동산에서 나온 것입니다. 이것을 여러 각도에서 이야기 하면 죄를 지어서 쫓겨 났다 할 수 있습니다. 그러나 긍정적인 시각에서 볼 수 있는 것이 누가복음 15장에 나와 있습니다. 아버지 집에 두 아들이 있었습니다. 큰 아들은 집을 안 나가서 말썽이고, 둘째 아들은 집을 나가서 말썽입니다. 아버지에겐 두 아들은 다 말썽입니다. 둘째 아들이 어느 날 아버지 것을 잔뜩 움켜쥐고 나갔습니다. 가서 몇 년 만에 탕진하고 허랑방탕했습니다. 얼마 후에 바닥이 났겠죠? 먹고 살아야 하니 그 나라 사람에게 붙어 살았습니다. 기생충, 친일파가 된 것입니다. '더불어 더부살이 하니' 라고 나오기도 합니다.

여러분들도 지금 뭐에 붙어 사십니까? 현금 몇 푼에 붙어살고 있지 않으십니까? 먹고 살기 위해 그러잖아요. 먹고 사는 것도 중요합니다. 세상에 붙어먹고, 마귀에 붙어먹고, 육체에 붙어 먹고 삽니다. 이렇게 사니 가난하고, 슬프고, 무섭고 불안하잖아요. 사는 게 불안합니다. 아버지 집을 떠나서 살기 때문입니다. 모든 인류가 그렇습니다. 이제 아들이 스스로 돌이켜 보니 '우리 아버지 집에는 먹을 것이 많고 부족한 것이 전혀 없는데 내가 여기서 고통을 겪고 있을까?' 하고 깨달은 것입니다.

말씀의 진리를 깨닫기를 바랍니다. 무엇을 깨달아야 하냐면, 여러분이 집 나온 둘째 아들인 것을, 돌아갈 아버지 집이 있다는 것을 깨닫기 바랍니다. 아직 못 깨달으니 자꾸 여기서 안 되면 옆집에 가서 붙어먹으려고 합니다. 성경에 있는 대로 말하면 '붙어사니', 킹제임스 버전에는 '더부살이 하더니' 라고 했습니다.

사마리아 여인은 여섯 명에게 붙어 먹고 살았습니다. 이것이 남편으로 나왔는데 여러분은 누구, 누구에게 붙어먹고 살고 있습니까? 여러분이 깨달아야 합니다. 혹시 저축한 통장에 붙어먹고 삽니까? 나는 지혜가 있고 뭐든지 잘해 라는 자신의 실력에 붙어먹고 삽니까? 이런 것들은 길지도 풍요롭지도 않습니다. 이것을 돌이켜야 합니다. '아! 아버지께로 돌아가자.'

충청남도의 무슨 면에 사는 아버지입니까? 그 아버지 아닙니다. 영의 아버지입니다. 육신의 아버지에게 붙어먹고 살려고 하잖아요. 이것을 그만 돌이키십시오. 육신적으로 이 세상에서 도와 줄 사람이 있어요? 없잖아요. 우리 영이 아버지께로 돌이키길 바랍니다.

인류 전체나 우리 개인 하나로 볼 때 인생이란 게 돈 벌고, 일하라고 보냄을 받은 게 아닙니다. 그런데 여러분이 그것만 열심히 하려고 합니다. 먹고 살아야 하니 할 수 없이 라도 돈 벌러 다니고 매여 있잖아요. 하나님께서 원하시는 본래 뜻이 아닙니다. 여러분들이 인생에 주어진 것이 집을 나왔으니 집으로 돌아가는 것입니다. 이것이 인생의 본분입니다.

잠언 4장 27절에 '좌우로 치우치지 말고 네 발을 악에서 떠나게 하라' 는 말씀이 나옵니다. 악에서 떠나 아버지 집만 향하여 달음박질해야 합니다. 어째서 우리가 돌아가는데 에만 목적을 분명히 하며 인생을 살아가야 하는지를 정확하게 보여준 성경 말씀이 출애굽입니다. 애굽에서 종살이 하며 붙어먹고 살았습니다. 하나님께서 예수 그리스도를 상징하는 모세를 보냈습니다. 모세를 보내 광야로 이스라엘 백성을 꺼내었습니다. 하나님께서 이스라엘 백성을 꺼낸 목적이 무엇입니까? 나가는 것이 목적인가요, 들어가는 것이 목적인가요? 가나안, 아버지 집으로 들어가는 게 목적입니다.

이 구도는 철저하게 우리 삶의 근본이 무엇이고, 우리가 왜 사는가에 대한 목적성을 보여주는 것입니다. 애굽에서 살면 종살이 하는 것입니다. 하나님이 종살이에서 꺼내 가나안 땅으로 들여보내는 이 역사적 사건을 통해 우리에게 하는 이야기는 우리가 옳다고 여기는 애굽 생활에서 그만 나오라는 것입니다.

한편, 집으로 돌아가야 하는데 나온 집이 천사와 두루 도는 화염검에 의해 돌아가지 못하게끔 차단되어 있습니다. 이를테면 가나안 땅이 여리고 성으로 막혀 있듯이 말입니다. 여리고 성은 견고한 성입니다. 다른 민족이 들어오지 못할 정도로 튼튼한 성입니다.

그래서 우리 자신의 힘으로 전혀 들어갈 수 없는 곳이 에덴동산이고, 가나안 땅입니다. 그래서 주님께서 모세를, 여호수아를 보낸 것입니다. 애굽을 나왔다는 것은 홍해를 건넜다는 것입니다. 홍해 바다를 이스라엘 백성 스스로 건너지 못합니다. 그래서 하나님이 모세를 통해 건너게 하신 것입니다.

홍해 바다는 십자가를 의미합니다. 지금부터 광야에서 길을 내시겠다는 것입니다. 이스라엘 백성을 애굽에서 빼내 홍해를 갈라 아라비아 반도, 지금의 사우디아라비아 땅으로 가게 하시겠다는 것입니다. 광야에는 길이 없습니다. 홍해는 십자가입니다. 요한복음 14장 1절에서 3절을 보면 '나는 길이요, 진리요, 생명이니 나로 말미암지 않고는 아버지께로 갈 수 없다' 고 나옵니다. 예수 그리스도를 통하지 않고는 아라비아 반도를 거쳐서 팔레스타인 땅에 들어갈 수 없다는 것입니다.

예수 이름 외에 없다는 것입니다. 석가모니, 공자, 맹자로 갈 수 없습니다. 홍해를 누가 가릅니까? 공자가 와서, 석가모니가 와서 갈랐습니까? 예수 그리스도의 상징인 모세가 와서 갈랐습니다. 길을 만드는 것입니다. 이사야 43장 18절 이하에 보면 '너희가 이전 일을 생각하지 말고 옛적 일을 기억하지 말라' 고 나옵니다. 왜 그렇게 해야 하냐면 광야에서 길을 내시겠다는 것입니다. 여러분의 심령과 생활은 광야에서 생산할 것이, 건져낼 것이 없습니다. 그래서 이전 일, 옛적 일을 기억하지 말고 예수 그리스도를 붙드시는 여러분이 되시기 바랍니다.

이 홍해는 시작입니다. 그래서 예수님이 '나는 시작이요' 라고 했습니다. 여러분들 속에 시작이 있길 원합니다. 학교를 그냥 다니는 학생은 공부를 못합니다. '내가 공부를 이렇게 해야겠다!' 라는 의지와 결단, 시작이 있어야 합니다. 그냥 교회를 다니는 사람은 그냥 학교에 다니는 학생과 같습니다. 그래서 예수 믿는다고 해도 영육 간에 생활이 피지 않습니다.

시작이 있어야 합니다. 홍해가 갈라지는, 십자가가 있어야 합니다. 여러분이 우리 교회 다니고 저에게 설교 들으면서도 홍해가 없으면 그냥 교회를 다니는 것입니다. 물론, 여러분 교회 나오셔서 감사합니다. 감사하게 생각해요. 그러나 홍해가 있어야 합니다.

홍해가 있으려면 이전 일, 옛적 일을 기억하거나 생각하지 말아야 합니다. 누가복음 14장 27절에서 33절을 보면 '누구든지 나를 따르려거든 자기를 부인하고, 자기가 가진 소유를 모두 부인하고 나를 따르라' 했습니다. 홍해를 건너면서 애굽에서 쓰던 비싼 장롱 가져와야 하고, 애굽 왕한데서 받은 상패 가져와야 합니까? 제자 되는 길은 애굽에서 소유했던 것을 모두 버리는 것입니다. 애굽적인 것은 홍해 바다 속에 다 죽여 버렸다는 것입니다. 세례를 이야기 합니다. 홍해는 세례를 의미합니다. 세례는 물속에 들어갔다가 나오는 것을 말하는데 들어가면서 죽었다가 나오면서 살아나는 것입니다.

하나님께서는 여러분을 부요하게 하시고, 지혜롭고, 명철하게, 풍요롭게 분명히 하십니다. 그런데 왜 이 속에 못 들어가나 하면 이전 일, 옛적 일, 애굽의 일을 여러분이 붙들고 있기 때문입니다. 홍해는 시작입니다. 애굽에서 분명하게 떠나는 스타트 라인입니다.

그런데 여러분이 홍해를 안 만듭니다. 이 홍해가 십자가입니다. 십자가를 세우는 것입니다. 이것 없이 수십 년 교회 다녀봤자 헛다니는 것입니다. 이렇게 해서는 영육간의 축복, 자유, 독립이 안 이루어집니다. 시작이 있어야 합니다.

광야는 예수께서 가신 길입니다. 십자가입니다. 앞서가서 이야기 하면 요단강을 건넌다는 것은 십자가에서 죽고 요단강에서 다시 살아나는 것입니다. 살아났더니 가나안입니다. 가나안은 천국을 이야기 하고 아버지 집을 이야기 합니다. 십자가에서 죽고 사흘 길 광야를 통과했더니 요단강을 건너자 우리 영이 살아났다는 것입니다. 아버지 집에 들어가는 것입니다. 이것을 사도 바울이 '나는 뒤의 것을 잊어버리고 즉, 애굽적인 것을 잊어버리고, 광야에서 잡은 줄 여기지 아니하고 어찌 하던지 부활의 생명에 이르려 하노라' 가나안 땅에 들어가서 살겠다는 말입니다.

시작이 있어야 합니다. 인생도 그냥 살면 안 됩니다. 시편 40편 20절에 '깨닫는 자는 존귀에 처하나 깨닫지 못한 자는 짐승과 같다' 고 했습니다. 인생의 길이라는 것은 여러 각도에서 찾아볼 수 있습니다. 예술하는 사람은 예술의 길, 학문하는 사람은 학문의 길이 있습니다. 저마다 길이 있습니다.

세상적인 측면에서 길이 뚫어진 사람이 다른 이에 비해 상대적으로 잘 살고 목적을 성취하는 것입니다. 미술계에서도 그림만 그린 사람은 길가의 화가가 되어집니다. 그러나 결단이 있고 깊은 세계에서 그림을 완성하는 사람은 그림 한 점에 몇 백억 합니다. 미술의 길을 간 사람이기 때문입니다.

저는 목사이므로 목회의 길, 십자가의 길을 가야겠지요? 제가 십자가의 길을 가지 않고 목사하면 저는 삯꾼 목자입니다. 저는 그렇게 못해요. 저는 하나님 앞에서 저의 길을 가는 것이 제 인생의 근본적인 뜻입니다. 하나님이 원하시는 이 길이 아니면 설교 그냥 못합니다. 저는 이 귀중한 시간에 말만하고 내려가는 설교하기 싫고 그런 목사하기 싫습니다. 여러분 그냥 살지 말라는 말입니다.

시작이 있어야 합니다. 모세와 이스라엘 백성이 이집트에서 광야로 나온 것은 역사적 사건입니다. 이 사건을 통해 오늘 우리가 그런 역사적 사건을 재현해야 합니까? 이것은 마음, 영의 길을 이야기 하는 것입니다. 좀 더 구체적으로 생활의 길이기도 합니다. 생활 속에서도 시작과 끝이 있는 사람이 그렇지 않은 사람에 비해 잘 사는 것입니다. 이것은 좀 더 놔두고 다른 이야기를 해보겠습니다. 이것은 마음과 영의 길입니다. 이 역사적 사건을 통해 하나님이 오늘날 우리 인생의 길, 마음의 길을 이야기 하는 것입니다.

광야로 들어서면서 하나님이 먹고 사는 것을 책임지시지 않았습니까? 여러분들에게 가르친 대로 해보시면 육신적으로 먹고, 입고, 살아야 될 생활 속에 일어난 일들을 전적으로 하나님이 책임지십니다. 그런데 그냥 광야로 따라 나오면 걱정, 근심, 염려 때문에 늘 애굽에서 필요한 돈에 굶주리고 삽니다. 그래서 가난한 신세를 교회 수십 년 다녀도 면하지 못하는 것입니다.

그래서 여러분에게 먹고 사는 것, 슬픈 것, 고달픈 것들을 스스로 해결하려고 하지 말고 주님께서 나를 통해 가르쳐준 시작을 해보라는 것입니다. 그 시작을 통해 주님이 가신 길, 요단강을 건너가는 그 길을 가라는 것입니다. 이 길을 사흘길이라고 합니다. 왜 사흘길이라고 하냐면 주님께서 무덤에서 들어갔다가 사흘 만에 부활했기 때문입니다.

이 짧은 길을 제대로 코스(course, 행로)를 잡지 못하니 이스라엘이 40년 동안 갈지자로 돌아다니는 것입니다. 다니면서 하나님 원망하고 우상 숭배하는 것입니다. 여러분들도 시작과 끝을 정확하게 잡지 못하면 지금까지 교회 생활이 광야에 나온 이스라엘 백성과 같잖아요. 이거 잘한다고 하면 누구한테 가고, 저거 잘한다고 하면 또 다른 사람에게 갑니다.

삶이 고달프고 힘드니 어쩌다 교회 나와서 찔끔 거리고 은혜 받았다고 합니다. 그게 은혜 받은 것입니까? 사사기에도 이스라엘 백성은 매번 웁니다. 그러고도 옆 나라에 괴롭힘 당합니다. 우는 것이 중요한 게 아닙니다. 그 길로 들어가야 합니다. 그 길로 들어가면 가난한 것, 슬픈 것, 병든 것, 불안한 것, 아버지께서 책임을 지십니다. 그냥 교회 다니지 말고 시작을 하라는 것입니다. 예술, 학문, 노자, 맹자의 길이 아닌 예수 그리스도께서 가르쳐 주신 길로 들어서라는 것입니다. 제가 가르치는 것이 이것이 아닙니까?

잘 생각해 보십시오. 우리가 약할수록 본질을 추구하게 됩니다. 우리가 강하면 허세에 사로잡힙니다. 가난하고 슬프고 불안할수록 우리의 내면은 본질을 추구합니다. 하나님께서 저를 가난하고 슬프고 절망적이게 살게 했습니다. 저는 허세 떨 것이 없었습니다. 그래서 진짜가 무엇일까? 거기에만 깊이 파고들었습니다. 인간이 고난과 고통이 뒤따르면 허세, 허영을 쫓기보단 내면의 진정성을 추구하게 됩니다.

하나님께서 저의 젊은 시절을 그렇게 하셨습니다. 저는 고달프고, 슬프고, 혼자 절망에 빠져있었습니다. 하나님이 그걸 사용해서 본질을 찾게 하시고 내면의 진실을 찾게 만드신 것입니다. 그래서 저는 젊은 시절의 고난과 고통을 기뻐하고 하나님께 감사드립니다. 가난했기 때문에 하나님을 찾게 해주신 것입니다. 하나님은 본질입니다. 제가 이 길을 가르쳐드리잖아요. 이것은 성경이 증명하는 바이고, 제가 그렇게 살았습니다.

애굽, 시나이 반도, 팔레스타인 땅의 구도는 여러분의 마음 그대로를 반영합니다. 여러분 마음에서 애굽적인 것은 철저하게 버리고 십자가를 의식에 세우는 것입니다. 예수그리스도와 십자가에 못 박아 함께 죽는 것입니다. 이것이 어렵죠? 그러나 어렵지 않습니다. 안하려고 하기 때문에 어려운 것입니다.

애굽적인 계산에 사로잡혀 있고, 광야에서 정말로 먹고 살 수 있을까 하고 있습니다. 계산은 고인물입니다. 여러분들이 광야에 들어가서 하나님이 원하시는 길을 따라가면 생각만 해도 도움을 가져다주십니다. 이것을 빌립보서 4장 7절 이하에 '기도와 간구로 너희 구할 것을 하나님께 아뢰라. 그리하면 모든 지각에 뛰어나신 하나님의 평강이 너희 마음의 생각을 지키시리라.' 했습니다. 생각만 해도 지켜주십니다.

주님께서 '나는 The way, 그 길이다.' 라고 하셨습니다. 그 길을 가야합니다. 마태복음 7장에 '우리가 주의 이름으로 귀신을 쫓아내고 병도 고치지 않았습니까?' '이 불법을 행하는 자들아 나는 너희를 모른다' 했습니다. 광야에서 법대로 해야 합니다. 법대로 안 하고 귀신 쫓아내고, 권능을 행하고, 선지자 노릇한 것입니다. 법은 안 지키고 말입니다. 법을 안 지켰다는 것은 'The way' 그 길을 가지 않았다는 것입니다. 우리는 광야에서 길을 가자는 것입니다.

사도 바울이 갈라디아 교인에게 '너희가 달음박질 잘 하더니 누가 너희를 꾀더냐' 했습니다. 이사야 40장 31절에 '여호와를 앙망하는 자는 새 힘을 얻나니 달음박질 하여도 피곤치 아니하리라.' 나옵니다. 여호와를 앙망하는 자 그 말은 히브리서 11장 1절로 가면 '믿음은 바라는 것들의 실상이라' 고 나오는데, 여호와를 바라는 것을 말합니다. 달음박질 하는 것은 믿음입니다. 길을 제대로 가야합니다. 이 사실을 다른 구절에서 '경주하는 자가 법대로 하지 않으면 상급을 받지 못한다' 고 했습니다.

창세기에서 아담이 집을 나왔습니다. 예수님께서 '너희는 근심하지 말라. 너희를 위하여 처소를 예비하러 가노니' 예비한 처소가 계시록에 나옵니다. 새 하늘, 새 땅입니다. 주님께서 예루살렘 새 성을 예비하고 계십니다. 계시록은 집을 마련했으니 돌아오라는 것입니다. 성경은 에덴에서 나와서 에덴으로 돌아가는 것을 이야기 합니다.

성경은 쉽습니다. 전부 이 이야기를 하는 것입니다. 돌아가는 길에 피곤할까봐 오병이어의 기적을 행해주시는 예수 그리스도이십니다. 광야에서 만나주고 생수 주듯, 오늘날 우리 삶에 먹고 마시는 문제를 해결해 주겠다고 하는 것입니다. 길 가는데 피곤할까봐 예수께서 그냥 보내지 않으시잖아요.

우리는 돈 벌로 온 것이 아닙니다. 성경이 증거하고 있고, 우리의 삶이, 역사가 증거하고 있잖아요. 여러분 40년, 50년 살아보니 이 세상에 와서 돈 많이 벌고 잘 사는 것이 인생의 목적이었습니까? 나이 먹으면 깨닫는 것입니다. '아! 돌아가는 것이구나'. 그래서 죽은 사람을 우리말로 돌아가셨다고 말하는 것입니다. 어디로 돌아갑니까? 어딘지 모릅니다. 그러나 사실은 아버지께로 돌아가는 것입니다. 누가복음 16장에 보면 천사가 받들어 데리고 간다고 나옵니다.

돌아가는데 멈추지 말라는 것입니다. 멈추는 것은 자기 계산에 빠지는 것입니다. 마음의 성장과 성숙이 멈춥니다. '김 집사가 나를 괴롭히다니 얄미워'. 그리고 기분 나빠합니다. 그러면 내 생각과 느낌이 멈추는 것입니다. 여러분, 뭐에 멈춰있는지 보십시오. 무슨 생각에 사로잡혀서 놔두면 그것이 내가 되는 것입니다.

마음은 길을 가는 것입니다. 그런데 그 길을 차단시키잖아요. 성경은 길 이야기 하는 것입니다. 집 나와서 다시 돌아가는 것입니다. 이것을 아주 사실적으로, 그림 같이 서정적으로 써 놓은 본문이 누가복음의 둘째 아들이 집나갔다가 돌아오는 이야기입니다. 성경의 핵심을 집어 낸 것입니다. 그래서 주님 가라사대 '누구든지 나를 따라오려거든 자기 목숨을 미워하고, 집이나 전토나 부모를 버리지 아니하면 제자가 될 수 없다.' 고 하신 것입니다. 내가 무엇을 좋아하고 싫어하고, 내 생각이 옳다하는 것에 잡히면 마음의 길을 못가는 것입니다. 성장과 성숙이 이루어 지지 않습니다.

말씀을 정리하겠습니다. 인생은 길 가는 것입니다. 성경을 몰라도 인간은 본성적으로 길을 간다는 것을 압니다. 그런데 아버지께로 돌아가는 진리를 모르기 때문에 학문의 길이요, 예술의 길, 사업의 길로 잘못 들어서는 것입니다. 악한 사람은 악의 길로 들어서는 것입니다. 진리를 모르기 때문입니다. 진리는 아버지께로 가는 것입니다.

그렇지 않은 것은 역사와 인생의 초점을 상실하고, 허우적거리는 것입니다. 공허하고 슬프니 돈이나 벌자 하고 돈의 길로 들어가는 것입니다. 돈의 길로 가면 다시 돌이키기 어렵기 때문에 돈을 사랑함이 일만 악의 뿌리라 말씀하셨습니다. 즉, 부자는 천국에 들어가기 어렵다고 하셨던 것입니다.

먹고 사는 것을 걱정하지 마십시오. 제가 가르쳐드린 그 길로 들어가십시오. 여러분 못 난거 아버지께서 다 아십니다. 고린도전서 1장에 가난한 사람, 미련한 사람, 멸시 받는 사람, 약한 사람을 다 부르신다 했습니다. 그러면 우리가 해야 할 일은 그의 나라와 그의 의를 구하는 것입니다. 그럴 때 다른 것들을 채워주십니다. 길을 찾으시고 그 길로 달음박질 하십시오.

16

말씀의 검을 가지라

「내가 화평을 주러 온 줄로 생각하지 말라 화평이 아니요 검을 주러 왔노라 내가 온 것은 사람이 그 아버지와, 딸이 어머니와, 며느리가 시어머니와 불화하게 하려 함이니 사람의 원수가 자기 집안 식구리라 아버지나 어머니를 나보다 더 사랑하는 자는 내게 합당하지 아니하고 아들이나 딸을 나보다 더 사랑하는 자도 내게 합당하지 아니하며 또 자기 십자가를 지고 나를 따르지 않는 자도 내게 합당하지 아니하니라 자기 목숨을 얻는 자는 잃을 것이요 나를 위하여 자기 목숨을 잃는 자는 얻으리라」
(마태복음 10:34~39)

주님께서는 저를 날짜가 가고, 시간이 가도록 하면서 더 보충하시고 온전하게 하십니다. 지금도 계속 그렇게 하십니다. 제가 전에는 하나님 나를 사용해주시고, 우리 교회를 사용해주시고, 축복해주시라는 결정적 기도를 하지 않고 그저 서서히 기도하고 있었습니다. 이제는 결정적으로 기도를 드려야 할 시기가 제 심령으로나 교회적으로 와 있습니다. 그래서 성령님께서 교회에 부흥을 주시고, 여러분도 말씀대로 되게 해주시기를 기도하고 있습니다.

여러분들도 저를 위해서 기도해주시고, 교회가 부흥되고, 목사님을 하나님께서 더욱 온전케 하고, 또 사용해주셔서 복음을 증거 하는 증인이 되게 해주시라는 기도하시기 바랍니다. 성령님이 역사하셔서 교회를 부흥하게 해주시고, 우리나라에 이 복음을 전하게 해주십시오.

주님이 원하신다면 여러 나라에 복음을 증거 하는 교회로 세워지고 부흥이 되게 해 주시옵소서라는 기도를 여러분이 하셔야 합니다. 여러분 각자 개인이 고 목사를 통해 나타내주신 이 복음 속으로 들어가야 하고 복음의 길을 달음박질해야 합니다. 교회만 왔다, 갔다 하는 것이 아니라 복음의 달음박질입니다.

공부를 잘 하는 아이는 공부 속에 들어가서 뛰어다니니 잘할 수밖에 없습니다. 공부 못하는 아이들은 공부 속으로 못 들어가고 밖에서 해맵니다. '공부해야 하는데… 해야 하는데…' 합니다.

365일 매일 그러고 다닙니다. 중3, 고3, 대4 그리고 The End 하고 갈길 몰라서 해맵니다. 때 늦은 후회, '그때 열심히 할 걸…', 여러분 아버지가 그랬고, 어머니가 그랬고, 여러분이 그랬고, 여러분 딸이, 아들이 그렇습니다. 참새가 참새를 낳고, 독수리가 독수리를 낳습니다.

뭐든지 들어가야 합니다. 일류는 뭐냐 하면 자기가 하는 일 속으로 들어가는 것입니다. 그 일과 내가 하나로 연합된 삶 이것이 일류입니다. 이 사람이 마스터(master, 정통한 사람), 마에스트로(maestro, 대가), 장인, 집을 짓는 사람입니다.

음악 속에 들어가서 음악으로 자기를 완성하는 것입니다. 그것이 음악가입니다. 인생이 무엇이냐. 우리는 음악이나, 예술, 체육 그런 것을 가지고 우리를 완성하는 게 아니라 진리를 가지고 우리를 완성하는 것입니다. 진리로 집을 짓는 것입니다. 그래서 우리는 도덕가도 아니고, 음악가도 아니고 진리로 집을 짓는 것입니다. 진리로 나를 완성하는 것입니다. 진리가 내 안에, 내가 진리 안에 입니다.

사람들이 유교나 불교에도 진리가 있다고 합니다. 그 말도 진리일 수 있습니다. 그러나 그런 것들은 죽은 진리입니다. 그런 진리로 영을 못 살립니다. 오직 성경으로, 성경에 나타난 예수 그리스도의 진리만이 영을 살리고,

혼을 살리고, 눈을 살리고, 귀를 살리고, 생활을 살리고, 피조세계를 살립니다. 피조물들도 지금 고대하고 있어요. 하나님의 아들들이 나타나기를 고대하고 있습니다. 피조물들도 죽어 있습니다.

우리는 진리를 가지고 자기를 만들어 가는 것입니다. 집 짓는 것입니다. 진리가 우리의 건축재료 입니다. 그래서 집이 완성되면 진리이신 예수 그리스도, 성령, 아버지, 성삼위 하나님의 집으로 만들어 지는 것입니다. 이것을 하기 위해서 지구상에 보냄을 받았습니다.

직장 잘 다녀라, 공부 잘 해라, 할 수 있으면 대통령 되라, 국회의원 되라, 세계 최고가 되라고 보냄을 받은 것이 아닙니다. 알고 보니 정말입니다. 여러분만 모릅니다. 모르다 보니 예수 믿고 대통령 되고, 장관되고, 돈 많이 벌어서 다른 사람에게 나눠주고 꿔주는 것이 우리 인생에 그 일을 이루기 위해 보냄을 받은 줄 알았죠? 그래서 할 수 있다면 집 여러 채 있음 얼마나 좋겠느냐, 장관, 국회의원 되면 얼마나 좋겠느냐 합니다. 거기에 소망을 두면 여러분의 목표가 너무 높아서 힘이 빠지고 맥없이 살게 됩니다.

그것은 그 일 할 사람 하라고 내버려두십시오. 최종 심판은 진리가, 하나님께서 하십니다. "네가 국회의원 되서 진리로 완성했니?" " 아니요, 국회에서 정치하고 왔어요." "아! 그래, 너 높은 자리가렴, 10 고을을 다스리는 권세를 주마." 주님이 그러시면 우리는 망하는 것입니다. 돈이 많나요?, 벼슬이 높아요?, 인물이 잘 났나요?, 부모가 훌륭한가요?

하나님께서 그런 것으로 기준을 삼아 심판하는 것이 아니라, 진리를 가지고 합니다. 네 코는 진리로 만들었니, 비진리로 만들었니?, 네 눈은 진리로 만들었니, 비진리로 만들었니?, 석가모니로 만들었니?, 공자로 만들었니?, 사서삼경으로 만들었니? 하나님이 그러십니까?

진리로 얼마나 만들었는가를 물으십니다. 이것입니다. 이것을 하기 위해 지구에 지구복(服)을 입고 온 것입니다. 그런데 이 지구복이 눈이 크네, 작네, 코가 높네, 낮네 하면서 지구복 고치러 강남 병원을 다닙니다. 지구 복

낡으면 무엇을 맞고, 부치고 합니다.

'나'는 어디에 있습니까? 이 지구복이 '나'입니까? 지구복 속에 들어 있습니다. 이것을 육체의 장막이라고 합니다. 육체의 장막이란 옷을 입고 잠깐 세상에 부름을 받았습니다. 세상에 내가 할 일이 무엇입니까? 제가 가슴 아프게 여기면서 불쌍히 여기는 사람이 하나님을 모르는 사람입니다. 하나님을 모르는 사람을 생각하면 '어찌 할꼬, 어찌 할꼬' 탄식이 나옵니다. 하나님을 모르는 것처럼 이 세상에 불쌍한 것이 없습니다.

만일, 하나님께서 안 계시면 우리끼리 살 걱정해야 합니다. 우리가 쉽사리 해결할 수 있는 것은 서로 이야기해서 해결 할 수 있지만 그 도가 넘어서면 선을 끊어버리고 하나님께 집중해야 하는 것입니다. '하나님 해 주세요.' 하고 말입니다.

아무에게도 말 안 해도 취직을 시켜줍니다. 누구에게 말 안 해도 괜찮습니다. 하나님께만 부르짖으십시오. 하나님께서 들으셔서 옮겨놓던가, 아니면 취직 회사를 보내주시던가 하셔서 취직을 꼭 시켜내십니다. 해보십시오. 괜히 제가 하는 말이 아니라 하나님을 알게 되면 무서운 게 없어집니다.

하다가, 하다가 안 되면 하나님께 발악이라도 해야죠. "하나님 내가 살아보려하는데, 내가 가문이 좋습니까? 지혜가 있습니까? 학력이, 실력이 좋습니까?" 구하고 찾고 두드리는 자에게 응답하시겠다는 이 말을 튼튼히 붙잡고 여러분의 몸과 마음을 던져야 하는 것입니다. 그러면, '목사님도 몸을 던져서 교회당도 넓게 하시지?' 라고 반문하는 사람들이 있습니다.

저는 거기에 투자하지 않고 예수 그리스도에게 마음을, 시간을 바쳐서 나로 예수님처럼 되는 것에 투자했습니다. 이제 결정적인 시간이 되었으니 모든 것을 하나님께 구하는 것입니다. 에스겔서 37장에 '다 해주마! 포도밭에 포도가 영글어지고, 복숭아밭에 복숭아가, 사과밭에 사과가, 푸른 초장에 많은 양떼, 염소 떼, 소떼가 놀게 해주마. 시냇가에 맑은 물이 흐르게 하겠다. 그래도 기도하라.' 라고 나옵니다.

그동안 결정적인 기도를 안 했는가 하면 좀 더 저를 만들기 위해서였습니다. 때가 되었어요. '성령님 이제 해주시옵소서.' 내가 하는 게 아닙니다. 내가 해봤자 가슴만 끓어오릅니다.

이제, 제가 할 일은 주의 말씀을 따라가는 것입니다. 그 말씀 속으로 깊이 들어가는 것입니다. 말씀이 내 속에 내가 말씀 속에 들어가는 것입니다. 그동안 내 가슴이 웅장하게 뛰었습니다. 광야에서 회오리바람이 몰아치듯 웅! 웅! 거렸습니다. 웅장하게 뛰었는데 웅장만 가지고는 안 됩니다. 요즘은 주님 앞에 다소곳해지고 있습니다. 여러분도 다소곳할 줄 알아야 합니다. 다소곳한 사람은 사람도 좋아하고 하나님도 기뻐하십니다.

지혜와 계시의 영을 하나님께서 여러분에게 주셔서 여러분 마음의 눈이, 영의 눈이 떠져서 내가 무엇에 사로잡혀 있어서 무엇을 따라가는지, 자신의 장, 단점을 알면서 인내를 해야 합니다. 약한 것, 어두운 것을 버리면서 끊임없이 싸우고 진리를 향하여 달음질하는 게 인내입니다. 이것은 안 하면서 '주여, 저는 인내합니다.' 합니다.

아무리 인내해도 만들어지지 않으면 주인이 쓰지 못합니다. 모쪼록 여러분들이 주인이신 성삼위 하나님께서 쓰실 수 있도록 그런 가(家)를 이루어야 합니다. 집을 이루라 말입니다. 하나님께서 여러분을 축복하시고, 은혜 주시고, 쓰기를 원하시지만 먼저 하나님의 말씀을 가지고 마음이 만들어져야 합니다.

우리는 기초를 잘 해야 합니다. 저도 기초로 갔다가, 다시 결과로 갔다가, 왔다 갔다 합니다. '의인의 길은 돋는 햇빛 같아서 원만하거니와 악인의 길은 어둠 같아서 걸려 넘어져도 왜 넘어졌는지 모르느니라.' 입니다. 창대와 미약입니다. 미약은 약하다는 개념 보다는 기초입니다. 이 창대와 미약 즉, 기초를 왔다 갔다 합니다.

테니스로 이야기해 보겠습니다. 테니스를 창대하게 잘 치려면, 지금 당장 게임에서 우승 하는 게 문제가 아니고 이 자리에서 기초만 100% 다지는 것입니다. 타이거 우즈가 골프 스윙의 교과서라 하기 때문에 우승을 그렇게 많이 하는 것입니다. 기본이 좋아야 합니다.

생활 속에서도 어떤 사람이 잘 풀어지고, 복도 받고 사람이 따르는가 하면 기본적인 성격이 좋아야 합니다. 기본기가 나쁘면 사람이 안 붙습니다. 돈도 안 붙어 옵니다. 그래서 마음은 원이로되, 사람이나 돈이 안 붙어 오는 것입니다.

교회, 직장, 가정생활에서 남편이 기본적 성격이 좋으면 가정이 따뜻합니다. 직장 생활에서 기본기 성격 몇 개가 다져진 사람은 끊임없이 발전하고 주변 사람들에게 칭찬받습니다. 이 기본기가 갖추어지지 않는 사람이 어머니가 되고, 아버지가 되면 한 가정을 사탄의 부름을 받고 파괴하는 것입니다.

많이 좋을 필요도 없습니다. '정직한 자의 성실' 은 이라고 했습니다. 정직하고 성실해야 합니다. 거기에 더하기 지혜, 더하기 겸손을 기본기로 가지는 것입니다. 이런 것들 한두 가지만 있어도 세상에서 세끼 밥 먹고 사는 게 지장이 없습니다. 왜 세끼 밥 먹는 게 위협을 당하는가? 기본기가 많지 않은 것입니다.

사람들은 이것을 모릅니다. 그래서 부모가 그래서 이렇다고, 아내가 그래서 이렇다고 합니다. 이런 사람을 잠언 26장에 '미련한 자를 공이에 찧어도 그 껍질이 벗겨지지 않는다.' 고 했습니다. 이런 남자를 남편으로 만나면 괴로운 것입니다. 많지도 않은 이 두 가지가 없어서 고생합니다.

정직과 성실과 지혜, 영리함 거기다가 친절함을 갖추고 있으면 높은 사람이 자기가 더 좋은 자리로 갈 때 그 사람을 데려가는 것입니다. 예수님도 마찬가지이십니다. '재는 왜 이리 믿음이 좋은 거야 꼭 축복하고 말 거야' 주님이 그렇게 생각 하시게끔 해야 합니다. 여러분이 예수님을 따라가려거든 기본이 잘 되어 있어야 합니다. 기본이 무엇입니까? 제가 여러분에게 가르친 것이 무엇인지 생각해 보십시오.

기본기가 충실해야 골프도 끊임없이 발전하면서 우승하는 것입니다. 끊임없이 진보하는 것입니다. 이것이 잡은 줄로 여기지 아니하고 앞에 있는 것을 잡으려고 쫓아가는 것입니다.

여러분이 이런 흐름 속에 들어가야 합니다. 그래야지 신앙생활 하는 것도, 교회 생활 하는 것도 재미있고 역동적이게 됩니다. 이것은 안하고 교회 와서 제 이야기나 듣고 나가면 행복해집니까? 저는 첫째 제 이야기를 듣고 행복해지기를 바라고, 두 번째로 저처럼 돼서 여러분들도 행복을 누리면서 살게 되시기 바랍니다.

기본기가 무엇입니까? 잘 ①듣고, ②보고, ③잡고, ④죽이고, ⑤씻고, ⑥먹고, 계속적 채움을 통해 ⑦되고 입니다. 결론은 살아지는 것입니다. 그러면 여러분 계속 들어야 합니다. 듣는데 귀가 열어져야 합니다. 귀가 왜 두꺼운가 성경을 보니 귀에 귀머거리 독사가 들어서입니다. 귀머거리 독사가 들어있으면 귀가 열어지지 않아 듣지를 못합니다.

시편 58편 4절에 "그들의 독은 뱀의 독 같으며 그들은 귀를 막은 귀머거리 독사 같으니" 라고 나옵니다. 우선 잘 들을 줄 알아야 합니다. 잘 들어야지 속에 제대로 스며듭니다. 이것은 수용성, 잘 받아들임입니다. 수용성이 좋아야 합니다. 쓸데없이 텔레비전에 나오는 말이나 잔뜩 듣습니다. 듣는 것도 좋은 것을 들어야 합니다. 듣는 것 중에 최고는 진리를 듣는 것입니다.

목사는 신문, 책도 많이 봐야 한다고 하잖아요. 그래서 저도 예전에 많이 읽었습니다. 그런데 이제는 이런 것들을 다 버려도 아깝지 않은 게, 저에게 성경만 있으면 됩니다. 사람들이 통상적으로 성경만 읽으면 무식해지는 줄 압니다. 성경 한 권만 읽으면 우주를 통과해서 보이지 않는 하나님 나라가 뚫어져 버립니다. 성경 가지고 상대를 읽을 줄 알게 되고 사건을 해석할 줄 알게 됩니다. 여러분, 어떤 책 읽어서 그렇게 될 수 있습니까?

바라기는, 성경을 잠언부터 읽으십시오. 한번만 읽지 말고 읽고 또 읽으십시오. 잠언은 둘 중 하나입니다. 미련한 자, 지혜로운 자입니다. 읽으실

때 나를 보면서 읽으십시오. 이 말은 나한테, 내 남편한테, 이 말은 내 이웃한테, 이 말을 가지고 그 사람을 보십시오. 그러면서 나를 보십시오. 그렇게 해야지 눈이 열어집니다. 그러지 않으니 잠이 오는 것입니다. 성경이 그렇게 하면서 열어지는 것입니다. 이 성경 속에 여러분의 지혜, 돈, 신분, 지위, 축복, 은혜가 다 들어 있습니다.

이것을 바다로 이야기 하면, 바다 속으로 들어가서 각종 물고기를 잡아먹고, 보석을 캐면서 바다여행을 하는 것입니다. 내가 이렇게 하는 것처럼 교회 생활하는 게 정상입니까, 아니면 3년 다녀서 집사 되고, 5년 되서 권사되고, 10년 되서 장로 되는 게 교회 생활입니까? 여러분, 교회 이벤트, 프로그램에 속지 마십시오. 그런 것들은 속이는 것입니다. 여러분은 오직 진리에 의해서 연단을 받아야 합니다.

이 수용성이 너무나 좋았던 사람이 바로 마리아입니다. 마리아처럼 수용성이 좋은 사람이 없습니다. 그래서 주님이 그녀에게 들어가신 것입니다. 주님이 여러분 속에 들어오시게끔 수용성이 좋아야 합니다. 잘 들을 줄 알아야 합니다. 제가 지금 어려운 이야기를 했습니까? 저는 진리가 이렇게 쉬운지 너무나 기쁩니다.

기본입니다. 기본기를 갖추어야 합니다. 이것이 없으면 저를 여러분들이 못 따라옵니다. 제가 가르쳐드린 말씀을 잘 따라오면 어느 시점에서 여러분을 예수님께 인계해 드릴 것입니다. 지금은 여러분이 제가 가르쳐드린 말씀을 따라오는 것입니다. 제가 예수님의 뒤를 따라가고 여러분은 저를 따라 오면 됩니다.

어떻게 따르는가? 말씀으로 따라갑니다. 말씀을 또 어떻게 따라가는가 하면 따라가는 안내장을, 지도를 주는 것입니다. 검을 세워라, 십자가를 세워라 입니다. 우리의 마음에 말입니다. 이것이 안 세워진 상태는 쓰레기로, 불의로 세워져 있게 됩니다.

그래서 하는 생각마다 불의한 생각, 악한 생각, 더러운 생각, 죽는 생각,

부정적 생각, '사는 게 슬퍼요' 라고 합니다. 어떻게 안 그런 척 하고 계십니까? 그래요, 안 그래요? 가난으로 세워져 있지 않으십니까? 여러분이 얼마나 힘들게 사는지를 말입니다. 마음을 다 잡고, 뭔가 해보려 하는데 안 됩니다. 왜 안 되냐 하면 마음에 가난이 세워져 있기 때문입니다.

성령의 검을 가지라는 말씀의 검, 보혈의 능력을 말합니다. 여러분, 보혈의 능력은 너무 위대합니다. 잠자다가 괴롭고, 악한 꿈을 꾸고, 전혀 내가 상상치 못한 이상한 꿈을 꾸는 경우가 있죠? 누가 나를 건드리면 성질부리고 악을 쓴 후 평안하고 좋아요? 그때 어떻게 하십니까?

더러운 꿈을 꾸고 찝찝한데 그래도 학교, 직장 가자 하죠. 우리는 보혈의 능력을 의지해야 합니다. 꿈에서 도둑질 하고, 제례식 화장실에 풍덩 빠지던 상관치 말고, 십자가의 보혈로 씻는 것입니다. 꿈에 나온 그림으로 말미암아 내 마음과 영이 영향을 받아서 찝찝하고 기분 나쁜 것을 보혈로 씻습니다. 성질을 부린 후 얼마나 속 쓰립니까? 이것들을 예수님의 피로 씻는 것입니다. 꿈에서 악하고 더러운 꿈을 꿔도 괜찮습니다. 재생시켜서 피로 씻어내는 것입니다.

십자가 그림이 그려지지 않으면 말로 해도 됩니다. '하나님, 이 더러운 것을 씻어주십시오.' 이것이 나의 마음, 영의 상태입니다. 이것을 수시로 꺼내서 씻으십시오. 보혈의 은총으로 나의 마음 판에 새겨진 것들이 꿈을 통해 드러나는 것입니다. 이것을 피로 씻어 내는 것입니다. 보혈의 능력과 은총을 기뻐하면서 감격하고 감사해야합니다.

12년 동안을 혈루병에 걸린 여자가 너무나 예수님을 사모해서 '내가 선생님의 옷자락에 손만 대어도 고침을 받으리라.' 했습니다. 사모할 때 공급됩니다. 이렇게 쉬운 것도 못하십니까? 사자가 먹이를 덮칠 때처럼 공급의 원리입니다. 사모하는 것입니다. "하나님, 나를 합격시켜주세요!", "너 생각이 있니? 네가 공부를 잘해야지.", "그래, 나는 미쳐도 하나님께 미쳤다."

하나님을 사모하는 것입니다.

사모는 공급입니다. 예수님의 옷자락을 만지면 나을 것이라는 것을 아무에게도 말하지 않았습니다. 말하면 누가 믿어주는 사람이 있었을까요? 안 믿어주잖아요. 아무에게도 말하지 않고 혼자서 울고 간 것입니다. 혼자서 얼마나 외롭고, 슬프고, 낙심됐겠습니까? 사모는 어려운 것이 아닙니다. 하나님이 우리를 어렵게 해서 골탕 먹이면서 축복하시는 분이 아닙니다. 그래서 고난이 연속되는 것입니다. 사모하라고 그런 것입니다.

사모하지 않으니 누르고, 누릅니다. 사모하라고 눌러대는 것입니다. 왜 이런 것을 안 하는지 모르겠습니다. 믿음이 없으므로 안 하는 것입니다.하나님이 나를 누르면 들어가고 들어가서 더 이상 들어가지 못할 지경에 들어가면 빵하고 터지는 것입니다. 사모는 공급의 원리입니다. 여러분, 이렇게 하면 됩니다. '하나님, 저도 이 길로 들어가게 해주십시오!' 이렇게 사모하는 것입니다. 감당할 능력이 없는 분을 사모하면 안 되잖아요. 여러분이 저와 헤어져 있어도 이렇게 주님을 사모하십시오.

기본에 충실하십시오. 이것을 잘 해야 저를 따라오는 것입니다. 안 하고 듣고 이해만 하면, 나중에 포기해 버립니다. 그래서 시작은 미약하지만 하나, 하나 해야 합니다. 검을 마음속에 세워야 합니다. 이것을 어떤 사람은 정확히 인식을 못 하더라고요. 실제 칼 있잖아요. 식칼, 과도도 괜찮습니다. 그래도 검이 생각이 나지 않으면 중국 무술 영화를 보십시오. 그리고 세우십시오. 의식을 가지고 잡아서 밑으로 칼을 세워도 괜찮고 내 배에다 손잡이를 만들어서 위로 세워도 괜찮습니다. 마음에 세워놓고 칼을 쳐다보십시오.

기본입니다. 기본 없이는 완성된 모양이 만들어지지 않습니다. 주님께서 고난당하신 영화 〈패션 오브 크라이스트(The Passion Of The Christ, 2004)〉에 나오는 사진 몇 장 뽑아서 세워보십시오. 눈을 감아도 괜찮고 떠도 괜찮습

니다. 쳐다보십시오. 칼로 세웠으면 밑으로 들어가 보고, 위로 솟구쳐보기도 하고, 옆으로 들어가 보기도 해보십시오.

해보십시오. 그러면 나중에 말씀의 검으로 만들어집니다. 밑으로 푹 들어가면 의식의 깊이가 만들어지고, 쭉 올라가면 의식의 높이가 만들어집니다. 왼쪽, 오른쪽, 동서남북 사방으로 내 의식이 팽창됩니다. 내 의식 속에는 시간과 공간이 들어가게 됩니다. 지금은 모르시겠지만 나중에 알게 됩니다. 그래서 창세기로 갔다가, 계시록으로 갔다가, 아브라함도 만나고, 사도 요한도 만납니다. 우리의 의식은 창조 전부터 창조의 완성세계까지 왔다 갔다 합니다.

돈을 버는 것도 기본이 있어야 합니다. 뭐든지 기초가 있어야 합니다. 1억을 모으려면 100만원부터 모아야 합니다. 그리고 불려서 1000만원, 2000만원으로 불리는 것입니다. 성격, 생활의 질서, 기본기에, 마음이나 생활에 규칙이 있어야 합니다. 이런 것이 없는 사람들이 가난하게 살고 슬피 울며 애곡하며 사는 것입니다. 가서 못사는 사람들 잘 보십시오. 또 잘 사는 사람들 왜 잘 사는지 보십시오. 기본기가 없으니 가난과 그 수준을 못 벗어나는 것입니다.

제가 여러분들 앞에서 예배시간에 오랫동안 말하는 것이 즐거워서 말하려는 게 아닙니다. 이렇게 말씀드리는 것은 여러분의 마음의 수준이 낮아서 입니다. 이런 것들이 생활에서 빛으로 나타납니다. 생활이 곤고해지는 것입니다. 말씀을 듣고 순종을 하면 하나님께서 여러분이 '나의 종, 고 목사의 말을 잘 듣는 박 집사야!' 하면서 축복하십니다. 제가 그것을 원하는 것입니다.

이 고 목사가 하나님 마음에 드는 사람이 되어야 합니다. 삼위 하나님께서 고 목사를 생각하면 마음이 기쁘셔서, 다니엘교회 성도들에게 복을 주게 하려는 것입니다. 집에 식구가 10명이 있는데 하나님이 한 명만 예뻐해도 덩달아서 복 받는 것입니다. 나와 너 때문에 복 받자! 하십시오.

하나님께서 우리를 예뻐하시면 우리 모두가 복을 받습니다. 성경에 구체적으로 나옵니다. 아브라함 때문에 그 자손이 세세무궁 복을 받았고, 다윗왕 때문에 그 나라가 복을 받았고, 요셉 때문에 7년 환란에서 모든 민족이 구원을 받았습니다.

그러므로 조연이 되려 하지 말고, 주연이 되십시오. 여러분 때문에 저도 복 좀 받았으면 좋겠습니다. 의식을 좀 가지십시오! 나 때문에 가정이 복을 받고, 교회가 복을 받고, 민족이 복을 받는 것입니다. 그것이 어렵습니까? 쉽습니다. 뭐만 있으면 됩니까? 말씀의 검과 예수님의 피 입니다.

말씀의 검과 예수님의 피를 쓰는 것이 예수님 자신입니다. 예수님은 사랑이요, 지혜입니다. 검을 쓰고, 피를 먹는 것은 예수님을 먹고 마시는 것인데 사랑, 지혜, 모략, 모사, 평강을 먹는 것입니다. 이것을 해서 예수님 가지고 계신 것을 공급 받는 것입니다.

요한복음 14장 21절에 '나의 계명을 가지고 지키는 자라야 나를 사랑하는 자니, 나를 사랑하는 자는 내 아버지께 사랑을 받을 것이요 나도 그를 사랑하여 그에게 나를 나타내리라.' 라고 나옵니다. 이렇게 계명을 지켜서 사랑하면 아버지께서 사랑하신다고 합니다.

그래서 결과가 어떻다고 나옵니까? 예수님께서 나를 사랑하사 나에게 예수님을 나타내시리라 입니다. 웅장하게 나타납니다. 위대하게 나타나십니다. 때론 다소곳하게 나타나시고, 무겁게, 가볍게 나타나시고, 지혜롭고 총명하게도 나타나십니다. 내가 그렇게 바뀌어 지는 것입니다.

저는 이 말씀이 흥분됩니다. 예수님을 사랑하면 아버지가 나를 사랑하신다, 그 결과로 내 심령 속에, 내 삶 속에 예수님을 나타내십니다. 이 말씀은 제게 놀라운 용기를 주고, 비전을 주고, 희망을 줍니다. 이 말씀은 뛰게 합니다. 뛴다 하니 디모데전서 1장에 '믿음의 달음박질하라.' 하는 말씀이 생각납니다. 이 말씀이 무슨 말인가 하면, 믿음의 주인인 예수 그리스도가 뛰게 하라는 것입니다.

예수님께서 걷고, 뛰라고 하셨습니다. 성경에 예수님이 달리기 하는 것이 나오나요? 안 나오잖아요. 그런데 내 속에 예수님이 뛰게 하시는 것입니다. 예수님을 뛰게 하는 것이 예수님을 사랑하는 것입니다. 예수님을 사랑하는 것이 계명을 지키는 것입니다.

저는 이 말씀을 생각만 해도 기쁘고, 감사하고, 위로가 되고, 능력이 됩니다. 그래 내가 사랑하리라, 주님이 나를 통해 나타나도록, 고 목사의 눈을 통해, 귀를 통해, 얼굴을 통해 발짓을 통해, 손짓을 통해 예수님이 나타나도록 계명을 지키는 것입니다. 계명은 하나님을 사랑하는 것입니다. 예수님을 사랑하는 것이 하나님을 사랑하는 것입니다.

그런데 마음을 다하여야 합니다. 이것이 기본입니다. 그 다음에 '성품을 다하여, 목숨을 다하여, 뜻을 다하여' 라고 나옵니다. 기본이 마음입니다. 부모가 자식이 잘 살도록 하기 위해 비법을 100가지나 말해 줍니까? 기본적으로 좋은 것 한 가지를 가르쳐주는 게 부모의 마음이잖아요. 어디나 가보면 하나님은 한 가지입니다. 연결 지어 이야기해서 종합하면 한 가지입니다. 마음을 다하여 입니다.

'내가 세상에 불을 던지러 왔다', '내가 너희에게 검을 주러 왔다', '생수가 흘러 나리라' 고 합니다. 예수님이 내 속에 불로 나타납니다. 불은 퍼트리는 게 속성이잖아요. 예수님께 불을 받으면 모두 리더가 됩니다. 누구나 왕, 리더, 대장이 되고자 합니다. 그러나 상황이 여의치 못해 숨죽이고 있는 것입니다. 불을 받아야 합니다.

됨이 무엇이냐 하면 사랑하는 것입니다. 검이 세워지면 검광(劍光)이 나옵니다. 아주 날카로워집니다. 그래서 여러분이 나와 만나서 이야기 하면 검이 나옵니다. 오해하지 마세요. 내가 빛이 아니라 예수님이 빛입니다. 내가 예수님을 검과 피로 먹은 것입니다. 그랬더니 내 의식이 예리해지는 것입니다. 다른 사람과 같이 이야기하면 푹 쑤시고 들어가서 분해하는 것입니다.

수술은 하나님의 말씀의 검으로 사람 속에 칼이 들어가 헤집고 다녀서 어두움을 제거하는 것입니다. 이런 것을 할 줄 알아야합니다. 예수님이 이렇게 나타나 주십니다. 내가 불이 있으니 만나는 사람마다 불 붙여 줄 수 있습니다.

기초를 잘 하는 것은 작은 일에 충성하는 것입니다. 여러분이 다니엘교회를 다니시면 언제나 저와 함께 하셔야 합니다. 그래서 제가 여러분에게 준비해서 드리는 것은 최선을 다해 가장 최고의 것, 예수님을 드리는 것입니다. 그런데 통째로 먹으라 하면 잘 못먹으므로 자르고 분해해서 액기스로 뽑아낸 것이 말씀의 검과 십자가에서 흘리신 예수님의 피 입니다.

제가 이것을 하라고 강조하는 이유는 기초이기 때문입니다. 이것은 의식세계로 말하면 강력한 의식 만들기입니다. 이런 것이 없기 때문에 미련하고 기준이 없는 것입니다. 그래서 세상을, 인간관계를 욕심으로 사는 것입니다. 욕심만 부린다고 됩니까? 욕심에 지혜가 들어가야지 좀 이루어집니다. 욕심만 부리고 거짓말만 하는 것입니다.

지금도 안 늦었습니다. 여러분의 내면세계에, 생활 속에 어두움을 칼로 도려내고 새로운 질서를 넣는 것입니다. 혼돈과 흑암의 깊음에 빛을 집어넣는 것입니다.

이 빛이 검으로 들어갑니다. 그래서 '하나님이 태초에 천지를 창조하시니라 가라사대 빛이 있으라 하시매 빛이 있었고' 라고 하면서 카오스(kaos, 혼돈)의 세계가 코스모스(kosmos, 질서)의 세계로, 혼돈과 무질서의 세계가 질서의 세계로 재창조되는 것입니다. 그래서 여러분을 창세기에 집어넣고 6일 동안 창조한 후에 제 7일에 안식하는 것입니다.

하나님의 말씀을 나름대로 해석하지 마십시오. 오직 제가 가르쳐준 대로 하십시오. 오류를 범하지 않도록 모르겠으면 저에게 질문하고, 정확히 깨달아서 따라와야 합니다. 혼자 똑똑한 체 하지 마십시오. 그만큼 자신이 어리석다는 것입니다. 이것이 무지요, 어리석음입니다.

17

악의 형상으로부터 벗어나라

「또 내가 해 아래에서 보건대 재판하는 곳 거기에도 악이 있고 정의를 행하는 곳 거기에도 악이 있도다 내가 내 마음속으로 이르기를 의인과 악인을 하나님이 심판하시리니 이는 모든 소망하는 일과 모든 행사에 때가 있음이라 하였으며 내가 내 마음속으로 이르기를 인생들의 일에 대하여 하나님이 그들을 시험하시리니 그들이 자기가 짐승과 다름이 없는 줄을 깨닫게 하려 하심이라 하였노라 인생이 당하는 일을 짐승도 당하나니 그들이 당하는 일이 일반이라 다 동일한 호흡이 있어서 짐승이 죽음 같이 사람도 죽으니 사람이 짐승보다 뛰어남이 없음은 모든 것이 헛됨이로다 다 흙으로 말미암았으므로 다 흙으로 돌아가나니 다 한 곳으로 가거니와 인생들의 혼은 위로 올라가고 짐승의 혼은 아래 곧 땅으로 내려가는 줄을 누가 알랴 그러므로 나는 사람이 자기 일에 즐거워하는 것보다 더 나은 것이 없음을 보았나니 이는 그것이 그의 몫이기 때문이라 아, 그의 뒤에 일어날 일이 무엇인지를 보게 하려고 그를 도로 데리고 올 자가 누구이랴」

(전도서 3:16~22)

지금은 여러분들의 마음이 감추어져 있어서 많은 부분을 다른 사람에게 꾸밀 수 있습니다. 그렇지만 영의 세계에서는 그것이 되지 않습니다. 표정이 웃으려고 하지만 웃어지지 않습니다. 얼굴에 악의 형상으로 드러나게 됩니다. 그래서 여러분들이 교회 생활을 통해서 내면에 감추어져 있는 악을 지금 보아야 합니다. 지금 못보고 영의 세계로 가면 황당할 수 있습니다.

여러분 속에 악이 들어있습니까, 안 들어 있습니까? 누구를 죽이고 싶은

독한 마음도 들어 있잖아요. 얼굴이 아무리 예뻐도 소용없습니다. 반대로 얼굴이 흉측하더라도 그 사람이 예수를 믿으면 속사람이 바뀌어 집니다. 사람은 겉모양을 보지만 하나님은 사람의 마음을 본다고 했습니다. 그런데 마음에 악이 가득합니다.

그래서 전도서에 '하나님께서 고난을 통해 사람이 짐승과 다름이 없음을 깨닫게 하려 함이라.' 라고 하였습니다. 이것을 지상에서 보는 게 낫습니까, 아니면 못보고 갔다가 황당한 꼴을 당하는 게 낫습니까? 보고 가는 게 좋잖아요. 성경이 미리 이것을 이야기 해주는 것입니다.

성경은 하나님 나라 이야기입니다. 하나님 나라와 하나님에 대해 이야기 하는 것입니다. 지상의 관점에서 하나님 나라와 하나님을 해석하려면 되지 않습니다.

그러나 하나님 나라에서 세상을 해석하고, 하나님 나라의 관점에서 성경을 해석하면 성경이 확연하게 열어집니다. 그리고 지상 세계가 눈에 들어옵니다. 높은 곳에서 밑을 보면 보이지만, 밑에서 전체를 보려면 보이지 않듯 말입니다.

여러분도 아시다시피 위로 올라가서 보면 아래가 훤히 보이잖아요. 그와 같습니다. 성경 속에 들어가서 지상을 보면 지상세계가 잘 보입니다. 세상 나라와 인간이 보여 집니다. 인간과 세상을 못 보는 것은 밑에 있기 때문입니다. 저 사람 나에게 못해주고, 잘해주는 것만 보이지 제대로 보이지 않는 것입니다.

성경에 산 이야기가 많이 나옵니다. '시온 산에 우뚝 선', 높은 곳에 섰다는 이야기입니다. 성경은 높은 곳의 이야기입니다. 성경 속에 들어가서 세상을 보면 세상이 보입니다. 사는 것이 이런 것이구나, 저렇게 살면 안 된다는 게 보입니다.

이런 것을 모르니 내가 어떻게 살아야 하나, 무엇을 해야 하나 걱정되고 고민이 됩니다. 미래에 대한 불확실성 때문에 불안하고, 무서워집니다. 그런데 위로 올라가서 보면 불안이 감소됩니다. 보이기 때문입니다. 그래서 성경의 주인이신 주님이 "나는 빛이라." 한 것입니다.

실제로 예수 그리스도 안에 들어가면 빛이 들어갔기 때문에 여러분의 사고력, 인식 기능 그리고 세계를 보는 마음눈을 굉장히 밝게 해줍니다. 그래서 사람이나, 사건을 잘 해석할 수 있게 됩니다. 사고력에 빛이 안 들어가고 어둠이 들어간 사람은 사람을 만나면 그 사람이 뭐라고 하는지, 이런 사건이 왜 일어나는지에 대해, 자신의 인생에 대해 해석이 안 됩니다.

인생이 해석이 안 되니 사는 게 갑갑한 것입니다. 갑갑하니까 어디 찾아가서 점이나 보려 하는 것입니다. 혹은 예언의 은사를 받으려 합니다. 예언은 성경 말씀이 예언입니다.

고린도 교회가 하나님의 말씀을 전하고 나눈 것입니다. 누가 몇 날 며칠에 무엇을 한다는 것이 예언이 아닙니다. 그런 것에 귀를 기울이면 여러분의 신앙이 엉망이 될 것입니다. 하나님께서 그런 것을 기뻐하셨다면 성경을 통해 말씀을 많이 하지 않으셨겠지요.

천국은 하나님의 나라입니다. 주님 자신이 해입니다. 마치 태양계처럼 말입니다. 그러나 그곳에는 해와 달이 없습니다. 신앙과 사랑의 수준이 아주 좋은 사람들은 주님이 항상 빛으로 보입니다. 마치 불이 이글이글 타오르는 것처럼 말입니다. 믿음이 상대적으로 좋지 못한 사람들은 멀리 떨어져서 주님이 약간 반짝 반짝 거리게 보입니다. 주님과 더 멀리 떨어진 사람들은 멀리서 태양이 마치 행성의 띠처럼 보입니다.

여러분의 생활은 어떻습니까? 주님과 가까이 있는 사람이 논리적으로 "그렇게 해주시는 것이 마땅하지 않겠습니까?" 하고 말을 만들어 기도하겠습니까? 그냥 "이것, 이것 해 주세요." 할 것입니다.

예수님께서 아버지께 기도할 때 "아버지여 감사합니다. 항상 내 기도 들어주셔서 감사합니다." 이렇게만 하고 끝나셨잖아요. 주기도문도 내용이 한 시간입니까? 1분도 되지 않습니다. 기도를 장시간 하는 사람일수록 주님과 먼 것입니다. 너무 머니까 소리를 오랫동안 지르는 것입니다.

요구사항이 있으면 그냥 "감사합니다. 저 이런데 이렇게 해주세요." 하고 이야기 하십시오. 기도하면서 변증하지 마십시오. "우리가 이러 이러 하니, 이러 저러 하기 때문에 응답해주셔야 하지 않을까요?"입니다. 간략하게 "이렇습니다."라고 이야기 하면 됩니다. 하나님은 다 아십니다. 그렇게 기도하지 마십시오. 오히려 그렇게 기도하기 보단 제가 여러분에게 가르쳐준대로 하시기 바랍니다. 그것이 훨씬 여러분들을 주님에게로 가까이 인도합니다.

지옥은 해를 정면으로 못 쳐다보는 것처럼, 마치 해로 인해 병이 들면 해를 완전히 등지듯이 주님으로부터 돌아선 것이 지옥입니다. 지옥은 어두움입니다. 돌아선 사람은 자기 사랑과 세상 사랑에 빠진 사람입니다. 여러분도 끊임없이 자기 사랑하잖아요. 그래서 하나님은 사람이 자기를 못 사랑하게 바이오리듬처럼 해두셨습니다.

세계의 경제가 지금 추락하고 있습니다. 그러나 불안해하지 마세요. 그동안 너무 올라갔었습니다. 거품으로 올려놨었습니다. 실제는 5살인데 50살 먹은 사람처럼 해 놓은 것입니다. 그러니 당연히 다시 돌아가야 하는 것입니다. 이것이 실물 경제입니다. 올라갔다가 떨어지는 것입니다. 하나님이 우리에게도 그렇게 하시는 것입니다.

천국은 상태입니다. 상태에 따라 주님과 가까운가, 먼 가 그 차이 입니다. 자기를 사랑하면 주님과의 관계가 멀어지는 것입니다. 자기를 사랑하는 사람은 자기 생각과 느낌과 뜻으로 뭉쳐진 사람입니다. 이런 것들이 거만, 미련, 어리석음으로 나오는 것입니다. 이런 것이 합쳐져서 거짓, 욕심으로 나오는 것입니다.

여러분이 왜 이렇게 사십니까? 욕심은 많은데 조건이 안 되기 때문입니다. 조건이 주어지면 욕심으로 금세 달음박질 할 것입니다. 제가 이렇게 설교하면 어쩌면 여러분 마음에 화가 나실 것입니다. 그러나 저는 가급적 여러분의 마음을 노출시키려고 합니다.

그래서 계시록에 안티크라이스트(Antichrist), 적그리스도를 짐승으로 표현하는 것입니다. 다니엘서에도 표범, 사자, 열 뿔 달린 짐승으로 표현하고 있잖아요. 사실 사람 속에는 짐승이 들어 있습니다. 여기서는 다 감추어져 있습니다. 사람 내면에 짐승이 들어 있는데 하나님이 말씀을 주셨습니다. 이 말씀은 하나님의 말씀입니다. 짐승의 말이 아닙니다.

하나님의 말씀을 50년 동안 가르쳐도 절대로 못 지킵니다. 짐승이기 때문입니다. 옛 사람, 아담의 후손들은 그 안에 짐승이 들어 있습니다. 영의 세계에서 보면 짐승의 형상으로 사람이 보입니다. 지금은 여러분의 내면이 감추어져 있지만 영의 세계에선 그것이 보입니다. 그리스도 예수의 빛으로 비추면 비출수록 정확하게 드러납니다.

죄는 어디에 있습니까? 마음에 있습니다. 마음은 영의 옷입니다. 목숨이 끊어지면 심령이 보이게 됩니다. 옷이 죄의 옷입니다. 몇 월 며칠에 무슨 짓을 했는지, 마음 판에 기록되어 있습니다. 회개하지 않고 죽으면 죄의 옷을 잔뜩 껴입은 것입니다. 빛 앞에 노출되면 감출수가 없습니다. 빛을 못 보는 것입니다. 그래서 동질성, 끼리끼리 모이게 되는 것입니다. 교회 안에서도 자기와 비슷한 사람과 사귀려하는 것을 볼 수 있습니다.

영의 세계도 마찬가지입니다. 마음에 악이 센 사람들은 영의 세계로 가면 하나님 나라가 싫습니다. 같은 수준, 동질이 아니기 때문에 돌아서서 지옥으로 가면 오히려 그것이 편안해지는 것입니다. 주님께서 사람을 지옥으로 몰아넣는 것이 아니라 스스로 제 자리를 찾아가는 것입니다. 많은 사람들이 이 사실을 모르고 육체의 소욕을 따라 살고 있는 것입니다.

거지 나사로와 부자의 비유를 통해 주님이 무엇을 말하려 하시는지 보세요. 지상에서 거지처럼 살아도 괜찮다, 그러나 부자처럼 살면 안 된다 입니다. 나사로가 주님의 복음을 위하여 집이나 전토나 부모, 자식을 다 버린 자입니다. 나사로가 바로 심령이 가난한 자입니다. '심령이 가난한 자는 천국이 저희 것임이요.' 입니다.

그리고 여러분이 오래 살려는 이유가 영이 장성해져서 기왕이면 1층, 2층이 아니라 3층에 가기 위해 사십시오. 3층천, 주님 보좌까지 말입니다.

창세기 1장에 빛이 있으라 했습니다. 그 빛입니다. 이 빛에 의해 만물이 생존하는 것입니다. 이 빛이 말씀이신 예수 그리스도로부터 비추고 있습니다. 그래서 사람 내면으로 들어갑니다. 자기 사랑과 세상 사랑을 덜해서, 안 미련하고, 안 어리석고, 거짓과 욕심이 적은 사람에게 들어갑니다. 그래서 이런 사람들, 순진한 사람에게 잘 공급됩니다. 공급이 안 되는 사람은 거짓과 욕심으로 영이 우겨 싸여 있기 때문입니다. 그리고 사고력이 미련하게 나오는 것입니다. 그런데도 본인은 잘 모르는 것입니다.

저는 여러분들을 죽이려는 게 아니라 살리려는 것입니다. 의문(儀文, 법전, 규약)은 죽이는 것이지만 영은 살리는 것이고, 새기는 것입니다. 의문은 겉 사람에게 이야기 하는 것입니다. 여러분의 겉 사람, 혼에는 미련, 거짓, 욕심들이 들어 있습니다.

육체의 소욕과 세상의 물을 많이 마셨기 때문입니다. 그래서 사고력이 미련하게 나오는 것입니다. 세상에서 잘 나가는 사람은 자기 육체와 세상의 것들을 분별할 줄 아는 사람입니다. 이런 이치를 모르니 "내가 저 사람을 만나서, 부모를 잘 못 만나서 못산다."고 하는 데 모두 헛소리인 것입니다.

영이란 말을 교회에서 잘 쓰지 않아서 낯설어 할 수 있지만 하나님은 영이십니다. 영이시기 때문에 당연히 우리의 영과 교통이 이루어져야 합니다. 그런데 우리의 혼과 육이 연합되어서 자기 사랑과 세상 사랑을 합니다.

율법을 가지고 혼속에 육체의 소욕이 잔뜩 들어 있다는 것을 가르쳐주어야 합니다. 율법의 역할은 죄를 지적하는 것입니다. 육체와 혼이 연합되어서 여러분이 짐승이라는 것을 가르쳐주어야 합니다.

이 율법의 역할을 잘 하면 교회와 성도가 사는 것입니다. 그런데 이것을 안 해주고, '긍정적으로 살아라.', '적극적으로 사고해라.' 고 가르칩니다. 그리고 교회에 심리학이 들어오고, 축복이 들어왔습니다. 짐승이 축복받기 위해 '하나님, 이것만 잘 해주시면 하나님을 위해 이렇게 하겠습니다.' 합니다. 나중에 무슨 짓을 합니까? 이 대표적인 인물이 사울왕입니다.

그러나 기록된 성경 말씀이 들어오게 되면 말씀의 주인이신 예수 그리스도 형상이 내안에 만들어지는 것입니다. 그래서 성경을 읽으면 꿀처럼 단 것입니다. 그리고 성경이 해석되어지는 것입니다.

새 언약의 일꾼은 의문을 가지고 혼에 긍정적, 적극적 사고를 하자라고 하는 것이 아닙니다. 구약의 말씀이 예수이고 성령입니다. 구약은 실제적 사건을 통해 신약에 오실 예수를 이야기 하는 것입니다. 그분이 어떤 분이시라는 것을 보여주는 것입니다. 아브라함, 이삭, 야곱을 등장시켜서 말입니다.

그래서 하나님께서 아브라함을 의문에 쓰여진 법을 주시는 것이 아니라 혼에 예수를 새기는 것입니다. 그리고 영에 하나님의 성령을 아브라함 속에 보내신 것입니다. 아브라함을 40년에 걸쳐 하나님이 말씀을 가지고 죽이십니다. 그리고 아브라함의 혼에 예수를 새깁니다. 아브라함이 그 때부터 여호와를 경외하는 것입니다.

여호와를 경외한다는 것은 신약으로 이야기하면 '임마누엘', 바울 신학으로 하면 '예수 그리스도 안에' 입니다. 아브라함과 예수님이 임마누엘 했다는 이야기입니다. 경외하다가 두려워하고, 존경했다가 아니라 성경이 말하는 경외는 임마누엘입니다. 아브라함이 예수님과 하나가 된 것입니다.

아브라함 속에 예수님이 들어오니 아브라함이 예수님을 기뻐하고 즐거워

했다고 나오는 것입니다. 아브라함은 심령 속에 들어온 예수를 즐거워 한 것입니다. '수건을 벗은 얼굴로 주의 영광을 보매' 입니다. 그의 형상으로 아브라함이 영광에서 영광으로 만들어지는 것입니다. 이것이 경외하는 것입니다. 하나님이 "아브라함아 네가 나를 경외하는 줄 알았다." 한 것입니다.

40년 동안 아브라함이 하나님을 경외하지 않았습니까? 이것이 그리스도의 장성한 분량입니다. 네가 나처럼 만들어졌다는 것입니다. 미술가가, 작곡가가 작품을 완성을 했다는 것입니다.

그래서 사도 바울이 '너희는 나를 본받는 자가 되라.' 한 것입니다. 예수님께서도 아브라함에게 나를 본받는 자가 되라 한 것입니다. 아브라함이 여호와의 말씀을 따라간 것 입니다. 이렇게 되는 것이 성경적인 제자교육입니다.

어리석음이란 자신의 어떤 생각이 들어갔기 때문에 어리석은 것입니다. 그것 가지고만 보려는 것입니다 자신이 가진 생각이 어리석기 때문에 삶이 어리석게 나오는 것입니다. 사람들이 자신의 내면은 못 보고 '돈 많이 벌었으면 좋겠다.', '킹카, 퀸카를 만났으면 좋겠다.' 하고 있습니다. 이렇듯 여러분이 흙인데 은, 금으로 나오게 하는 것입니다. 상태를 변화시키는 것입니다.

어리석은 사람은 그래도 빨리 될 수도 있습니다. 문제는 미련입니다. 1을 가르쳐줘도 0.1, 0.2 하는 것입니다. 그래 놓고 게으른 자는 선하게 대답하는 사람 7명보다 스스로 지혜롭다고 여깁니다. 미련한 사람이 그렇습니다. 미련한 자는 절구공이에 넣고 찧어도 미련이 벗겨지지 않는다고 잠언에 나오지 않습니까? 미련한 자를 다루는 최고의 방법은 미련한 자의 등에는 막대기입니다.

인생의 고난이 오는 것은 사탄에게 매 맞는 것입니다. 농담이 아닙니다. 저는 영적 실상을 이야기하는 것입니다. 그래서 인생의 고난이 그치질 않는 것입니다. 상태 때문에 그런 것입니다 예수님이 우리의 상태를 가르쳐

주시고 상태를 변화시키시기 위해 이 땅에 오신 것입니다. 모델은 '자기' 즉, '예수 그리스도' 입니다. 그래서 마태에게 자기를 따라오라 하신 것입니다.

따라오라는 말은 나를 본받으란 말입니다. 그래서 마태를 자기처럼 만드는 것입니다. 제자와 선생이 무엇입니까? 제자를 선생처럼 만드는 것입니다. 이것을 아브라함, 야곱에게 예수님이 오셔서 한 것입니다. 그래서 제자가 선생만큼 하면 족한 줄 안다 한 것입니다. 저는 여러분을 향한 목표가 분명합니다. 여러분이 헌금을 많이 해서 교회당을 짓는 것이 아닙니다.

저는 여러분을 향하여서 예수님처럼 만들고자 합니다. 이것 외에는 다른 것에 부담 느낄 필요 없습니다. 여러분들이 그리스도의 형상으로 만들어지는 것이 제 목표입니다. 여러분들도 저를 만나려면 어떻게 하면 그렇게 될 수 있나 하는 목표를 가져야 합니다. 이 길로 들어오게 되면 여러분의 진보가 이루어지는 것입니다.

여러분들이 성경을 분별 못하시나요? 제가 이야기 한 것이 제가 만들어낸 사고체계를 이야기 한 것입니까? 제가 여러분에게 잘난체한다는 말을 이해를 못하시는 것 같습니다. 여러분이 미련하고 어리석은데 그것 가지고 자랑하며 다니는 것이 잘난 체 하는 것입니다. 저는 오늘 아침에 하나님이 너무 좋고, 이 귀중한 말씀을 전할 수 있어 기쁘다고 느꼈습니다.

한편으론 저에게 높임을 받지 못하는 여러분이 안됐다고 느꼈습니다. 그러나 그런 것은 중요하지 않습니다. 비교할 수 없는 엄청난 영적 사랑을 받을 수 있게 될 것입니다. 이것이 서로 사랑하라 입니다.

혼 즉, 지, 정, 의를 말합니다. 성령님께서 사울의 혼에 기름을 붓습니다. 기름을 육신적으로 머리에 부어서 흐르게 하는 것입니다. 그래서 사울에게 권능이 나타나는 것입니다.

오늘날도 "예수 믿습니다." 하면, 성령으로 시인하는 사람도 있고, 자기 이해력으로 고백하는 사람도 있습니다. 어쨌든 교회 생활 열심히 하고 주님을 따라가다 보면 성령께서 우리 혼 가운데 기름을 부어주십니다. 기도

하면 감정이 기쁩니다. 지식적으로도 새로워지고 주님에 대한 불같은 열정도 생깁니다.

그런데 기도 안 하면 사라져 버립니다. 성령이 겉 사람에게 부어주었기 때문입니다. 사울도 초기에는 기쁨을 가지고 말씀에 순종했습니다. 나중엔 순종이 아니라 불순종했습니다. 그러니 사울에게 악령이 들어간 것입니다. 성령으로 말미암아 옷을 입혀 주셨다면 내면에 예수 그리스도의 은혜가 공급되어져야 합니다. 그러면 뿌리에 씨가 심어집니다.

다윗도 똑같이 기름을 부었습니다. 그러나 다윗은 광야로 끌려갔습니다. 수풀에 숨고, 웅덩이에 숨고, 블레셋에 가서 미친 체 하고, 광야에서 밥 굶고, 옷이 해어지곤 했습니다. 광야에서 다윗의 혼을 십자가에 죽이신 것입니다.

그러나 사울왕은 그렇게 하지 않았습니다. 다윗의 혼을 철저하게 죽이는 것입니다. 다윗이 사울에게 "사울 왕이여, 개 같은 나를 왜 쫓아다닙니까?" 하고 말하기도 한 것입니다. 다윗은 스스로 자기를 개라고 한 것입니다. 인간적인 상황으로 보면 전혀 탈출구가 없고, 죽음 밖에 없는 시기를 겪는 것입니다.

요셉은 감옥에 갇혀 있을 때 하나님이 그냥 내 버려두셨습니다. 이것이 예수님이 십자가에 죽으실 때 하나님이 고개를 돌리시는 것입니다. 이 십자가를 통과시키는 것입니다. 우리는 예수님 덕분에 거의 공짜로 예수님을 믿는 것입니다. 그것이 무엇입니까? 말씀의 검, 십자가의 피잖아요.

하나님은 다윗이 개처럼 살았지만 "이새의 아들 다윗을 만나니 기쁘도다. 내 뜻을 다 이루겠다."고 하셨습니다. 다윗은 좋은 때가 있으리라 생각했을까요? 자신이 이스라엘의 왕이 되리라는 생각을 했을까요? 하나님께서 다윗으로 하여금 동굴에서, 숲에서 노래 부르게 하셨습니다. 동굴에서 나의 반석, 나의 피난처라는 노래를 배웠습니다.

이 노래는 하늘나라의 노래입니다. 다윗을 하늘 생명으로 채우시는 것입니다. 채워지니깐 영에서 나무가 자라서 지성으로, 감성으로 나오는 것입니다. 시와 노래가 나오는 것입니다.

여러분이 회피만 안 하면 주님이 이렇게 만드시기를 기뻐하십니다. 그런데 여러분은 안하려고 생떼를 쓰고, 놀러 다니려고 합니다. 여러분 저는 자청했습니다. 주님께서 제 혼을 깨뜨리시고, 제 영에 예수 그리스도의 씨를 심기를 말입니다. 지성, 감성, 뜻이 새로워지는 것입니다. 이 마음이 예수 그리스도로 만들어지는 것입니다.

많은 은사자들이 지금 다윗의 광야를 통과하지 않고, 은사를 가지고 사울왕처럼 권세를 부리려 하고 있습니다. 교인들 모아놓고 자기 야심을 성취하는 것입니다. 사도 바울이 그래서 내가 남에게 전파한 후 버려질까 하노라 한 것입니다. 그러나 말씀의 검과 십자가의 피 때문에 내가 멋대로 하려고 하더라도 가다가 하질 못하게 됩니다. 작정하고 그러면 사울처럼 일곱 귀신이 들어가는 것입니다. 그런데 이 말씀을 알고 나서 그렇게 할 사람이 있겠어요? 못하는 것입니다.

우리가 하나님께 '축복해주세요.', '사용해주세요.' 라고 기도하기보다 하나님의 마음과 여러분의 마음이 합쳐져야 합니다. 하나님이 생각하는 게 내가 생각하는 것이고, 하나님의 감정이 내 감정, 하나님의 뜻이 내 뜻이 되어야 합니다. 하나님의 지성으로 날마다, 날마다 새로워집니다. 사고력이 빛 가운데 노출되는 것입니다.

예수님은 사랑이고, 생명입니다. 그래서 내 사고력이 사랑으로, 생명으로 계속 자라나는 것입니다. 하나님은 본체가 사랑입니다. 이것이 빛, 열로 나타나는 것입니다. 본래 태양은 불입니다. 그래서 예수 그리스도의 열을 받으면 사랑이 솟구치고, 그리스도의 지혜, 지식, 명철, 총명을 받는 것입니다.

그래서 구약 성경에는 지혜가 제일이라, 신약에는 사랑이 제일이라 한 것입니다. 이 두 가지를 갖추면 세상에서 사는 게 쉬워지고 재미있어집니다.

여러분들은 구태여 힘쓰고 애쓸 필요 없게 되는 것입니다.

하나님의 뜻을 가슴에 새겨놨는데 하나님이 내버려두지 않습니다. 인생이 하나님의 뜻을 이루는 삶을 사는 것입니다. 모든 해답이 다 나옵니다. 어디 가고, 어떻게 살 것인가 대해 나옵니다.

빌립보서 1장에 '너희 속에 착한 일을 시작하시는 이가 그리스도 예수의 날까지 이루시리라.' 라고 나옵니다. 이것이 성도의 견인(牽引, 끌어당김)입니다.

그래서 내가 무엇을 할 필요 없습니다. 다윗의 아들 압살롬이 반역을 일으켰습니다. 다윗이 압살롬이 실로에 가서 제사 지낸다고 할 때 반역할 줄 몰랐을까요? 알았음에도 조치를 취하지 않았습니다. 그리고 자기가 떠날 준비를 하였습니다.

하나님께서 "다윗아! 너는 왕이 아니다."라고 하시면 왕이 아닙니다. 사울은 기름부음이 끝났다고 했을 때 여전히 자기가 왕 노릇을 했습니다. 다윗은 압살롬이 들어오도록 내버려 두는 것입니다. 그 수준까지 자라나는 것입니다. 이런 것을 모르고 교회 생활하는 게 맞는 것입니까 아니면 그 수준까지 자라야 합니까? 그냥 덮어놓고 믿는다고 해야 합니까? 잘 생각해 보시기를 바랍니다.

18

천국

「너희는 마음에 근심하지 말라 하나님을 믿으니 또 나를 믿으라 내 아버지 집에 거할 곳이 많도다 그렇지 않으면 너희에게 일렀으리라 내가 너희를 위하여 거처를 예비하러 가노니 가서 너희를 위하여 거처를 예비하면 내가 다시 와서 너희를 내게로 영접하여 나 있는 곳에 너희도 있게 하리라 내가 어디로 가는지 그 길을 너희가 아느니라 도마가 이르되 주여 주께서 어디로 가시는지 우리가 알지 못하거늘 그 길을 어찌 알겠사옵나이까 예수께서 이르시되 내가 곧 길이요 진리요 생명이니 나로 말미암지 않고는 아버지께로 올 자가 없느니라」

(요한복음 14:1~6)

여러분들이 교회를 섬깁니다. 섬김, 겸손, 충성, 사랑 등 지상에서 여러분이 한 일에 대한 모든 보상을 천국에서 다 받아야 할 것입니다. 지상에서 하나님이 일부 대가를 지불하시지만, 천국에서도 모두 갚아주십니다. 무엇으로 갚아 주시냐하면 자리로 갚아주십니다.

여러분이 말씀을 알면 여기에는 오직 순종만 있습니다. 필요한 것은 순종만 있습니다. 말씀을 제대로 모르면 순종해야 되나 말아야 되나 헷갈려합니다. 많은 사람들이 물질, 건축헌금, 구제헌금, 목사님 대접하는 것, 교회의 다른 성도들에 대한 섬김, 시간으로서의 섬김, 몸으로 섬김 등을 합니다. 그런데 이런 덕목들이 그리스도 안에서 해야 합니다. 그렇지 않으면 아무 소용이 없습니다. 그렇지 않은 것은 인본주의, 휴머니즘입니다. 이것은 천국과 아무 상관이 없는 것입니다.

천국에 대한 이야기를 해보겠습니다. 일제 강점기 우리나라 설교의 주 내용이 천국이었습니다. 현실이 어려우니까 유토피아(utopia), 피안의 세계를 꿈꾸게 했습니다. 그것이 상당히 맞긴 하지만 저는 그런 이야기를 하는 것이 아닙니다. 천국은 오늘과 내일입니다. 오늘 이루어지면서 내일의 자리에 가는 것입니다. 오늘 이루어지지 않으면서 내일 자리를 차지하려는 것은 허공을 치는 것과 같습니다. 이 모든 것이 그리스도 안에서 참이 됩니다. 그래서 주님이 내 살은 참된 양식이요, 음료라 한 것입니다. 참된 말씀과 참된 음료를 마셔야 합니다.

예를 들어, 목사님이 설교하면서 "여러분이 교회 중심적인 생활을 해야 합니다."하고 포인트(point, 초점)를 맞추고 모든 설교를 그렇게 하면 지상 교회에 초점이 맞추어집니다. 교회 건축을 하고, 교회 내부에서 친교를 하고, 성도들이 단합대회 합니다. 조직적인, 건물적인 부분에 설교를 합니다. 교회 중심으로 살아야 하고, 4대 째 예수 믿는 집안이 복을 받는다고 하면 성도들이 그렇게 하려고 합니다. 그것이 복음입니까? 주님께서도 지상에 오셨을 때, 성직자들이 안식일이란 제도를 이용하여 백성들 사이에서 군림하고 있었습니다. 안식일을 어기면 출교를 시켜 생활을 못하게 했습니다. 누구를 위한 것입니까? 기득권을 위한, 종교 지도자들을 위한 것입니다. 주님께서 오셔서 그것을 깨뜨리셨습니다. 그러니 당시 종교 지도자들이 가만히 있지 않고 벌떼처럼 일어나서 예수님을 죽이려 들었습니다.

저는 다른 교회에 구원이 없다는 이야기를 하는 것이 아닙니다. 하나님의 교회는 하나님이 알아서 구원하십니다. 다만 여러분에게 말하려고 하는 것은 본질을 이야기 하는 것입니다. 그렇지 않으면 기도생활을 잘 해야 하고, 새벽기도도 나와야 합니다. 처음엔 재미있지만 나중에 시들해집니다. 또 안하면 목사님이 야단을 칩니다.

교인들에게 한 가지만 잘 해주면 됩니다. 성경만 잘 가르쳐주면 됩니다. 문제는 성경을 잘못 가르쳐주는 것입니다. 지식으로 가르칩니다. 성경은 하나님의 말씀입니다. 하나님의 말은 하나님의 마음에서 나오는 것입니다. 하나님의 마음을 가지고 성경을 읽으면 성경이 재미있습니다.

성경은 하나님의 마음씨를 가지고 있기 때문에 하나님의 마음씨를 가지고 보면, 성경이 깨달아지면서 세상의 이치와 우주의 비밀이 밝히 알아집니다. 하나님의 말씀으로 세상이 만들어졌기 때문입니다. 사람이 보이고, 알아지고, 돈 잘 버는 법도 알아집니다.

성경 속에 주의 마음씨가 성경을 통해 가르쳐줍니다. 하나님 말씀은 하나님 마음에서 나온 것입니다. 그러니 하나님의 마음을 가져야 합니다. 말씀의 검을 가지라는 말은 하나님의 마음을 가지라는 말입니다. '하나님은 사랑이시라', '우리가 서로 사랑하자' 는 말은 하나님의 마음을 가지고 사랑하자는 것입니다. 이것이 사랑입니다.

결론적으로 여러분께 드리는 말은 그렇게 지상에서 헌신해도 천국 가서 보상을 못 받습니다. 전부 자리로 주는 것입니다. 이것은 상태에 따라 주어집니다. 어떤 분들은 지상에서 교회 10개는 지어 놓고 천국 가야겠다고 합니다. 그런데 그분의 성질이 사나우면 천국에 간신히 가게 될지 모르는 것입니다. 상태로 가는 것입니다. 교회를 10년, 20년 다니면서 봉사하고, 십일조를 내면 하나님이 보상을 주실지 모르지만 상태는 변하지 않는 것입니다. 정말 중요한 것은 상태, 수준입니다. 수준대로 자리를 배정하십니다.

계시록 4장에 하나님께서 중심에 계시고 24장로가 그 다음에 있고, 그 다음 천사 그리고 만물이 있다고 합니다. 이렇게 3층천으로 되어 있습니다. 만물은 영의 세계의 자연계입니다. 그곳에도 똑같이 문화, 지성, 예술이 있습니다. 지상에서의 삶의 좋은 것들은 천국에서의 그림자입니다. 천국은 엄청난 지혜와 사랑이 충만해지면서 삼위 하나님을 닮아가도록 끊임없이 자라납니다. 여러분이 여기서 육신의 옷을 벗고 일련의 과정을 거쳐 여러분의 자리로 가면 현재 여러분의 지성과 비교할 수 없을 정도의 사람이 됩니다. 그 나라의 수준에 맞는 지성으로 바뀌어 집니다.

지상에서 무엇을 하며 살아야 합니까? 수준을 높이는 것입니다. 여기서 하나님이 인간에게 자유의지를 주셨습니다. 그리고 최고의 축복인 말씀을 보내주셨습니다. 그런데 여러분의 자유의지를 어디에 쓰고 계십니까? 돈이나 많이 있었으면 좋겠다! 합니다. 그리고 세상 기준으로 살아갑니다. 세상 기준은 돈이 많고, 권세도 있는 것에 맞추어져 있습니다. 그러나 이런 것들은 천국에서 하등의 소용이 없습니다.

문제는 교회를 다녀도 이 세상 기준이 안 바뀌어 집니다. 목사님 대접하는 데에만 치중하고 있습니다. 이 모든 것들이 여러분의 의지를 사용해서 여러분들이 하는 것입니다. 그런데 그리스도 안에 들어가는 것이 만들어지면 다시 말해, 그리스도의 마음이 내 마음에 들어오면 여러분이 하는 것은 순종만 하면 됩니다. 그리스도의 마음에서 모든 것들이 열매로 나옵니다. 여러분의 의지는 말씀에 순종만 하면 됩니다. 제가 여러분에게 가르쳐드리는 것은 하나님의 마음으로 들어가는 것입니다.

말씀을 배우고 따라감에 있어 나이를 불문합니다. 오히려 나이가 많은 것이 해가 됩니다. 나이를 먹으면서 참(truth)이 아닌 것만 마음에 쌓은 것입니다. 차라리 나이 적은 사람이 더 좋습니다. 나이가 많은 사람의 마음은 빤질빤질합니다. 그래서 말을 안 듣습니다. 좋은 방법은 고생이 특효약입니다. 그러면 빤질한 것이 균열이 생깁니다.

하나님은 이런 방법을 쓰십니다. 높이고 낮추는 것이 하나님이 하십니다. 빤질해서 말 안 듣는 사람에게 이것이 특효약입니다. 금이 가면 힘이 빠집니다. 빤질빤질한 것이 다 에너지입니다. 고생을 심하게 하면 에너지가 없습니다. 미리 말해주는 것이지만 고생 할 사람은 해야 합니다.

그 과정을 통과해야지 인생이 이것이 아니구나 하고 깨닫는 것입니다. 정말 영리한 사람은 빨리 깨닫습니다. 보통은 말해줘도 1~2년 걸리고, 최악은 10년이 지난 후에도 깨닫지 못합니다.

제 속에 하나님의 마음이 들어가 있기 때문에 성경 읽으면 깨달아지고, 누구와 이야기하면 성경이 탁하고 나옵니다. 성경으로 해석하게 됩니다. 그리고 제 속에서 사랑하는 마음이 나옵니다. 이 마음이 제 마음이겠어요? 남을 사랑하는 마음은 하나님께서 주셨기 때문에 하는 것이지 못하는 것입니다. 아니면 인정으로 조금 하는 것입니다. 여러분의 마음을 하나님의 마음으로 바꾸는 것입니다. 그 재료가 성경입니다. 은사체험이나 성령체험으로 처음엔 할 수 있지만 몇 년 지나면 소멸됩니다.

그것이 왜 소멸되냐면 내 속에 가시, 돌들이 완전히 제거되지 않는 상태에서 은혜가 임했기 때문입니다. 시간이 지나서 그것들이 주신 은총을 없애버리는 것입니다. 그것이 첫사랑을 잃게 된 것입니다.

이 말씀대로 하는 것은 말씀과 성령으로 하는 것이기 때문에 뒤로 물러날 수 없습니다. 앞으로만 갑니다. 뒤로 물러나면 자기가 죽습니다. 귀신이 찾아오고, 온 몸이 아프고, 정신질환이 옵니다. 광야로 이야기 하면 광야에 나온 이스라엘 백성이 원망하고, 불평하는 사람들은 땅으로 꺼져 죽지만 여호수아는 앞으로만 가는 것과 같습니다.

우리가 통상적으로 이 말씀 듣기 전에 성경 말씀대로 된다는 게 쉽다고 생각했나요? 어렵고 우리는 그저 조금의 은혜를 체험하는 것이라고 생각했습니다. 그런 시각에서 하나님의 마음을 소유한다는 것은 상상도 못했던 것입니다. 하나님의 마음을 소유할 수 있다는 것 자체도 말 하지 않잖아요. 제가 여러분에게 단언해서 이야기 하는 것은 하나님의 마음을 소유한다는 것은 어려운 일이 아닙니다. 하나님의 계명은 어렵지 않다고 했습니다. 왜 어려운가 하면 하나님은 선이기 때문입니다. 선이 어디에 잘 붙겠습니까? 선한 사람에게 잘 붙습니다. 왜 어렵냐하면, 본인이 악하기 때문입니다. A는 정직하고, B는 거짓말장이입니다. 둘이 같이 직장을 다니면 같이 오래 못 다니는 것입니다. A는 정직한 사람을 찾아가는 것입니다. 지옥은 거짓말쟁이들이 가는 곳입니다. 천국은 위에 있고 지옥은 아래 있습니다. 그 형상이 어떤가 하면 천국을 발로 차면서 지옥으로 가는 것입니다. 이것이 수준과 상태로 알아집니다.

리브가가 복중에 쌍둥이를 가졌을 때 하나님이 큰 자가 작은 자를 섬기리라를 보여주셨습니다. 그런데 현상적으로 작은 자가 큰 자를 섬기고 있었습니다. 리브가가 야곱에게 말씀을 가르쳐줍니다. 아버지에게 복 받는 것까지 가르쳐줍니다. 룻이 나오미를 죽는 데까지 좇아갑니다. 나오미는 그때 교회입니다. 교회는 그리스도의 말씀이 있는 곳입니다. 여러분이 교회를 다니려면 계시의 말씀이 있는 곳을 가야 합니다. 계시의 말씀은 그리스도의 말씀입니다. 그리스도의 말씀은 그리스도의 마음을 가진 교회가 가지고 있습니다. 리브가는 그리스도의 마음을 가진 교회입니다. 그것을 통해서 하나님의 아들들에게 하나님의 마음을 가르친 것이겠죠.

그래서 제가 여러분에게 "너희가 내 안에 내 말이 너희 안에" 들어가는 것을 가르쳐드렸잖아요. 여러분 안에 하나님의 말이 들어가야 합니다. 그 말이 시편 23편을 외우는 것이 아니라 말씀의 검이 들어가야 합니다. 말씀은 항상 형상화 됩니다. 하나님의 천지 창조는 본래 속에 있었습니다. 흑암이 깊음 위에 있었는데 하나님이 말씀을 하시잖아요.

말은 항상 형상화 시키는 것입니다. 예수 그리스도는 말씀입니다. 그래서 당연히 예수 그리스도는 이 땅에 오셔야 하는 것입니다. 아담은 실패하게끔 하나님 예정(豫定)에 들어가 있었던 것입니다. 예수 그리스도가 말씀인데 이분이 하나님 마음속에 계셨다가 그 분이 말씀이시기 때문에 당연히 오셔야 하는 것입니다. 이 하나만으로도 위대한 사상을 만들 수 있습니다.

'내 말이 너희 안에' 입니다. 여러분들이 말씀을 듣고, 읽습니다. 당연히 말씀을 듣고 읽었으니 무엇이 되어야 합니까? 형상이 되어야 합니다. 천지를 만드신 하나님의 말씀이 만약 형상으로 안 되어진다면 하나님이 한 이야기가 가짜가 될 것입니다. 하나님이 하시는 말씀이 진짜인데 되지 않는 것이 내가 가짜이기 때문입니다. 교회를 오랫동안 다녀도 되지는 않고, 아는 것만 많아집니다. 성경 상식을 많이 아는 것입니다. 하나님 마음에 말씀이 있었습니다. 하나님이 말을 안 하셨다면 세상이 흑암이 깊고 무질서 했을 것입니다. 하나님이 말씀을 하셨습니다. 말을 하면 형상이 되는 것입니다.

인간도 본래 이런 능력이 있습니다. 이것을 회복하는 것입니다. 이것이 밖에서 교회를 봤을 때 권능, 권세가 넘치는 것입니다. 이것을 신약 교회에서 최초로 행한 사람이 있는데 "내게 은과 금은 없지만 내게 있는 것으로 네게 말하노니 일어나 걸어라." 말한 베드로입니다.

말이 형상화 된 것입니다. 이것이 물이 변하여 포도주로 바뀌는 것입니다. 그래서 여러분 말조심해야 합니다. 자식이 말 안 들어도 바라보면서 항상 너는 훌륭한 사람이 되라고 말해주십시오. 내 자식에 대한 그림을 그리십시오.

여러분이 우리 교회에 와서 계속 예수 그리스도의 말씀을 듣고, 순종을 하시면 말씀이 형상화되어집니다. 이것이 복음입니다. 말씀을 듣고, 먹고, 마셨다 함은 내가 예수처럼 되는 것입니다.

여러분이 저와 가까워지고 여러분이 제가 가르쳐 드린 주님의 말씀에 순종을 잘 해야 합니다. '내 말이 너희 안에 거하면' 에서 '거하면' 이란 말씀이 자리를 잡는 것입니다. 자리를 잡아서 형상이 되는 것입니다.

'만물을 자기에게 복종케 하실 수 있는 자의 역사로 우리의 낮은 몸을 자기 영광의 몸과 같이 변케 하시리라.' 입니다. 낮은 몸에 그리스도의 형상이 들어가서 영광의 몸과 같이 하려 하심입니다. 그래서 여러분이 그리스도의 말씀을 들어야 합니다.

여기서부터 포인트가 어긋난 것입니다. 믿음은 그리스도의 말씀을 들어야 하는데 철학, 심리학, 목사님 자신이 하나님의 마음으로 변화되지 않고 자기 마음으로 설교하는 것입니다. 말씀이 거하면 자리 잡은 것입니다. 장막을 친 것입니다. 그러므로 무엇이든지 원하는 대로 구하라 라는 것이 내 안에서 성취가 되는 것입니다. 우리가 그리스도의 형상으로 바뀌니까, 백억 주옵소서합니까? 아버지의 뜻을 구하는 것입니다. 대통령은 대통령으로 사는 것입니다.

우리 속에 예수 그리스도의 형상이 들어오면 우리가 예수로 사는 것입니다. 예수로 보고, 듣고, 말하고, 행하게 되는 것입니다. 그래서 예수님은 사랑이신 것입니다. 사랑이시니까 가까이 가는 것입니다. 하나님께서 자기의 사랑을 부은 바 되사 입니다. 여러분과 저 사이도 가까워지기 바랍니다.

19
지혜와 키가 자라고

「예수는 지혜와 키가 자라가며 하나님과 사람에게 더욱 사랑스러워 가시더라」
(누가복음 2:52)

"누가 나를 따라 그곳에 가겠느냐?" 그런 사람이 없어서 제 마음이 아픕니다. 그곳까지 가는 것이 무엇입니까? 만물을 충만케 하시는 자의 충만입니다. 출애굽으로 이야기 하면 가나안 완전정복, 사도행전으로 이야기 하면 성령 충만, 복음서로 이야기 하면 그리스도 예수님의 30살입니다. 그곳입니다.

이럴 사람이 없어서 제 마음이 슬픕니다. 더욱이 시간적으로도 나이가 많은 사람들은 모자랍니다. 시간적으로도 모자라고, 상태로나 수준으로도 모자랍니다. 아브라함이 40년이 걸렸다는 이야기가 공연한 이야기가 아닙니다. 40년 광야에서 허우적거리는 것이 필요 없다는 것이 아니고 시간이 걸린다는 이야기 입니다.

그런데 시작이 있고 골인지점이 있습니다. 사실 아브라함이나 야곱, 이삭, 모세 때는 기록된 성경이 없었습니다. 다윗 시대에도 없었습니다. 초대교회에도 성경이 완벽하게 구비되지 않았습니다.

지금은 완벽하게 성경이 구비되어 있습니다. 시작을 잘해서 과정을 통과하면 목표지점에 아브라함이나 모세처럼 시간을 보낼 필요가 없습니다. 이 사람들보다 우리가 훨씬 유리한 입장에 있습니다. 아브라함, 이삭, 모세 구약에 나타난 인물들보다 훨씬 유리합니다. 왜냐하면 많은 사람들을 등장시키고, 시 · 공간, 상황을 전개하면서 우리로 하여금 그곳까지 갈 수 있는 참고사항을 기록해 두셨습니다.

바울도, 사도 요한보다도 우리가 더 유리합니다. 다 기록되어 있잖아요. 성경에 나오는 인물들은 우리와 차원이 높은 인물로 놔두고 우리는 가지도 않고 엉뚱한 짓을 하고 있습니다. 목표지점이 어딘지 모르고 헤매고 있습니다. 그래서 교회를 크게 짓고, 성도가 많으면 성공했다고 합니다.

예수님의 30세 수준, 경지, 상태를 이야기하는 것입니다. 이것이 교회입니다. 예수 그리스도는 교회의 머리이시고, 만물을 충만케 하시는 충만 입니다. 이분의 수준, 경지 상태가 교회입니다. 교회는 예수 그리스도입니다. 교회는 하나님의 기업입니다. 교회는 예수 그리스도의 기업인데 이분이 회장님인 것입니다.

교회는 기업의 영광이 풍성해야겠죠? 하나님의 영광이 풍성한 것이 하나님의 교회입니다. 하나님께서 일구시는 산업장입니다. 교회는 하나님의 기업이고 당연히 영광이 풍성해야 합니다. 교회당을 크게 지어서 교인들이 많이 집합하는 것이 영광이라고 사람들이 알고 있죠?

예수 그리스도를 보면 교회가 무엇인지 알 수 있습니다. 예수 그리스도의 수준인 것입니다. 하나님의 기업이면서도 동시에 교회가 나 자신입니다. 우리 자신의 교회를 기업으로 하나님이 내게 주신 것입니다. 나 자신이 교회이면서 하나님의 기업이면서 나의 기업입니다.

여러분이 이 땅에 돈을 벌기 위해 오고, 세상에 이름을 남기고, 적당히 잘 먹고 살겠다는 것은 썩는 양식을 위해서 일하는 것입니다. 하나님이 우리에게 준 기업은 교회이고 '나' 입니다. '나' 를 하나님의 영광이 풍성한 교회로 양육하는 것이 착하고 "충성된 종아! 열 달란트를 받아라!" 입니다.

한 달란트 받은 사람은 기업을 일구지 못한 사람입니다. "이 악하고 게으른 종아 바깥 어두운 곳에 가서 덜덜 떨어라!" 입니다. '나' 는 하나님의 기업이면서 나의 기업입니다. 기업가는 당연히 풍성히 해야 합니다.

예를 들어, 우리나라 삼성 그룹의 사원, 가족 그리고 그에 달린 중소업체들을 생각하면 대한민국 국민이 삼성의 영향을 받는다고 볼 수 있습니다. 하나님의 교회가 영광이 넘쳐나는, 출애굽 성막사건으로 가보면 쉐키나(shekinah, 하나님의 영광)입니다. 성막을 짓는 게 기업을 세우는 것입니다. 이것을 사도 바울이 믿음에 굳게 서서입니다. 기업으로 이야기하면 기업을 잘 세우라는 것입니다.

하나님의 기업이 바로 '나' 입니다. 이것을 로마서에서 '의인은 믿음으로 말미암아 산다.' 입니다. 죄와 사망의 법에서 해방 받았다 입니다. '누가 나를 대적하고 송사하랴' 이것이 믿음으로 사는 자의 자유의 상태입니다. 이런 상태는 가지 않고 성경구절을 많이 외우고, 은사만 구하려고합니다. 본질은 안 하고 그것만 하면 무슨 소용이 있냐는 말입니다.

하나님의 기업이 자신이고 달란트입니다. 내게 주신 달란트는 내가 개발하면 됩니다. 수의 개념이 중요한 게 아니라 자신을 개발해서 진보했느냐가 중요합니다. 출애굽으로 이야기하면 광야를 얼마나 달음박질해서 요단강을 건너 뛰어 가나안 땅을 정복했는가 입니다. 그것이 기업으로 이야기하면 사업의 확장입니다.

이 수준과 경지 상태 그대로 천사는 고정되어 있습니다. 이미 그들은 완성되어 있습니다. 인간은 70~80년 동안 이것을 해오라고 하는 것입니다. 여기서의 기회밖에 없습니다. 영광의 풍성은 고사하고 천국에 들어가는 것만으로도 축복입니다. 이것을 불 가운데서 구원을 받았다고 하는 것입니다. 금과 은으로 단장한 사람은 불로 공력을 시험할 때 안타는 것입니다. 수준, 경지, 상태를 말하는 것입니다.

여러분들이 수준을 높이지 않으시면 이 교회에서 저만 하는 것입니다. 그리고 여러분들은 안하는 게 아니라 못하는 것입니다.

여호수아가 "나는 오직 여호와 편에만 서겠다. 너희는 여호와만 섬기겠느냐?" 할 때 백성들이 여호와만 섬기겠다고 하자 여호수아가 너희는 못한다고 이야기 합니다. 백성들의 수준 상태를 보았기 때문입니다.

잘하라고 격려하기 위해 말한 게 아니라 사실을 말한 것입니다. 그렇지만 지금 상태로는 잘 못하지만 앞으로 잘 하시길 바라는 뜻으로 이야기 하는 것인 줄 아시죠? 신앙생활에 대한 완벽한 틀 바꾸기입니다.

믿음은 바라는 것들의 실상입니다. 실상이신 예수 그리스도가 내 안에 들어와서 성령으로 말미암아 사는 것이 나의 의는 믿음으로 말미암아 사는 것입니다. 실상이신 예수가 내 안에 들어와서 성령으로 사는 것입니다. 성령은 예수 그리스도, 하나님의 영입니다.

그런데 믿음은 바라는 것들의 실상이요 하면서 실상을 아파트 40평으로 하면 어디로 가는 것입니까? 물질세계로 가는 것입니다. 실상이신 예수 그리스도를 바라보는 것입니다. 좋은 말은 듣는 이로 하여금 지혜, 평화, 자유를 얻게 하는 것입니다. 말만 한다고 되는 게 아닙니다.

실상, 형상이 같이 가주어야 합니다. 말은 형상과 같이 움직입니다. 좋은 말은 형상을 만들어 줍니다. 좋은 시는 읽고 듣는 이로 하여금 마음에 그림을 만들어 주지 않습니까? 좋은 시, 좋은 말은 사람들 마음에 그림을 만들어 주는 것입니다.

모세는 돌 판에 새겨 주었으나 우리는 마음에 새겨 주었다 입니다. 하나님의 말씀이 우리에게 전하려고 하는 것이 그 계명과 함께 계명 속에 계신 예수 그리스도를 우리 심비에 새기는 것입니다. 내 마음에 아버지가 들어가 있으니 아버지처럼 말하는 것입니다.

그런데 내 안에 예수님이 들어오시면 주님처럼 말하고 행동하는 것입니다. 말을 잘 하는 사람은 듣는 이에게 심상을 만들어 주고, 지혜와 평화를 새겨주는 것입니다. 이것은 모르고 방언기도 하고 병고치고, 귀신 쫓아냅니다. 그것이 나쁘다는 것이 아닙니다. 좋은 것입니다. 그러나 사도 바울이 보다 좋은 것을 말하리라 하고 고린도전서13장으로 나가는 것입니다.

복음서가 좋은 이유가 구약은 어떤 인물을 나타내서 예수님을 보여주는데, 복음서는 직접 보여주기 때문에 더 좋습니다. 사도행전부터는 그분이 어떤 분이라고 설명해주고 계시록은 본질적인 모습을 보여줍니다. 로마서와 서신서들은 바울과 베드로 등을 통해 자신이 경험한 복음서를 써 놓은 것입니다. 그런데 이것이 전달이 잘 안 된 것입니다. 성경이 예수님을 이야기합니다. 여러분이 가르쳐드린 대로 따라오면 성경으로 들어갑니다.

우리가 알거니와 누가 이것을 할 수 있겠습니까? 어떤 사람은 설교자는 자기를 내세우면 안 된다고 합니다. 저도 압니다. 제가 목사 중에 가장 못나서 하나님이 이것을 가르쳐준 것입니다. 제 가문이 예수를 믿는 것도 아니고, 믿음의 노하우(know-how, 기술적 지식)도 없었습니다.

신학교 갈 때, 성경과 신앙에 대한 지식이 없었습니다. 목사가 되고 보니 경쟁이 심합니다. 근심이 되어 금식, 철야도 많이 했었습니다. 집에 가서 발 뻗고 잠을 잔 적이 별로 없었습니다. 영의 상태, 경지 등도 물론 쌓여져야 합니다. 만일 교회 다니면서 여러분들이 세상 것이나 보면 마음에 영력이 쌓이는 것이 아니라 세상 것이 쌓이는 것입니다.

뇌 속에 세상적인 문화회로가 만들어져서 하나님에 대해서는 둔한데 세상에 대해서는 스파크가 일어납니다. 그리고 교회에 오면 하나님이 어디계신가 합니다. 그런 과정이 필요하지만 결과적으로 성경의 수준과 상태에 들어가지 못합니다.

여러분에게 가르쳐드린 대로 하라고 말씀 드리는 것입니다. 그래서 사도 바울이 “예수 안에서 내가 무엇이든 할 수 있다. 그러니 나를 본받는 자가 되라.”고 한 것입니다. 성경이 무엇이냐 하면 기업의 영광의 풍성입니다. 하나님의 기업인 내가 얼마나 영광이 풍성해지는가 입니다. 저는 육체의 장막이 벗어지는 것을 생각하면 정신이 차려집니다. 한 번 벗으면 끝나버립니다. 그래서 먼저 그 나라와 그 의를 구하라 한 것입니다.

기왕이면 기업을 1,000점으로 이야기 할 때, 7~800은 세워야 하지 않을까요? 흠과 점이 없이 온전하고 거룩하게 하려 함이라의 수준 입니다. 그리스도 예수의 장성한 분량에 이르라 이 말입니다.

그래서 출애굽은 성경 전체를 아우릅니다. 어떤 인물이 등장하든 하나님의 구원의 여정, 기업의 풍성함이 출애굽에 다 들어 있습니다. 성경의 주된 목적이 애굽에서 광야로 빼내는 것일까요? 애굽에서 가나안으로 들어가는 것입니다. 하나님 나라입니다. 우리 기업의 완성점이 새 예루살렘입니다. 새 하늘, 새 땅입니다.

왜 여기서 빼내느냐. 애굽에 있을 때는 사람이 마귀의 기업입니다. 마귀가 사람을 사용해서 민족적, 국가적으로 하는 일이 무엇입니까? 마귀가 하는 일은 죽이고, 병들고, 살육하는 것입니다. 그래서 히틀러가 살육하는 것입니다. 이것은 본질적으로 보면 마귀가 한 것입니다. 육체로 성공하는 것은 남을 밟아야 하는 것입니다. 마귀가 하는 것입니다.

모세는 예수 그리스도의 율법적 면입니다. 모세는 애굽에 있었는데 광야로 빼내서 하나님께서 육체를 철저히 짓밟은 것입니다. 그래서 원형(原形, 변하기 전에 본래 모양) 이신 예수 그리스도도 오셔서 십자가에 못 박아 죽은 것입니다. 육체는 죽여야 하는 것입니다.

모세는 40년 동안 하나님이 죽인 것입니다. 하나님이 꼼짝 못하게 처박아 놓은 것입니다. 하나님이 원하시는 것은 생각하는 사람을 만드는 것입니다. 이것이 히브리서 3장 1절에 '사도이시며 대제사장이신 예수를 깊이 생각하라.' 입니다. 다윗이 "여호와의 율법을 주야로 묵상하는 자로다." 라고 한 것입니다. 하나님이 잘 쓰는 방법이 바로 이것입니다.

하나님의 백성을 판단하는 방법이 여기에 있습니다. 하나님이 나를 환경을 통해 가두어 놓으면 하나님의 백성은 왜 나를 가두어 놓았을까를 생각하고 하나님의 뜻을 추적합니다. 하나님의 백성이 아닌 사람은 하나님과 싸움을 시작합니다.

아브라함도 75살에 아들을 주마하고 부르셨습니다. 그런데 해가 지나도 안 주셨습니다. 소식이 없으니 아브라함이 힘들어 했습니다. 아브라함이 10년 만에 하나님이 나타나자 자기의 종이 상속자라고 했습니다. 그러나 하나님이 아브라함의 씨에서 나온다고 말씀하셨습니다. 아브라함이 10년 만에 깨달은 것입니다. '내가 하는 것이 아니구나!' 입니다.

구원은 내가 하는 것이 아니라 100% 주는 것입니다. 아브라함이 제대로 깨닫지 않았어요? 그런데도 13년을 처박아 놓습니다. 아브라함이 제대로 깨닫지 못하고 사라 말을 듣고 종에게서 아들을 낳았기 때문입니다. 13년간 아브라함은 자신의 힘을 빼는 것입니다.

하나님께서 여러분에게 향하신 목표는 돈복 받는 게 아닙니다. 하나님의 아들이 되는 것입니다. 예수 그리스도가 하나님의 기업입니다. 여러분 이것이 제가 진실로 원하는 것입니다. 이것을 잘해서 영의 형체가 만들어지면 육체의 모습이 만들어집니다. 하나님께서 교회를 사랑하시고 세상의 사랑을 교회를 통해서 하십니다. 교회를 통해 만물을 충만케 하십니다. 기업의 풍성함은 가나안 완전 정복입니다. 모세는 애굽을 제압할 수 있는 권세를 받았습니다. 그리고 광야를 통과할 수 있는 지도를 주었습니다. 그런데 여기까지이고, 사역은 여호수아에게 넘어갑니다. 모세는 율법이기 때문입니다. 광야에서는 율법이 있어야 합니다. 백성들이 홍해를 건너긴 했지만 마음 상태가 어땠습니까? 순전히 애굽적이고 인간적입니다. 이것이 오늘날로 말하면 세상적이고, 영으로 말하면 마귀적입니다.

본질적으로 사람들은 겉을 꾸며보았자 마귀 자식입니다. 그날에 모세는 광야에 외치는 자의 소리입니다. 굽은 길을 반듯하게, 패인 곳을 평평하게, 높은 곳을 낮게 율법으로 하는 것입니다. 그래서 세례요한도 군인들은 받은 월급을 족한 줄로 알라고 법을 이야기 한 것입니다. 율법은 애굽적, 인간적, 세상적인 것을 때려죽이라, 그리고 가나안을 준비하라는 양면성을 가지고 있습니다.

믿음의 시작은 율법입니다. 믿음의 세계로 들어가기 위해서는 율법을 먼저 알아야 합니다. 심보들이 마귀적이기 때문입니다. 율법의 목적이 죄로 심히 죄 되게 하려 함입니다. 율법을 잘 가르치는 사람은 당신은 짐승이라는 것을 보여주는 사람입니다. 이것을 깨달음이라고 하는 것입니다. 시편에 '깨닫는 자는 존귀에 처하나 깨닫지 못하는 자는 짐승과 같으니라.' 입니다.

로마서 5장에 '율법은 죄가 심히 죄 되게 하려 함이고 죄가 많은 곳에 은혜가 넘쳤다' 고 나옵니다. 죄가 많이 드러나려면 율법이 있어야 하고 그래서 율법 선생이 필요한 것입니다. 갈라디아서 3장과 4장에서 이것을 몽학(蒙學, 어린 아이들의 공부)선생이라고 합니다. 몽학선생 밑에서 종노릇을 하는 것입니다. 여러분이 청지기 아래서 종노릇을 하는 것입니다.

여러분이 자신을 보기 전엔 하나님의 아들인양하고 다녔죠? 그런데 말씀을 듣고 깨달으면 아들이 아니고 종이라는 것을 알게 되는 것입니다. 내가 종이구나를 아는 것이 바닥을 치는 것입니다. 내가 종이라는 것을 깨달은 후 그 다음에 끌어 올리는 것입니다. 이것이 가나안 땅입니다. 깊은 계곡에 집어 넣었다가 끌어 올리는 것입니다. 하나님의 방법입니다.

애굽의 마음을, 인간적이고 세상적인 것을, 율법으로 후려치는 것입니다. 여러분 보시기에 제가 인간적입니까? 제가 왜 이 말을 하냐 하면 구분을 지으려하기 위함입니다. 의도적으로 그렇게 하려고 하는 것이 아닙니다. 의지를 들여 노력하더라도 그것이 잘 안 되어집니다. 자연스럽게 성경적으로 되는 것입니다. 여러분이 제가 가르쳐 드린 대로 하시려면 인간적, 세상적, 마귀적인 것을 다 죽이셔야 합니다. 그러면 새 예루살렘성처럼 되는 것입니다.

20

믿음으로 말미암아

「형제들아 내 마음에 원하는 바와 하나님께 구하는 바는 이스라엘을 위함이니 곧 그들로 구원을 받게 함이라 내가 증언하노니 그들이 하나님께 열심이 있으나 올바른 지식을 따른 것이 아니니라 하나님의 의를 모르고 자기 의를 세우려고 힘써 하나님의 의에 복종하지 아니하였느니라 그리스도는 모든 믿는 자에게 의를 이루기 위하여 율법의 마침이 되시니라 모세가 기록하되 율법으로 말미암는 의를 행하는 사람은 그 의로 살리라 하였거니와 믿음으로 말미암는 의는 이같이 말하되 네 마음에 누가 하늘에 올라가겠느냐 하지 말라 하니 올라가겠느냐 함은 그리스도를 모셔 내리려는 것이요 혹은 누가 무저갱에 내려가겠느냐 하지 말라 하니 내려가겠느냐 함은 그리스도를 죽은 자 가운데서 모셔 올리려는 것이라 그러면 무엇을 말하느냐 말씀이 네게 가까워 네 입에 있으며 네 마음에 있다 하였으니 곧 우리가 전파하는 믿음의 말씀이라 네가 만일 네 입으로 예수를 주로 시인하며 또 하나님께서 그를 죽은 자 가운데서 살리신 것을 네 마음에 믿으면 구원을 받으리라 사람이 마음으로 믿어 의에 이르고 입으로 시인하여 구원에 이르느니라」

(로마서 10:1~10)

믿음의 말씀은 어디에 있다고 합니까? 네 입에 있고, 네 마음에 있다고 나옵니다. 그리스도는 모든 믿는 자의 의를 위하여 율법의 마침이 되십니다. 그리고 로마서 13장에는 율법의 완성은 무엇이라고 합니까? 사랑이라고 나옵니다. 율법의 마침과 완성은 그리스도요, 사랑입니다. 그리스도는 사랑이고, 그리스도는 우리가 증거하는 믿음의 말씀입니다. 그런데 이것이 네 입과 마음에 있어야 한다고 합니다. 마음에 없으면 믿음의 말씀이 되지 않는 것입니다. 그래서 마음에 없는데 입으로만 이야기하면 무엇이 되겠습니까? 믿음은 들음에서 나며 들음은 그리스도의 말씀이라고 했습니다. 믿음의 말씀은 그리스도의 말씀입니다. 마음에 없이 입으로만 하면 사람이 좋도록 하는 말이 나옵니다. 사람의 귀를 간지럽히고, 사람을 기쁘게 하는 말이 나옵니다. 이것이 거짓 선지자입니다.

마태복음 24장에 예수님께서 종말에 대해 길게 말씀 하시는데, 거짓 선지자에 대해 많이 이야기 하십니다. 너희가 미혹당하지 않도록 조심하라고 3번이나 강조하셨습니다. 그리고 요한 계시록에 용이 옛 뱀, 마귀 사탄이, 적그리스도에게 권세를 주고 또 거짓 선지자들에게도 권세를 주어 불을 내리게 하고, 갖은 이적으로 많은 사람을 미혹시킨다고 나옵니다. 용, 거짓선지자, 적그리스도가 삼위일체입니다. 그래서 거짓선지자가 무엇을 하냐하면 666으로 짐승의 표를 받게 합니다. 거짓선지자들이 그런 일을 하는 것입니다.

구약 성경에 나오는 선지서에는 예레미야, 에스겔, 이사야 등이 있습니다. 그중에서도 거짓선지자에 대해 두드러지게 나타나는 것이 예레미야서입니다. 1장에서 52장까지 예레미야와 그 당시의 구약 교회 안에 있는 거짓 목자와의 싸움 내용을 다루고 있습니다. 하나님께서 예레미야에게 말씀을 주지만 거짓 목자들이 예레미야에게 주신 하나님의 말씀을 부정하고 그를 잡아서 가두고 죽이려 했습니다. 거짓 목자들과의 싸움하는 내용입니다. 예레미야는 “바벨론에 의해서 예루살렘성이 망한다. 이것이 하나님의 뜻이다. 그러니 준비하라!” 입니다.

그런데 거짓 목자들은 “우리는 망하지 않는다. 여기는 하나님의 전이 있고, 우리는 하나님의 백성이다. 우리는 멸망당하지 않는다!” 그런데 예레미야는 너희는 멸망당한다고 하니 목자들이 벌떼처럼 일어나서 예레미야를 죽이려 했던 것입니다.

오늘날 교회도 어떻습니까? 마음과 입에 믿음의 말씀이 있어야 합니다. 그리스도의 말씀이어야 합니다. 그리스도의 말씀은 하나님의 형상과 모양입니다. 그런데 지금 교회는 '교회만 다니면 천국 간다.', '하나님의 백성이다.', '믿음이 있다.' 그리고 '축복 받고 평안해지고 구원받는다.' 고 합니다. 디모데후서 4장에 사람들이 자기 귀에 좋은 말만 듣는다고 나옵니다.

여러분 보십시오. 예레미야서에 구약 교회의 예루살렘성이 하나님이 무너진다고 했는데 거짓 목자들은 너희는 아브라함의 후손이다, 절대로 무너지지 않는다. 너희는 교회를 다니니 축복만 받는다고 말합니다. 또한 예수님 초림 때도 예수님이 오고, 세례요한이 왔지만 종교 지도자들이 못 알아보고 자기들의 종교적 영향력, 경제적 기득권을 장악하기 위해 예수님을 죽였습니다.

거짓 선지자들은 밖에 있는 것이 아니라 교회 안에 있습니다. 에덴동산에 뱀이 있었어요, 아니면 밖에 있었어요? 뱀이 동산 안에 있었잖아요. 구약 교회도 거짓 목자들이 성 밖에 있었습니까? 성 안에 있었습니다.

예수님 초림 때도 바리새인, 서기관들이 예루살렘 성전에 있었잖아요. 지금 거짓 목자들은 교회 안에 있습니다. 이 사람들이 교회 안에서 하나님 말씀 많이 합니다. 마태복음 7장, 요한계시록 13장에 나오는데 '양의 탈을 썼으나 속에는 노략질하는 이리' 이기 때문입니다. 얼마나 양 같겠습니까? 예수님을 믿습니다! 하면 구원받고, 축복 받고, 죽어서 천국 간다. 이미 구원받았으니까 교회 생활 잘 하면 죽어서 천국 간다고 합니다.

로마서는 성경 전체의 하나님이 말씀하려고 하는 말을 정확하게 압축한 것입니다. 로마서가 열어지면 하나님의 구속사가 한눈에 열어집니다. 믿음으로 말미암아 구원을 받는데 마음으로 믿어 의에 이르고 입으로 시인하여 구원에 이른다고 합니다. 그런데 마음속에는 무엇이 있습니까? 로마서 1장 18절에서 3장 19절까지 인간의 마음 상태가 쓰여 있습니다. 얼마나 악질이고, 위선자고, 추악한지 적나라하게 나옵니다. 유대인이나, 헬라인이나, 교회 안에 있으나, 밖에 있으나 다 거짓되다고 하는 것입니다.

구약 교회 당시에는 율법을 지킴으로 구원을 얻는다고 알고 있었습니다. 그런데 말씀드렸듯이 율법의 마침이 그리스도라고 했습니다. 사실 율법을 제대로 꿰뚫어 보면 그리스도에게 가게 되어 있습니다. 그런데 구약 율법 지도자들도 율법이 말하는 본질로 못 들어갔기 때문에 그리스도께로 가지 못했습니다. 오늘날도 그리스도의 법을 잘 따라가면 그리스도에게로 갑니다. 입만 가는 게 아니라 마음이 가게 됩니다. 그래서 그리스도의 말씀이 마음에 들어가게 되고 우리가 그리스도의 형상과 모양으로 갖추어가는 것입니다. 오늘날도 말씀의 법을 제대로 깨닫지 못하기 때문에 마음 판은 그대로 놔두고 입만 "주여!, 주여!" 하는 것입니다. 우리가 율법을 제대로 따라가면 그리스도가 나옵니다.

그래서 제가 가르쳐준 하나님의 말씀은 각자에게 법이 되는 것입니다. 법을 잘 따라가면 그 끝에 그리스도가 계십니다. 갈라디아서 3장과 4장 초반에 '너희가 어렸을 때는 청지기, 율법 선생 밑에서 종노릇하라.' 고 나오는 것입니다. 종노릇 잘 하는 게 무엇입니까? 순종하는 것입니다. 7절과 8절을 읽어보십시오. 예수님은 어디까지 내려갔죠? 지옥 끝까지 내려갔습니다. 예수님 어디까지 올라갔습니까? 천국입니다. 예수님은 지옥 끝까지 내려갔고, 천국 끝까지 올라갔습니다. 그래서 여러분에게 가르쳐 드린 말씀에 순종하라고 하는 것입니다. 그 대신 전제로 하는 것이 여러분에게 성경이 아니면 말을 안 하겠다고 하지 않습니까?

루시퍼는 "내가 북극별에 좌정하고 내가 지극히 높은 자와 비기리라." 합니다. 하나님을 대적한다고 나옵니다. 예수님처럼 높은 보좌에 올라가 예수님과 견주겠다는 것입니다. 그렇듯 사람의 심령은 높아져 있습니다. 환경이 받쳐주지 않으니 안 높은 체하고 있지만, 환경이 조금만 받쳐주면 높은 곳을 향하여 여실히 드러내고 다닙니다.

여러분은 그러지 못하니까 참고 살고, 잘난 사람 만나면 두고 보자 합니다. 사람들은 똑같습니다. 모두 마귀, 사탄의 자식들입니다. 사탄은 우리를 멸망시키기 위해 올라간 것이고, 예수님은 우리를 구원하기 위해 올라가신 것입니다. 본질을 알아야 하는 것입니다. 인간의 상태는 거짓을 제 것으로 하는 마음이 다 높아져 있습니다. 이것이 지식을 많이 습득한 사람은 교만으로 나옵니다. 돈 많고, 이름 날린 사람들은 높아진 마음이 나옵니다. 우리는 그러고 싶지만 조용히 살고 있는 것입니다. 그래도 높아지고 싶은 마음이 하늘을 찌릅니다. 악착 같이 돈을 벌고, 악착 같이 기술을 익힙니다. 여러분, 높아지면 구원을 받지 못합니다.

제가 여러분에게 증거하는 것은 한껏 높아진 마음을 잡아당기는 것입니다. 사실 차이가 있지만 고침 받지 못한 인간의 마음은 무엇을 하게 되면 악착같이 하게 됩니다. 사람들은 자기가 하는 일에 높아지려고 하기 때문입니다. 높아져서 자기를 영광 받게 하기 위함입니다. 거짓 목자들은 교인들에게 당신이 없으면 내가 어찌 목회를 하겠느냐고 하며 교인들의 마음을 높여놓습니다. 그 영혼들을 소경을 만들어 놓는 것입니다. 율법의 마침, 완성은 그리스도와 사랑입니다. 율법의 역할은 교인들을 위로 올려주는 것이 아니라 무자비하게 끌어 내리는 것입니다. 너는 흉악한 사람이다, 너는 악질이다. 너 자신이 흉악한 죄인이라는 사실을 율법이 정교하게 알려 주는 것입니다. 높아진 마음, 탑을 쌓은 것입니다. 이것이 죄악입니다. 많이 쌓은 사람일수록 교만이 심합니다. 그리고 무지, 미련이 심합니다. 사람은 자기가 쌓은 악으로 말미암아 악한 말을 하고, 자기가 쌓은 선으로 선한 말을 하는 것입니다. 이것을 로마서 2장에서는 '너희가 육체의 할례를 행하지 말고 마음의 할례를 행하라라.' 고 한 것입니다.

오늘날 교회는 무엇을 하고 있습니까? 물세례를 하고 있습니다. 세례를 하면 너는 구원 받고 축복 받는 줄 믿으라고 합니다. 마음의 할례를 받았습니까? 모세를 통해서 이스라엘이 홍해를 건넌 것을 사도 바울이 고린도전서 10장에서 모세와 더불어 이스라엘 백성이 세례를 받았다고 말합니다. 신학적으로 이스라엘 백성이 구원받았지만 그 백성이 광야에서 죽었다 그러니 이것을 거울삼아 너희들도 마음의 할례를 하라고 말하는 것과 같습니다.

이것을 마태복음 13장으로 이야기 해보겠습니다. 주님께서 길가에 떨어지매 새들이 와서 먹었고, 돌밭에 떨어지매 잠시 자라다가 뿌리가 깊지 않으므로 말라 버렸고, 가시와 엉겅퀴에 뿌려지매 막혀서 열매 맺지 못하고라고 말합니다. 이것이 모두 마음에 쌓은 죄 이야기입니다.

로마서는 아까 말씀드렸듯이 성경을 압축해 놓은 것입니다. 사람은 전부 악질들입니다. 다 할례 받아야 합니다. 이 할례 받는 방법이 로마서 6장입니다. 예수 그리스도와 함께 세례를 받고, 그리스도와 함께 십자가에 죽으라고 나옵니다. 마음의 죄를 죽이면 살아납니다. 우리가 높아져 있는데 하나님 말씀의 검을 가지고 여러분의 의식을 내려주는 것입니다. 이것을 잘하는 목사가 훌륭한 목사입니다. 저는 여러분을 끌어 내려서 의식을 여러분 심령속의 지옥까지 내려가게 하는 것입니다. 잡아 내려갈수록 자기 심보가 보이니까 로마서 3장 18절이 보여 지기 시작합니다. 온갖 추악한 것이 들어 있잖아요. 마음의 밭을 가는 것입니다.

예수님이 지옥까지 내려갔듯이 우리들도 우리 마음의 지옥까지 내려가는 것입니다. 내려가는 마지막 자리가 내 마음 끝자락입니다. 자기 마음 끝자락까지 낮추는 것입니다. 이것을 야고보서의 하나님 앞에 낮추라 입니다. 그런데 자기가 못하니까 율법을 주는 것이고 거기에다 율법 선생까지 주는 것입니다. 제가 여러분 선생입니다. 구약 이스라엘 백성들이 비둘기를 잡아 죽이듯이 마찬가지입니다. 이 예배 시간에 다 죽여서 영과 진리로만 하나님께 예배를 드리는 것입니다.

제가 이렇게 하는 것은 누굴 믿고 하는 것입니까? 제 마음에 계신 예수 그리스도를 믿고 하는 것입니다. 제가 전체적으로 이야기 하면서도 개별적으로 무엇이 쌓여있는지 가르쳐주는 것입니다. '내 양은 내 음성을 들으며,

나는 저희를 알며' 입니다. 목자가 전체적으로 알며 개별적으로 알아야 합니다.

죄악은 마음의 거품입니다. 내 마음이 아닙니다. 이것을 다 씻어내고 마음의 끝부분에 씨를 뿌리는 것입니다. 마음의 끝부분이 내 영입니다, 이것이 출애굽으로 이야기하면 요단강입니다. 거기다 하나님의 말씀의 씨앗을 뿌리는 것입니다. 씨앗에는 완벽한 형체가 들어 있습니다. 사과나무 씨에는 사과나무 한 그루가 들어 있습니다. 각 씨마다 형체가 들어 있는 것입니다.

하나님 말씀에는 예수 그리스도의 완벽한 형상과 모양이 들어있습니다. 제가 그것을 압축한 가장 최고의 로얄제리가 말씀의 검과 십자가의 피 입니다. 이것이 사도 바울이 말한 한 처녀로 예수 그리스도께 중매하려 함이라 입니다. 이것을 사실적으로 이야기 한 것이 마리아입니다.

마음의 끝자락에 말씀의 씨가 뿌려집니다. 죄악으로 쌓여진 것이 의와 선으로 쌓는 것입니다. 야곱의 사다리로 보면 쌓고 쌓아서 하나님의 성품에, 예수 그리스도의 장성한 분량에 이르려 함이라 입니다. 그리스도가 내려가지 않았느냐 우리도 내려간다. 내려간 자 만이 올라가는 것입니다.

사람이 마음으로 믿어, 가장 끝부분이 믿음입니다. 마음으로 믿어 의에 이르고 입으로 시인하여 구원에 이른다가 이 말입니다. 자라남 이란 길이 뚫어졌으므로 가득히 선과 의가 채워지는 것입니다. 이것이 성령 충만 입니다.

이런 말씀은 주님께서 가르쳐주신 것입니다. 그래서 제가 할 일은 여러분을 가차 없이 잡아끌어 당기는 것입니다. 마음의 가장 끝자락으로 내려가는 것이 온유, 겸손입니다.

이 세상에 우리가 원하면 주님께서 하시지 않는 일이 없습니다. 중요한 것은 우리가 원해야 합니다. "원하고, 원합니다." 해야 합니다. 내가 하는 것이 아닙니다. "하나님, 고 목사님께 들었는데 저 말씀처럼 되게 해주셔서 제가 그리스도의 형상과 모양으로 온전하게 해주세요." 라고 기도해야합니다. 마음을 다하고, 목숨을 다하여 하나님께 원해야 합니다.

그러니 내려가세요. 원하고 순종을 해야 합니다. 처음에 뻑뻑해서 잘 안 됩니다. 이것은 계란으로 바위치기 같습니다. '내 힘으로 안 되는구나!' 할 때는 울어야 합니다. 울면 예수님이 와서 도와주십니다. 최고의 축복은 늘 자기를 내려가게 하는 것입니다. 내려가면 갈수록 본질에 접근하고, 영에 접근하는 것입니다.

그럴 때 주님을 사랑하게 되고, 시편 91편에 보듯 주님을 사랑하는 자를 주님이 높이신다고 하는 것입니다. 이것을 한나가 기도에서 여호와는 낮은 자를 높이시고, 가난한 자를 높이신다고 한 것입니다. 내려가면 갈수록 내가 나쁜 사람이라는 것을 알게 되는 것입니다. 내가 짐승의 아들이라는 것을 알게 되는 것입니다. 그래서 사도 바울이 이것을 보고 자기를 죄인중의 우두머리라고 하는 것입니다. 이것이 안 보이니 교인들이 잘난 줄 알고 다니는 것입니다.

진리는 빛입니다. 내가 악질이라는 것을 보여주는 것입니다. 내가 너무 악질이구나를 깨닫는 것입니다. 그리고 두 번째로 '내 스스로 할 수 없다! 내 힘으로 천국에 못가는 구나! 오직 그리스도께서 오셔야지 만이 내가 구원을 받는구나!' 를 온몸과 마음으로 느끼는 것입니다. 그래서 사나 죽으나 예수 그리스도만 찾는 것입니다. 안 내려가니까 입으로 예수 그리스도를 부르고 속에는 돈만 좋아하는 것입니다. 내려가고 내려가니까 도대체 그리스도 외에는 아무것도 안 된다는 것을 알게 되는 것입니다.

그분의 십자가, 그분의 말씀 외에는 나를 구원할 자가 하늘 위, 아래에 없다는 것을 아는 것입니다. 그래서 그리스도만 사랑하는 것입니다. 제가 잘난 체 하는 인간을 낮추는 것은 주님과 서로 사랑하게 하려는 것입니다. 자기 지옥을 봐야만이 진짜 지옥을 안 가는 것입니다.

21

잡힌 바 된 그것

「내가 이미 얻었다 함도 아니요 온전히 이루었다 함도 아니라 오직 내가 그리스도 예수께 잡힌 바 된 그것을 잡으려고 달려가노라 형제들아 나는 아직 내가 잡은 줄로 여기지 아니하고 오직 한 일 즉 뒤에 있는 것은 잊어버리고 앞에 있는 것을 잡으려고 푯대를 향하여 그리스도 예수 안에서 하나님이 위에서 부르신 부름의 상을 위하여 달려가노라」

(빌립보서 3:15~14)

내게 주어진 조건, 환경, 상황 모든 것을 믿음으로 이길 수 있습니다. 믿음으로 이기지 못할 것이 없습니다. 성경에 쓰여진 대로 믿는 자에게 능치 못할 일이 없다고 했습니다. 믿으시기 바랍니다.

여러분들이 왜 믿지 못하냐하면, 아직 그곳에 도달하지 못해서 그렇습니다. 할 수 있거든이 무슨 말이냐 믿는 자에게 능치 못할 일이 없다고 하는 그 말씀에, 그 수준에 도달하지 못해서입니다. 학생으로 이야기하면 100점 만점인데 아직 70점에서, 60점에서 혹은 50점에서 그 선에 머물러 있습니다. 그 학생에게 너는 앞으로 100점만 맞을 거야라고 하면 믿겨지지 않겠죠. 아직 그 수준에 도달하지 못해서 그렇습니다.

믿는 자에게 능치 못할 것이 없다는 말씀에 여러분이 도달을 못해서 저 말씀이 내 것이 아니고 하나님 것이라고 느껴집니다. 아직 도달을 못하고 산 밑에서 무엇을 이루어야 할지 모르는 사람도 있고, 이기기 위해 부지런히 싸움을 연습하는 사람도 있고, 조금씩 이기면서 그 수준으로 달음박질 하는 사람도 있습니다. 모쪼록 그 목표에 도달하시길 축원합니다.

여기 앉아 계신 여러분들이 다 못 갔습니다. 그래서 제가 하는 일은 믿는 자에게 능치 못할 것이 없다는 산에 오르도록 여러분에게 가르쳐 드리는 것입니다. 그러니 잘 배워야 합니다. 잘 배워서 능치 못할 일이 없다는 경지까지 올라가야 합니다.

교회 왜 다니냐면 여기 오르기 위해서입니다. 아니면 뭐 하러 교회 나옵니까? 주일날 잠이나 자고, 텔레비전이나 보고 놀러가거나 할 것입니다. 여러분, 목적의식이 분명해야 합니다. 여러분은 믿는 자에게 능치 못할 일이 없다는 그 산을 오르기 위해서 교회에 오시는 것입니다.

학교를 등록금 내기위해 다니는 학생이 있나요? 학교는 공부하러 갑니다. 직장은 봉사하러 가는 것입니까? 사장님을 위해 봉사하러 가십니까? 일하고 월급 받으러 가는 것입니다. 다 목적과 목표가 분명해야 합니다.

교회 왜 다니냐면 믿는 자에겐 능치 못할 일이 없다는 정상을 올라가기 위해 다니는 것입니다. 목사는 이것을 정확히 잘 가르쳐주어야 합니다. 영어 학원에 다니는데 영어는 안 가르치고, 일본어나 중국어만 가르친다면 그 학원은 곧 문 닫을 것입니다. 그 영어 교사도 쫓겨날 것 입니다. 여러분은 교회에 믿음을 배우러 오는 것입니다.

교회는 믿음을 가르치는 곳이고, 성도는 믿음을 소유하기 위해 교회에 출석하는 것입니다. '할 수 있거든이' 무슨 말인지 아십니까? 세상에는 할 수 없는 일이 매우 많습니다. 여러분들이 할 수 있는 일들은 굉장히 제한적입니다.

여러분들이 얼마나 할 수 있는지 생각해 보십시오. 할 수 있는 일이 지극히 적은 사람일수록 할 수 없는 일이 매우 많습니다. 그런 사람들은 마음이 답답하고, 삶이 어렵고, 힘이 듭니다. 그래서 주님께서 할 수 없다는 사람들이 많은 세상에 오셔서 할 수 없다는 말이 무슨 말이냐 하시는 것입니다. 공부 잘하는 사람은 능치 못할 것이 없다고 했다면 우리는 여전히 할 수 없는 삶을 살아야 합니다. 외모가 잘 생긴 사람들은 능치 못할 것이 없다고 했다면, 가난한 집에서 태어난 사람은 영원히 할 수 없다고 하면 우리는 안 되는 것입니다.

우리는 할 수 없는 부분이 너무나 많습니다. 할 수 있는 부분이 많은 사람이 세상에서 권력이 있고, 돈이 많고, 명예가 있는 것입니다. 대통령과 우리를 비교해 보십시오. 대통령은 할 수 있는 일이 많습니다. 우리는 누구 하나 기업에 취직 시켜주지 못하지만 대통령은 만 명도 취직 시키려면 할 수 있습니다. 그러니 우리가 다 대통령 됩시다! 이것이 아닙니다. 우리의 믿음의 분량, 삶의 분량을 지금보다 훨씬 늘려서 할 수 있는 일이 많은 삶을 살다가 간다면 행복하지 않겠습니까?

그래서 주님께서 우리에게 주시려고 하는 것은 믿음입니다. 이 믿음 한 가지를 제대로 소유하게 되면 삶이 고되고, 힘들고, 짜증나고, 할 수 있는 일이 너무 없더라도 재미있고, 평화롭고, 소망을 가지고 행복하게 살아갈 수 있습니다. 그래서 하나님이 우리를 교회로 불러내신 것입니다.

여러분이 할 수 있는 일이 적으니 삶이 가난하고, 슬프고, 불안합니다. 이 모든 게 합쳐져서 신경질만 나잖아요. 여러분의 자식이 그렇게 살면 부모 기분이 어때요? 자식을 볼 때마다 부모도 짜증납니다. 하나님께서도 우리가 그렇게 사는 것을 결코 기뻐하시지 않으십니다. 하나님께서 자기 것을 주셔서 우리들로 하여금 평안하게 살게 하려고 부르신 것을 믿으시기 바랍니다.

제 이야기를 좀 하겠습니다. 하나님의 선물인 믿음은 우리 마음에 주십니다. 그런데 여러분들의 마음이 비어있습니다. 좋은 쪽으로 비어있고, 나쁜 쪽으로 채워져 있습니다. 저도 그랬습니다. 저도 분노, 욕심, 신경질 등 나쁜 쪽으로 많이 채워져 있었습니다. 이것을 나쁜 쪽으로 보면 꽉 차 있지만, 좋은 쪽에서 보면 비어져 있는 것입니다.

여러분의 마음에는 좋은 것이 많이 채워져 있는지, 나쁜 것이 많이 채워져 있나 검사해 보십시오. 여러분 마음에 나쁜 것이 많이 채워져 있기 때문에 삶이 나쁘게 나오는 것이고, 믿는 자에겐 능치 못할 일이 없다는 이 말이 전혀 안 믿겨지는 것입니다. 좋은 것으로 많이 채워져 있으면 믿는 자에게 능치 못할 일이 없다는 말이 그대로 믿어집니다. 저도 나쁜 것으로 많이 채워져 있는 것을 오랜 세월을 통해 나쁜 것을 자꾸 자꾸 없앴습니다. 그리고 좋은 것을 자꾸 채우기 시작했습니다.

최근의 일인데 거의 빈틈이 없이, 나쁜 것은 대부분 나가고 좋은 것으로만 꽉꽉 채워지는 것을 느끼기 시작했습니다. 그런데 어제 밤에 기도하면서 완벽하게 충만하게 채워져 있는 것이 느껴지더라고요. 할 수 있거든이 무슨 말이냐 믿는 자에겐 능치 못할 일이 없다는 말씀이 이 상태이구나! 했습니다.

나쁜 쪽으로 이야기 해보겠습니다. 내가 정말 사기꾼이 되어야 겠다고 하고 이 사람이 사기에 대해 연구를 많이 했습니다. 한두 번 실패도 했습니다. 그러나 드디어 사기를 잘 칠 수 있는 사기에 대한 모든 거짓, 전략과 전술이 충만히 채워져서 사기꾼 가라사대 "나, 사기꾼은 능치 못할 사기가 없다!" 고 선포를 했다고 합니다.

이해가 되십니까? 사기치고, 거짓말하고, 음란하고, 혈기 부리는 것은 나쁜 쪽입니다. 이것이 가득 채워져 있으면 삶이 나쁘게 나오는 것입니다. 나쁘게 나오니 삶이 힘들고 어렵고 범사에 불평과 원망이 나오는 것입니다. 이것이 모두 종합적으로 바늘구멍만한 것으로 나오는 것이 짜증입니다. 맨날 짜증만 부리고 다니는 것입니다.

여러분, 어떠십니까? 내가 칼이라면 칼끝으로 신경질만 부리는 것입니다. 누굴 만나도 짜증만 나는 것입니다. 그 칼 전체가 분노와 원망, 슬픔, 가난, 불 형통으로 되어져 있어서 칼끝으로 나오는 것이 짜증인 것입니다.

저도 예전에 그랬습니다. 이것을 다 없애고 그 대신 좋은 것을 계속해서 집어넣었습니다. 특히 예수님의 것을 집어넣었습니다. 칼끝에 나오는 것이 기쁨과 감사, 평안입니다. 무엇보다 평안입니다.

이 고목사의 칼끝은 평안입니다. 늘 평안합니다. 그래서 제가 사는 게 늘 평안하잖아요. 제 마음 속에 주님이 주신 소망은 마음에 출렁출렁하면서 그날을 기다리는 것입니다. 오늘 감사와 기쁨, 평안을 가지고 사는 것입니다.

제가 그렇게 안 살면서 여러분에게 믿음으로 살아라 한다면 이런 설교를 서너 번 하다가 그만 두겠죠. 저도 그렇게 안 살면서 저처럼 살라고 하겠습니까? 여러분 중에는 제 설교를 1년, 3년 혹은 10년, 20년 들은 사람들도 있을 텐데 제가 어떤 설교를 했습니까? 제가 맨 날 잘 산다, 평안하다, 기쁘다, 감사하다란 설교를 했습니다.

뿐만 아니라 20년 전과 비교해서 지금 저 자신이 예수님으로 말미암아 굉장히 지혜롭고, 총명해지고, 명철해지고, 권세와 권능이 더 강해졌습니다. 자유도 10년 전과 비교해도 지금이 더 자유해졌습니다. 앞으로도 여러분이 잘 보십시오. 주님이 1년 후에, 3년 후에 영으로나 생활로나 나와 교회를 어떻게 축복하시는지 보십시오.

지금도 주님께서 1주일 단위로 새롭게 하십니다. 사실 예배는 제가 일주일 동안 살았던 삶을 여러분에게 보여주는 것이고 여러분들의 살았던 삶을 검사하는 것입니다. 그래서 교회 오는 것입니다. 제가 여러분을 검사 할 것입니다. 대신 일주일 동안 어떻게 살아가야 하는지 가르쳐드리지 않습니까? 일주일 동안 어떻게 살아야 할 방식과 코스를 잘 배워서 순종해야 합니다. 1주일 후에 눈에 안 뜨일 정도이지만 변화가 오는 것입니다. 여러분, 오늘 제가 검사하는 것입니다. 저는 일주일 동안 제게 주신 은총을 여러분에게 가르쳐주고 공급하는 것입니다. 물론 초기에는 한 주마다 이렇게 크게 변화되지 않습니다. 굉장히 미세하게 시작됩니다.

그러나 2~3년 다닌 성도들은 말씀대로 잘 하면 일주일 단위로 약간씩 변화가 옵니다. 그러한 변화가 자기 스스로도 눈에 띄게 잘 나타납니다. 그러나 아직 하라고 하는 대로 잘 하지 않는 사람들은 무엇을 어떻게 해야 하나 하고 지금도 스타트 라인에 서지 못하고 이리 저리 헤매고 다닙니다. 오랫동안 이 설교를 듣고 저하고 교회 생활 하더라도 이 스타트 라인을 못 찾는 것입니다. 그런데 몰라도 교회를 빠지지 않고 계속 나오게 되면 처음엔 불분명하지만 출발선이 알아지게 됩니다. 그래서 믿음은 들어야 합니다. 믿음은 들음에서 나고 들음은 그리스도의 말씀입니다. 듣고 있으면 어느 날 귀가 열어집니다. 그 단계가 넘어가면 내가 어느 지점에 서야 하는지 출발선을 알게 됩니다.

본론으로 돌아가겠습니다. 3류들은 인사를 하면 그냥 산다고 합니다. 그냥 사는 사람 치고 공부 잘 하고 부자인 사람 찾아보십시오. 길거리에서 붙잡고 물어보면 그냥 산다고 하는 사람들은 가난한 사람입니다. 그냥 사는 사람들은 '그냥'에 잡혀 있습니다.

오늘 제목이 '잡힌 바 된 그것'입니다. 여러분이 무엇에 잡혔느냐 이 말입니다. 오늘 이 말씀을 듣고 이 한 가지만 봐도 여러분이 굉장히 눈이 밝아지고, 명철해집니다. 어떤 사람은 어리석음에 사로잡혀있습니다. 그래서 어리석음이 사로잡아서 어리석음이 데리고 다니는 대로 순종하고 사는 것입니다. 어떤 사람은 혈기에 사로 잡혀 있습니다. 혈기, 원한, 불평, 탄식, 미움, 분노, 짜증 이것은 다 한가지입니다. 다 같은 형제들입니다. 불평에 사로잡혀 늘 불평만 하는 것입니다.

이 고 목사는 평화에 사로 잡혔습니다. 누가 뭐라고 해도 평화롭게 합니다. 전에 저도 불평에 사로잡혀 있었을 때는 불평으로 서로 치고 받았습니다. 여러분은 무엇에 사로잡혀 있습니까? 어떤 사람은 미움에 사로잡혀 있습니다. 누구나 미워하고, 제일 미운 게 부모고, 남편이고 아내입니다. 그것에 잡혀서 자기를 낭비 하는 것입니다. 깨달으시길 바랍니다. 그래요, 아버지 때문에 그렇고, 어머니 때문에, 남편, 아내 때문에 그렇습니다. 그런 것은 사건적으로, 객관적으로 맞아요. 그렇지만 남편에 대한 미움에 꽉 사로잡혀 있는 것입니다.

이것을 영적으로 이야기 하면 마귀에 사로잡혀 있는 것입니다. 마귀가 남편이라는 도구를 사용해서 나로 하여금 남편을 미워하게 한 것입니다. 마귀가 어떤 누구, 사건으로 나를 잡아서 끌고 다니는 것입니다. 궁극적으로 예수에게 못 가게 하는 것이고, 지혜와 사랑과 평화로 못 가게 하는 것입니다. 공부 잘하는 사람은 왜 잘 하죠? 공부에 잡혀서입니다. 부지런한 사람은 왜 부지런합니까? 그 사람은 부지런에 잡힌 것입니다.

마귀에게서 헤어 나올 방법은 여러분이 놓으면 됩니다. 마귀가 아무리 나를 튼튼하게 잡아도 내가 맞잡지 않으면 마귀가 나를 끌고 갈 수 없습니다. 여러분이 이것을 왜 안 놓는가 하면 잘난 체하기 때문입니다. 우리 남편이, 아무리 앞과 뒤를 살펴봐도 그 남편이 잘못한 것입니다. 나는 잘못한 게 없습니다. 왜냐하면 내가 더 잘났기 때문입니다. 내 방법이 옳은 거야 입니다. 그래서 남편에게 절대로 꺾지 않는 것입니다. 남편 입장에선 어떻습니까? 남편도 잘났습니다. 아무리 생각해도 아내가 잘못한 것이지 내가 잘못한 건 아닙니다. 누가 뭐라고 하면 약간 내가 잘못한 것 같지만 사건 전체로 봐선 내가 잘못한 게 별로 없는 것 같습니다. 이것이 자기가 옳다는 것입니다. 다 함정입니다. 내가 옳다고 하니까 고집을 꺾지 않는 것입니다. 죄인은 고개를 숙입니까, 빳빳이 듭니까? 고개를 숙입니다. 그런데 왜 싸움할 때 고개를 안 숙입니까? 자기가 옳기 때문입니다. 이것이 다 마귀의 속임입니다. 나이가 먹는다는 것이 무엇이냐 하면 내가 생각하는 것이 옳은 것이 아니라는 것을 깨닫는 것입니다. 그러니 남에 대해 편안해지는 것입니다. 왜냐하면 놓아버렸기 때문 입니다.

이 성경말씀은 예수 그리스도에게 잡히는 것입니다. 여러분이 왜 예수님께 안 잡히냐 하면 마귀에게 잡혀 있기 때문입니다. 마귀에게 지금 여러분들이 옳다고 하는 것들에 의해 잡혀 있습니다. 너는 나쁜 사람이기 때문에 너를 미워할 수밖에 없어하면서 미워하는 것입니다.

그 사건을 통해 자기는 정당하다고 이야기 하는 것입니다. 그런데 나이 먹으면서 내가 옳은 게 아니구나를 깨닫는 것입니다. 성경은 굉장히 나이 많은 하나님께서 이야기 하는 것입니다. 하나님 나이가 몇 살입니까? 사도 바울도 하나님의 나이를 세다, 세다 못 세서 "측량할 수 없도다! 하나님의 깊은 속은" 한 것입니다.

이 분이 하는 이야기입니다. 마귀가 여러 사건을 통해 남편을, 아버지를 미워하고, 아내를 미워하고, 내 환경과 조건을 원망하게 하는 것입니다. 옳아! 하면서 여러분이 잡아주는 것입니다. 마귀가 힘을 못 쓰는 게 나는 옳지 않습니다. 하고 나의 생각, 이론, 감정을 놓아버리는 것입니다. 이것을 놓으면 우리는 어떻게 살아요? 이것을 놓는 순간에 믿는 자에겐 능치 못할 일이 없다고 하신 그리스도 예수께서 여러분의 콘트롤 타워(control tower)가 되는 것입니다. 사도 바울은 이렇게 예수님께 잡힌바 된 것을 더 잡으려고 좇아간다고 하잖아요.

이것은 안하고 어리석음, 게임, 게으름, 시간 낭비를 붙잡는 것입니다. 미움과 분노, 짜증을 오래 붙잡고 있었더니 내가 건강해지고 삶이 행복해졌다면 계속 잡고 계십시오. 그러면서 하는 말이 나이가 30, 40, 50살 돼서 세상이 나를 안도와 준다고 합니다. 70살 먹으면 열매 없이 내 인생 종쳤구나! 합니다.

여러분, 20살에 깨달으면 30살에 세워지고 40살부터 앉아서 돈, 성공, 출세, 감사, 평화가 삶속에서 순환되고 돌아다니는 것입니다. 못 깨달으면 40살, 50살에 밭에 씨 뿌리러 가는 것입니다. 그렇게 하지 말라고 하는 이야기입니다. 그렇다고 나이 드신 분들은 걱정할 것 없습니다. 믿음 이 한 가지만 들어가면 됩니다. 이 한 가지만 들어가면 소위 말하는 운명과 팔자도 바뀔 줄 믿습니다. 그런데 이 믿음을 주시려고 하나님이 부르셨는데 목사는 뭐해야 합니까? 하나님께서 주시려는 믿음을 여러분 각자 각자가 잘 받을 수 있게끔 자세하게 가르쳐드리는 것입니다.

여러분 한 사람, 한 사람을 믿음을 주시려고 불러들인 것입니다. 하나님이 주시려하는데 그 사람이 받을 줄 모릅니다. 그래서 예수님이 중보자이십니다. 예수님이 자신이 할 일을 대신 목사를 보낸 것입니다. 제가 너는 이렇게 저렇게 해라 그리고 너도 하나님을 잡아라! 하는 것입니다. 그러면 하나님의 은총을 받을 것이다 입니다. 저는 여러분들이 하나님께 공급을 받아서 목사님 기쁩니다 하면 저도 기쁜 것입니다.

하나님이 이런 분입니다. 하나님이 바쁜 우릴 불러다가 지금부터 착하게 부지런하게 살아라 하십니까? 그런 것을 가르치는 것이 아닙니다. 자기가 가지고 있는 것, 지혜, 평화, 자유, 성공, 부요, 축복 이것을 주시려는 것입니다. 여러분이 하나님 것만 공급을 받으면 지금 당장 삶이 놀랍게 신기하게 변화시키기 보다는 여러분들의 내면에 이 세상을 이길 수 있는 힘과 능력을 계속 자라나게 하십니다. 세상의 거대한 파도와 환경 조건에 싸울 수 있게 하는 것입니다. 세상 사는 것이 무엇이냐 하면, 세상이라는 그라운드에서 내 삶의 영역을 확대하는 것입니다. 그것이 잘 안되잖아요. 그러한 여러분들을 하나님께서 자기 것을 주시는 것입니다. 하나님의 것을 내 마음에 받게 되면, 내가 내 힘으로 사는 것이 아니라 하나님 것으로 산다 입니다. 그래서 믿음이 세상을 이긴다 하는 것입니다.

여러분, 잘 봐야 되겠죠. 설교를 잘 듣고, 여러분이 무엇에 잡혀있는가 잘 봐야 합니다. 그런데 이것이 심하게 잡힌 사람일수록 잘 안보입니다. 마귀는 어둠입니다. 어둠이 심한 사람일수록 자기가 무엇에 잡혀 있는지 모르는 것입니다. 오늘 말씀을 잘 듣고 여러분이 무엇에 잡혀 있는지 봐야 합니다. 그렇게 말해줘도 안 보고 여전히 나는 누구 때문에 그렇다고 자기를 합리화 하면서 제멋대로 합니다.

꼭 보시기 바랍니다. 보고 나서 내가 그것을 싫어하는 것입니다. 나는 이제 이렇게 살기 싫다 하는 것입니다. 이것이 '나를 따라오려거든 자신을 부인하고' 입니다. 내가 미움과 분노에 잡혔거든요. 네가 틀리고 내가 옳아 하고 잡은 것입니다. 나는 옳지 않아 하고 놓으시기 바랍니다. 나는 이제 이렇게 살기 싫어, 예수님께 잡혀 살꺼야! 입니다.

다시 한 번 부탁드립니다. 잘 보시기 바랍니다. 내가 옳아 하면 같이 맞잡아 주는 것입니다. 나는 옳지 않고 예수님만 옳아 하고 순종해주는 것입니다.

22

깨달음이 없느냐

「외식하는 자들아 이사야가 너희에 관하여 잘 예언하였도다 일렀으되 이 백성이 입술로는 나를 공경하되 마음은 내게서 멀도다 사람의 계명으로 교훈을 삼아 가르치니 나를 헛되이 경배하는도다 하였느니라 하시고 무리를 불러 이르시되 듣고 깨달으라 입으로 들어가는 것이 사람을 더럽게 하는 것이 아니라 입에서 나오는 그것이 사람을 더럽게 하는 것이니라 이에 제자들이 나아와 이르되 바리새인들이 이 말씀을 듣고 걸림이 된 줄 아시나이까 예수께서 대답하여 이르시되 심은 것마다 내 하늘 아버지께서 심으시지 않은 것은 뽑힐 것이니 그냥 두라 그들은 맹인이 되어 맹인을 인도하는 자로다 만일 맹인이 맹인을 인도하면 둘이 다 구덩이에 빠지리라 하시니 베드로가 대답하여 이르되 이 비유를 우리에게 설명하여 주옵소서 예수께서 이르시되 너희도 아직까지 깨달음이 없느냐 입으로 들어가는 모든 것은 배로 들어가서 뒤로 내버려지는 줄 알지 못하느냐 입에서 나오는 것들은 마음에서 나오나니 이것이야말로 사람을 더럽게 하느니라 마음에서 나오는 것은 악한 생각과 살인과 간음과 음란과 도둑질과 거짓 증언과 비방이니 이런 것들이 사람을 더럽게 하는 것이요 씻지 않은 손으로 먹는 것은 사람을 더럽게 하지 못하느니라」

(마태복음 15:7~20)

우리 교회 성도들은 가르쳐준 말씀을 따라 하지 않으면 교회 다니는 것이 매우 힘들어집니다. 또 경우에 따라서는 교회를 못 나오게 됩니다. 정으로 대해주고, 보살피더라도 말씀대로 깨닫고, 하지 않으면 자기 스스로 떨어지게 되어 있습니다. 처음부터 교회 온 사람을 매정하게 하겠습니까? 처음엔 같이 정으로 주고받기도 하지만 결국 어느 시점에 말씀을 붙잡아야 저와 교회를 잘 따라 올 수 있습니다. 그렇지 않으면 어느 때인가 떨어지게 됩니다. 제가 다시 붙잡아 준다고 해도 말씀을 붙잡지 않으면 또 떨어집니다. 물론 교회에 적응하도록 우리가 다 같이 협조를 해야 합니다. 그럼에도 말씀을 붙잡지 못하면 떨어집니다.

그리고 여러분도 마찬가지입니다. 여러분이 다른 것에 의해서 즉, 여러분의 이론, 생각, 느낌, 자신의 성질, 경우 바르게, 자신 스스로 의롭다고 여기는 여러 가지 것들에 의해 떨어지면 제가 더 이상 강하게 붙잡지 않습니다. 왜냐하면 돈을 좋아하거나, 어떤 신념이 좋다고 하면 그것을 버리고 저를 따라오라고 강제로 할 수 없기 때문입니다. 그리고 제가 여러분에게 다양한 방법으로 수준에 맞게 대합니다. 여러분 속에 악이 나오면 그 악에 선과 의로 대하고, 연약함으로 나오면 저는 긍휼로 대합니다. 여러분 상태에 따라 대해주는 것입니다. 그러면서도 여러분에게 목적하는 바는 분명하게 한가지입니다. 여러분이 진리 안으로 들어가는 것입니다. 그것이 가장 중요하고, 절대적인 목표입니다. 이거 해도, 저거해도 좋은 상대적인 것이 아닙니다. 진리 안으로 들어가는 것은 절대적인 것입니다. 다만 여기서 진리 안에 들어가기 전 엎치락뒤치락하며 힘들어하고, 괴로워하는 증상들에 대해 얼마든지 이해하고 보살필 수 있습니다. 그럼에도 불구하고 연약해서 나는 돌아가겠다 하면 어쩔 수 없는 것입니다. 엎치락뒤치락 하더라도 목표는 진리 안에 들어가는 것입니다.

여러분의 마음과 영이 진리 안에 들어가야 합니다. 들어가기 전에 여러분의 마음이 있기 때문에 엎치락뒤치락 하는 것입니다. 저는 그것을 지켜보면서 여러분을 진리 안에 들어가게 하는 것입니다. 물론 오래 참고 기다려 주어야 합니다. 진리 안에 들어가는 것은 사랑하는 것입니다. 그래서 사랑은 오래 참는 것입니다. 저는 고린도전서 13장의 사랑에 의해서 여러분이 진리 안에 들어오게 해야 합니다. 여러분이 엎치락뒤치락 하더라도 목표는 여러분의 영혼이 진리 안에 들어가는 것입니다. 하나님의 말씀이 우리 안에 들어오면 영, 혼, 관절, 골수로 쪼개서 갈라집니다. 정육점에서 앞다리, 뒷다리, 머리 부위 등으로 나누듯 여러분의 마음도 부위별로 나눠집니다. 육체와 영혼이 분리가 되어져서 우리가 다 알 수 있습니다. 이것이 여러분이 왜 안 되냐 하면, 영이나 혼이나 육체가 뭉뚱그려져서 하나로 되어 있기 때문입니다. 하나님의 말씀은 살아있어서 여러분 속에 들어가서 영, 혼, 육을 갈라내는 것입니다. 내가 내 영, 혼을 알고 생명의 주인이신 그리스도를 따라가는 것입니다.

진리 안에 들어가는 것은 여러분의 영과 혼이 들어가야 합니다. 그런데 말씀을 붙잡아야 합니다. 그래서 제가 여러분에게 말씀을 가르쳐주는 것입니다. 그런데 여러분의 혼이 잘 못 되어 있습니다. 혼이 이중적이기도 하고, 욕심스럽고, 다른 것을 좋아합니다. 진리는 별로 좋아하지 않습니다. 그러니까 자꾸 엎치락뒤치락 하는 것입니다. 그 와중에 가르쳐준 말씀을 붙잡으면 시간이 걸리더라도 진리 안으로 들어가는 것입니다. 그런데 말씀을 붙잡지 않고, 정이나 좋아하고, 각자에게 해주는 제 말을 기분 나빠하면 이 안에 못 들어오고 저와의 관계도 끊어지는 것입니다.

저는 여러분들을 데리고 가나안 땅에 들어가는 것입니다. 여호수아가 그 일을 하잖아요. 여러분이 광야에서 엎치락뒤치락하고, 이쪽저쪽 가기도 하지만 가이드 하는 사람이 데리고 가야 합니다. 저는 여러분 각 개인에 대해 그 일을 하려고 제가 목사를 하는 것입니다. 제가 여러분에게 정치나, 철학, 교육을 가르치며 선생 노릇을 하려는 것이 아닙니다. 그리고 여러분이 저를 따라 오는 단 하나의 목적이 여러분이 진리 안에 들어가는 것입니다. 그리고 모든 교회는 이것을 해야 합니다. 이것을 하기 위해 부차적으로 성전이 필요하고, 돈이 필요하고, 교제도 필요하고, 봉사도 필요한 것입니다. 이것은 진리 안에 들어가기 위한 필요성 때문에 필요한 것입니다. 이것이 주목적이 되어서는 안 됩니다. 이런 것은 안 해도 됩니다. 교회당이 없으면 들판에서 해도 되고, 집에서 해도 됩니다. 중요한 것은 여러분의 영혼이 진리 안에 들어가는 것입니다. 이것을 놓치고 교회당을 화려하게 짓고, 예배 형식을 우아하고 장엄하게 한 다해도 하나님 절대 안 받습니다. 하나님이 기뻐하시는 것은 진리와 영으로 예배하는 것입니다. 하나님은 그런 자들을 찾으신다고 했습니다.

진리를 좋아하는 사람은 고 목사를 만나는 것이 좋고, 진리를 싫어하는 사람은 저를 만나는 것이 힘들고 싫습니다. 왜냐하면 자기 성질대로 못하기 때문입니다. 그런데 광야에서 자기 성질대로 한 사람이 어떤 사람입니까? 이런 것들은 말세를 당한 우리에게 거울이 되고, 안식에 들어가지 못하는 사람을 경계삼아 너희들은 안식에 들어가지 못할까 염려하라 했습니다. 저는 이것 한 가지만 하는 것입니다. 이것을 위해서 밥도 먹고, 잠도 자는 것입니다. 주일날 여러분이 예배드리러 한 시간 앉아 있는 것이 중요합니까? 제가 여러분을 개인적으로 대하든지, 여럿을 대하든지 진리 안에 여러분의 영과 혼이 들어가게 하려고 하는 것입니다. 그리고 먹고 사는 것, 사업, 직장도 이 안에 들어오면 다 있습니다. 걱정하는 것이 믿음이 없어서 의심나는 것입니다. 믿는 것은 바라보는 것입니다. 하나님께서 내게 해주시고, 도와주시리라 바라는 것입니다. 시간이 문제지 버릴 것은 버리고 하나님께만 내 마음과 몸을 드리게 되는 것입니다.

그럴 때 주님께서 자기 자신을 내 마음에, 내 생활 속에 나타내시는 것입니다. 하나님의 성질로 바꾸어지는 것입니다. 하나님의 성질 중에 1번이 기쁨입니다. 병 걸렸는데도 기쁩니다. 가난해서도 감사합니다. 그래서 자기 조건과 상황에 관계없이 하나님께서 내 성질에 관여하시면 기쁨이 나오고 점차 평화가 나오고 자유가 나오는 것입니다. 그래서 어느 날 내가 하나님을 사랑하고 있구나 하고 알게 되는 것입니다. 그래서 찬송 어디를 부르나 내 이야기가 되는 것입니다. 머리로 이해하는 것이 아니라 그분이 내 감성, 내 의지, 내 영에 같이 있음으로 인해서 누리고 그분을 재미있어 하는 것입니다. 그런데 여러분의 영은 악령에게 사로 잡혀 있습니다. 악령이 속에 센 것이 들어있지 않으면 검과 보혈만 들어가도 어느 선에서 부드럽게 떠납니다. 그러나 센 사람들은 속에서 자기가 알 정도로 꿈틀거리는 것입니다. 영은 악령에게 사로잡혀 있고, 혼은 쓰레기로 뒤집어 씌어 있습니다. 그래서 사람의 마음에서 나오는 것은 악한 생각과 살인, 간음, 음란, 훼방이 끊임없이 나오는 것입니다.

그런 상태라서 여러분들이 기도 아무리 하고, 하나님께 가고 싶어도 가로막혀서 못가는 것입니다. 이것을 말씀을 가지고 쓰레기들을 치우고 악령을 추방시켜야 합니다. 이런 것들을 정확히 보지 못하고 다른 이야기를 하면 사람들의 악령이 떠나가고 혼이 정결하게 되지 않는 것입니다. 이런 것들을 정확히 봐서 뚫어주고 악령이 떠나겠끔 해야겠죠? 그러려면 여러분이 가르쳐준 말씀을 붙잡아야 합니다. 그런데 이것을 붙잡지 못하고 정을 기대하고 다른 것을 좋아하면 여러분이 저와 떨어지는 것입니다. 누구라도 상관없이 말씀을 붙잡아야 합니다. 그래서 저도 여러분에게 철저히 성경으로만 하는 것입니다. 주님께서 내게 와서 배우라 하셨습니다. 주님 자신을 배우라는 것입니다. 주님을 배움으로 말미암아 우리가 주님처럼 되는 것입니다.

하나님은 영이신데 성결의 영이십니다. 그래서 자신의 영이 성결해야지 하나님과 선(line)이 연결되어집니다. 그런데 내 마음이 돈을 좋아하거나, 사람을 좋아하고, 육체의 소욕을 좋아합니다. 자기의 의식이 영으로 가야 하는데 자꾸 육신적이고 내가 재미있어 하는 것에 가는 것입니다. 이를테면, 의식이 마음과 영으로 향해야 하는데 게임으로 향해서 끌려 다니는 것입니다. 그것이 멀리 가버렸으면 돌이키기 힘이 듭니다. 여러분을 끌고 오는 주인도 힘이 듭니다.

이것을 주님께서 너희 귀는 멀어라, 너희 눈은 감겨라, 너희가 말씀을 듣고 마음의 변화를 받아 고침 받을까 두려워한다고 선지자를 통해 말씀하시는 것입니다. 하나님께서 고치기 싫은 것이 아니라 인간이 그렇게 멀리 갔다는 것입니다.

생활도 영과 같습니다. 내 영이 악령에 잡혀 있고, 내 혼이 어둠에 잡혀 있으면 하나로 뭉쳐서 나오는 의식이 어리석고 무식합니다. 문제는 어둠이라 자신이 무지하다는 것을 모르는 것입니다. 마음의 기능이 즉, 생각, 의지, 양심이 어두우면 이것이 합쳐져 나오는 것이 의식인데 당연히 무지한 것입니다.

그래서 사람들이 공부해서 무언가를 알려고 하는 것입니다. 그런데 바탕이 어둠이라 그것도 어렵습니다. 반대로 혼에 빛이 들어갔습니다. 생각에 빛이 들어가고, 감정에 빛이 들어가고, 영에 빛이 들어갔습니다. 생각하는 것이 얼마나 총명하겠습니까? 창의성이 여기서 나오는 것입니다. 그래서 신명기 28장에 내 말에 순종하는 자 즉, 빛으로 인도받는 자들은 밑에 있지 않고 머리가 되는 리더의 복을 받는다고 한 것입니다.

여러분들이 자식을 길러봐서 아시겠지만 자식이 잘못하면 훈계를 합니다. 그래도 말을 안 들으면 매를 때립니다. 그래도 말 안 들으면 내쫓는 것입니다. 부모가 그런다고 나가는 자식은 잘 될까요? 한편으론 저도 내가 너무 다그치고, 심하게 하지 않나 점검을 합니다.

그러나 모든 것을 떠나서 여러분이 깨닫고 진리 안에 들어가기를 사모하기 바랍니다. 여러분의 생활이나 마음속에 제 모습이 보이십니까? 당연히 보여야 합니다. 내 마음을 돌이켜보고 내 생활을 할 때 제 모습이 있어야겠죠? 왜냐하면 가이드이기 때문입니다. 모쪼록 여러분 마음씨나 생활 속에 제가 서있어야 합니다. 그래야 따라오는 것입니다. 그리고 이 고 목사 앞에 예수님이 계신 것입니다. 여러분이 예수님이 안 보이더라도 저를 잘 보면 따라오게 되는 것입니다.

제가 삼위 하나님과 교제를 합니다. 신앙생활이라 함은 삼위일체 하나님과 교제를 하는 것입니다. 교제를 통해 배우는 것입니다. 그리고 교제는 노는 것입니다. 놀면서 관계성에 대해 배우는 것입니다.

여러분이 부모가 되고 자식이 된다는 것은 관계성을 형성하는 것입니다. 그래서 자식은 아버지와 어머니를 배우는 것입니다. 관계 형성을 하면서 상대에 대해 배우는 것입니다. 좋은 아버지, 어머니는 자식이 아버지에 대해 좋은 아버지 상이, 어머니 상이 만들어지는 것입니다.

그런데 아버지가 돈을 좋아하면 자식이 배워서 돈을 좋아하는 것입니다. 아버지가 미련하면 자식도 미련해지는 것입니다. 여러분이 다 아버지, 어머니에게서 배운 것입니다.

자식 이 세상에 태어나서 1번으로 부모를 배우는 것입니다. 그래서 우리 마음 깊이 들어가면 마지막에 아버지, 어머니입니다. 아버지, 어머니로 말미암아 내 의식이 형성된 것이기 때문입니다. 그래서 아버지, 어머니 상(image)을 칼로 후벼 떠내서 없애주어야지 청결해 지는 것입니다. 어렸을 때 삼위 일체 하나님을 새겨주는 것이 중요합니다.

부모 중에 최고의 부모가 삼위일체 하나님입니다. 이분에 의해 새겨진 다니엘 등의 사람들은 어디가나 머리가 되는 것입니다. 우리 모두 부모와의 관계 형성을 통해 기초적인 자아의식이 형성되는 것입니다. 자라면서 친구와 관계에서, 이성과의 관계에서 관계 형성을 합니다. 관계 형성을 많이 한 사람일수록 인간에 대해 잘 아는 것입니다. 많이 못한 사람은 인간에 대해 잘 알지 못하고 사회성이 부족하게 됩니다.

성 삼위 하나님과 교제하면서 아버지에 대해 제대로 배우는 것입니다. 육신적으로 부모에게 사회성을 배우는데 그 부모가 지혜롭고 명철하면 그 아들도 지혜롭고 명철할 것입니다.

그런데 부모가 명철하지 못합니다. 그 아들도 그렇습니다. 사회성은 삶으로 나오는 것인데 삶이 힘들고 답답한 것입니다. 안 보이기 때문입니다. 아버지가 소경이기 때문입니다. 하나님 아버지를 말씀을 통해 배우는 것입니다. 그래서 주님께서 내게 와서 배우라 하신 것입니다. 예수님을 통해 아버지를 배우는 것입니다. 아버지에 대해 잘 배우면 내 아들과 딸에게 지혜롭고 명철하게 아버지 역할을 잘 하게 되는 것입니다.

영으로나 생활로나 관계형성을 잘 하게 되는 것입니다. 그러면 자식이 사회생활을 잘하게 되고, 삶에 대한 지혜와 지식을 터득하는 것입니다. 어디 가든 자신을 잘 세우고 남을 볼 수 있게 되는 것입니다. 그러면서 정서가 맑고 깨끗해지면 공감을 잘 하는 사람이 되어집니다. 그래서 상대의 감정을 잘 포착하게 됩니다. 둔하고 멍청하지 않다는 것입니다. 여러분들이 감정이 둔하고 무지하니까 추리하려고 합니다.

그래서 아버지 역할을 잘 해야 합니다. 정서가 아름다워지면 삶을 아름답게 행동합니다. 아름다운 형상이 찍혀 나옵니다. 그런데 아버지와 소통이 단절되면 아버지와 아들은 미움과 분노로 담이 쌓여지는 것입니다. 너희가 누구에게 배운지 알거니와 라고 했습니다.

여러분의 돌아가신 아버지에게 배우는 것이 아니라 하나님께 배워야 합니다. 제가 하나님께 생각하는 것을 배우고, 감정을 배우고, 뜻을 배우는 것입니다. 저는 예전에 전체적으로 제 감정은 혈기부리고 분노하는 쪽으로 치우쳐져 있었습니다. 그래서 아름다운 것을 봐도 시큰둥했습니다. 특히 그림을 봐도 감정이 막혀 있어서 감이 안 옵니다. 감정이 망가지면 그렇습니다. 무엇보다도 부모 자식 간에, 부부 간에 공감대가 형성이 안 되는 것입니다. 소통의 단절입니다. 대화하더라도 싸움이 일어나는 것은 정서 공감이 일어나지 않고 뜻이 맞지 않아서입니다.

하나님은 말씀을 통해 배우는데 아버지가 누구인가 알게 됩니다. 다른 지식과 달리 하나님에 대해 배울 때 하나님은 살아계시기 때문에 그 분에 대해 배운 것들이 나의 지성과 감성이 되는 것입니다. 하나님의 말씀을 제대로 잘 따라오게 되면 말씀이 생각에 들어가서 생각 자체가 말씀에 의해 형성이 되는 것입니다. 그래서 말씀만 생각하게 됩니다. 말씀 외에 다른 생각을 하게 되면 분열이 일어납니다. 말씀이 들어가서 생각이 고쳐지고 감정이 고쳐지는 것입니다. 생각, 감정, 의지가 성경에 의해 만들어지는 것입니다. 그래서 생각하는 것이 예수님만 생각하는 것입니다.

정리하고 마치겠습니다. 그래서 여러분이 말씀을 따라가라고 하는 것입니다. 따라가지 않으면 여전히 자기 생각이나 정으로 하는 것입니다. 그러면 요단강을 못 건너고 저를 따라오지 못하는 것입니다. 무슨 말인가 깨달으시기를 바랍니다.

23

나의 나 된 것은

「형제들아 내가 너희에게 전한 복음을 너희에게 알게 하노니 이는 너희가 받은 것이요 또 그 가운데 선 것이라 너희가 만일 내가 전한 그 말을 굳게 지키고 헛되이 믿지 아니하였으면 그로 말미암아 구원을 받으리라 내가 받은 것을 먼저 너희에게 전하였노니 이는 성경대로 그리스도께서 우리 죄를 위하여 죽으시고 장사 지낸 바 되셨다가 성경대로 사흘 만에 다시 살아나사 게바에게 보이시고 후에 열두 제자에게와 그 후에 오백여 형제에게 일시에 보이셨나니 그 중에 지금까지 대다수는 살아 있고 어떤 사람은 잠들었으며 그 후에 야고보에게 보이셨으며 그 후에 모든 사도에게와 맨 나중에 만삭되지 못하여 난 자 같은 내게도 보이셨느니라 나는 사도 중에 가장 작은 자라 나는 하나님의 교회를 박해하였으므로 사도라 칭함 받기를 감당하지 못할 자니라 그러나 내가 나 된 것은 하나님의 은혜로 된 것이니 내게 주신 그의 은혜가 헛되지 아니하여 내가 모든 사도보다 더 많이 수고하였으나 내가 한 것이 아니요 오직 나와 함께 하신 하나님의 은혜로라 그러므로 나나 그들이나 이같이 전파하매 너희도 이같이 믿었느니라

(고린도전서 15:1~11)

저는 그동안 '나' 되려고 굉장히 힘을 쓰고, 애를 쓰고, 많은 시간을 들여왔습니다. 그리고 이 일은 새해에도 저 자신에게 계속 될 것입니다. 끊임없이 나는 나를 되어지는 사람으로 만들어가는 것입니다. 지금까지 오랫동안 그래왔습니다. 여러분도 아시든, 모르시든 간에 끊임없이 내가 나 되기 위해 노력하는 삶을 살고 있습니다. 사람은 누구나 예외가 없습니다. 사실 한 해를 보내고 새해를 맞이했다 함은 지난해까지 여러분이

자신을 만드는 작업을 해온 것 입니다. 금년에는 좋은 쪽으로 더욱더 나를 잘 만들어 가시는 한 해가 되시기를 축원합니다.

저는 새해가 되면서 제 개인적인 소원도 있지만 우리 성도들을 위한 소원도 있습니다. 우리 성도들이 집을 갖지 못한 분들이 모두 집 한 채 씩 있었으면 하는 소원이 있습니다. "하나님, 우리 성도들 장막이 없는 분들에게 집한 채씩 장만될 수 있는 금년이 되게 하옵소서." 이렇게 기도하고 있습니다.

또한 성도들의 직장과 사업장 속에 하나님께서 물질의 복을 풍성히 주셔서 가난에서 벗어나고, 부족함에서 벗어나서 여유롭고 부요한 사람이 되라고 기도하고 있습니다. 한 가지 더, 우리 자녀들에게 지혜롭고 명철한 사람이 되게 해주셔서 리더들이 나오게 해달라고 기도하고 있습니다.

리더가 되는 복을 우리에게 주시고자 우리를 불러 내셨습니다. 예수 그리스도는 보이는 세계나 보이지 않는 세계에서 가장 뚜렷한 리더이십니다. 성경책은 또한 리더십에 관한 책입니다. 리더는 사람이 따르는 것입니다. 사람이 따르지 않으면 아무리 우리 마음에 대장 노릇하고 싶어도 내가 대장이 아닙니다. 희한하게도 내가 대장이 되겠다는 생각이 없는데 사람이 따라옵니다.

그러면 그 사람은 누구입니까? 리더입니다. 대통령도 리더이고, 기업체 사장님도 리더입니다. 그래서 시중의 서점에 나가보면 리더십에 대한 책이 엄청나게 많이 있습니다. 무슨 책을 봐야 할지 심각하게 고민해야 할 정도로 많은 책이 있습니다. 그러나 똑같은 내용입니다. 그것보다 더 확실하게 리더십에 관해 기록한 것이 바로 성경책입니다.

예전에 우리 집안의 성격이 지식적인 것을 좋아했습니다. 우리나라 조상들이 다 그렇습니다만, 특히 우리집도 지식을 숭상하고 지식을 통해 입신양명하려고 하는 의식이 강했습니다. 그러다보니 저도 지식 쪽에 굉장히 관심을 가지고 있고, 오죽하면 제가 하나님께 '제게 3년만 돈 걱정, 환경 걱정 안하고 공부시켜주시면 하나님을 위해 목을 내놓겠습니다!' 라고 기도 했겠습니까. 그런 지식적인 성향이 저희 집안도 그렇고, 저도 강했습니다. 그런 성향의 사람이 공부를 열심히 해서 공부한 지식을 통해 자신의 목적을 성취하면 되겠죠?

그런데 그렇게 하는 사람이 적습니다. 소수가 그야말로 출세하지 않습니까? 지식을 좋아하는 사람의 성향이 상당히 내적 교만이 심합니다. 다른 사람에 대해 헤아리거나 판단하기를 잘합니다. 그러다 보니 감성적이지 못해서 사람들이 따라와 주지 않습니다. 아예 그 지식으로 승부를 걸어서 똑똑한 사람이 되면 아마 사람이 따라올 것입니다. 옛 말에 '반식자 우환' 이라고 조금 아는 것이 우환이 되는 것입니다.

저도 그 중의 한 사람이었습니다. 제가 장사해도 사람이 따르지 않고, 친구 관계에서도 제 마음에는 대장 노릇하고 싶은데 친구들이 저를 대장되게 해주지 않습니다. 즉, 리더가 되지 못하더라 입니다. 그러한 제가 목사가 되었습니다. 하나님 말씀을 증거하고, 하나님을 사랑하고, 하나님께 열심히 기도하면 사람을 붙여주시리라 믿었습니다.

아무리 그렇게 하더라도 사람이 잘 모이지 않잖아요. 문제가 무엇인가 생각해 보니, 과연 다른 사람이 무엇 때문에 나를 따르면서, 지지하면서, 내가 가지고 있는 비전에 공감하고 협력할 것인가 생각해보니 나를 따라와 줄 이유가 없었습니다. 이러니 내가 목사일지라도 사람이 따라 와주지 않는구나하는 것을 심각하게 깨닫고 고민하고 하나님께 기도하기 시작했습니다.

"하나님, 제가 이러한 모습으로 목사가 되어서 교회가 어찌 부흥이 되겠습니까?" 결국 교회는 하나님의 말씀을 증거하는 곳 아니겠습니까? 그래서 성경말씀을 많이 읽고, 연구하기 시작한 것입니다. 물론 전부터 성경이 무엇을 말하는가에 대해 신학적으로 알고 있었습니다. 그러나 진실로 성경이 무엇을 말하는가를 찾아 들어간 것입니다. 많은 시간과 노력의 결과로 구약성경은 지혜를 말하는 것임을 알았습니다.

그래서 하나님께 지혜를 구한 것입니다. 야고보서 1장에 보면 너희가 지혜가 부족하거든 후히 주시고 꾸짖지 않는 하나님께 구해라 했습니다. 잠언 4장 7절 말씀에는 지혜가 제일이니, 많은 것이 있지만 그중에 제일이 지혜라 했습니다. 끊임없이 하나님께 지혜를 구했습니다.

여러분도 아시다시피, 솔로몬 왕이 한 아기를 데리고 두 엄마가 찾아와서 나의 아기입니다 하고 왕이시여 판단해주옵소서 했습니다. 여러분 같으면 어떻게 하시겠습니까? 그런데 솔로몬이 어떻게 했습니까? " 옆에 있던 장군에게 칼을 가져오너라. 이 아기를 쪼개서 나누어주어라" 했습니다. 그러자 한 엄마가 " 왕이시여, 현명한 처사입니다. 속히 그리하소서." 한 엄마는 "왕이시여, 아니 됩니다. 저 아기를 저 여자에게 줄 지라도 그리하시면 안 됩니다." 하고 왕에게 호소했습니다. 누가 아기의 엄마입니까?

여러분, 사건의 본질을 꿰뚫어 볼 줄 아는 직관력, 통찰력입니다. 명철입니다. 현상을 현상으로 보지 않고 현상 속에 담기어진 본질, 핵을 꿰뚫어 볼 줄 아는 통찰력입니다. 예수 그리스도께서는 어떻습니까? 지금도 생각하면 가슴이 뛰는 이야기입니다. 간음한 여자를 많은 사람이 끌고 왔습니다. "예수시여, 이 여자가 간음하다 현장에서 잡혔나이다. 우리가 돌로 치리이까?" 예수께서 잠잠히 앉으셔서 땅에 글을 쓰시고 서서히 일어나서 하시는 말씀이 "너희 중에 죄 없는 자가 이 여자에게 먼저 돌로 치라." 했습니다.

여러분, 솔로몬에게 본질을 꿰뚫어 볼 줄 아는 통찰력을 주신 분은 바로 예수 그리스도이십니다. 예수께서 그에게 주시는 것입니다. 여러분 스스로 자생적으로 솟구치는 것이 아닙니다. 많은 사람이 지혜에 대해서 오해하는 것입니다. 살다보면 지혜롭게 되겠지, 공부하고 노력하면 지혜롭게 되겠지 합니다. 물론 그렇게 안 하는 사람보다 지혜롭습니다.

그러나 참 지혜는 제가 여러분에게 이 손수건을 가지고 던져서 여러분이 받으면 여러분 것이 되는 것처럼 살아계신 하나님이 친히 주시는 것입니다. 그래서 하나님이 야고보 사도를 통해 "너희 중에 지혜가 모자라거든 후히 주시고 꾸짖지 않는 하나님께 구하라." 한 것입니다. 저도 이 말씀을 이렇게 깨달은 것입니다. 하나님, 저에게 지혜를 주옵소서! 했습니다.

지혜가 무엇인가 했더니 말이 지혜입니다. 말이 지혜인데 내가 지혜를 얻으려면굉장히 지혜로운 분에게 가서 배우면 되잖아요, 여러분, 지혜롭습니까? 그런데 왜 지혜를 안 배우고 텔레비전 보고, 잠자고 있습니까? 하나님은 지혜를 주는 분입니다. 말이 지혜입니다. 지구상에 살다간 사람들 중에 많은 사람이 많은 말을 했습니다.

누구 말이 최고입니까? 하나님 말이 최고입니다. 어떻게 이 책이 하나님 말씀이라고 증명할 수 있느냐? 경험할 수 있습니다. 이 책이 하나님이 친히 하신 말씀임을 너무 깊게 넓게 충격적으로 깨달을 수 있습니다. 지혜는 말인데 성경말씀 속으로 들어갔습니다. 들어갔다는 것은 물에 손가락이 들어간 것과 같습니다. 제 마음이 성경 속으로 들어갔습니다. 그랬더니 하나님 말이, 지혜자의 말이 나의 마음으로 들어간 것입니다. 이것이 one heart 입니다.

제가 여러분들에게 궁극적으로 해드릴 수 있는 것이 바로 이것입니다. 제가 여러분에게 이것을 해드릴 것입니다. 여러분이 나를 따라오시면 여러분도 나처럼 하라, 이렇게 되어지라 이 말입니다. 이렇게 되어진 것이 나의 '나' 됨입니다. 그랬더니 내 마음에 하나님의 말씀이 들어왔습니다. 나의 사상과 나의 정서, 나의 의지력, 나의 영이, 나의 양심이 하나님의 지혜로 바뀌어지는 것입니다. 제가 수학이나 상담학이나 국문학을 전문적으로 공부한 사람이 아닙니다.

이 성경말씀이 무엇을 이야기 하냐면, 하나님을 이야기 하고, 인간을 이야기 하고, 생명을 이야기 합니다. 생명을 이야기 한다 함은 살림살이를 이야기 하는 것입니다. 그래서 여러분들의 마음이나, 삶이나, 영이나, 귀신이

나, 여러분의 삶이 잘 되거나 안 되거나 모든 전반적인 부분에 대해서 저하고 이야기 하면 제가 여러분들의 현재 직면한 문제에 대해서 희한한 답들이 제 속에서 쏟아져 나옵니다. 말하고 있는 도중에 알아집니다.

상담학에는 관계의 기법이 있습니다. 내담자가 어떻게 할 때, 상담자가 어떻게 할 것인가 기법을 배우는 것입니다. 저는 그 사람의 사전 정보도 필요 없습니다. 단지 그 사람과 이야기하면 그 현장에서 그 사람에 대해 주님께서 탁탁 알게 하십니다. 솔로몬 왕이 두 엄마가 왕이시여 내 아기입니다 할 때 왕이 3일 후에 와라 하고 골똘히 연구하고 대신들 모아서 논의 했습니까? 예수께서 참소하는 무리들을 향하여 30분 후에 보자 하십니까? 그렇지 않습니다.

성경에는 이런 말씀이 있습니다. 마태복음 10장에 너희가 관원에게 붙잡혀 가거든 미리 말할 것을 준비하지 말라 했습니다. 현장에서 너희에게 말씀을 줄 것이다. 이 말씀을 성령께서 주시겠다 이 말입니다. 그래서 저는 준비 안 합니다. 차라리 저는 설교 준비 안 하는 게 훨씬 좋습니다. 목사님, 이것에 대해서 설교해주세요 하는 게 훨씬 편합니다. 그동안 제가 나의 나된 작업을 한 것입니다.

어제도 제가 사람을 만나 이야기하면서 잠시 잠깐 후에 하나님께서 그 사람에 대한 대답을 주셨습니다. 저도 신기하다 하면서 하는 것입니다. 이것을 이사야서에 보면 이사야 선지자가 그는 기묘자요 라고 했습니다. 예수 그리스도는 모사요, 모략이요 했습니다.

우리가 오늘 읽은 본문을 기록한 분이 사도 바울 목사님입니다. 이분이 나의 나 된 것은 하나님의 은혜다 했습니다.

여러분, 제가 몇 년 전에 누구와 이야기 하면 해답이 탁탁 나왔습니까? 십 몇 년 전만 해도 누가 상담하러 오겠다고 하면 도대체 이 사람을 어떻게 상담해야 하는지 안절부절못했습니다. 이 사람이 A라고 하면 나는 다 듣고 B이야기를 했습니다. 아이고, 빨리 갔으면 좋겠다! 했습니다.

그러나 지금은 사람 만나는 게 즐겁습니다. 그리고 제가 이렇게 말할 수 있습니다. 이것은 결코 저를 자랑하는 것이 아닙니다. 저의 옛 모습을 자랑하라고 하면 저는 멍청해서 그 사람이 무엇을 이야기 하는지 잘 헤아리지 못했습니다. 그러나 지금은 그 사람이 헤아리지 못하는 부분까지 알 수 있습니다.

이것이 고 목사가 엄청나게 노력했더니 스스로 이루어진 것입니까? 전혀 아닙니다. 주님께 구한 것입니다. "하나님, 제게 이것을 주십시오." 그리고 제가 그러한 모습으로 살아가고 그렇게 사람을 대하는 나 자신을 꿈꾸었습니다. "하나님, 저를 그렇게 만들어 주세요!" 끊임없이 완성된 모습을 바라보았습니다. 여기서 끝났습니까? 천만에 그렇지 않습니다. 주님께서 우리에게 이보다 큰일을 보리라 하셨습니다.

주님께서 저를 이렇게 만들어주신 그 자체가 제 공로가 아니라 하나님의 은혜라 이 말입니다. 하나님의 은혜라는 정확한 뜻은 하나님이 우리와 함께 하신다 입니다. 하나님은 영이십니다. 귀신도 영입니다. 하나님께서 우리의 마음에 들어오셔서 우리와 함께 하시는 것입니다. 이것을 임마누엘이라 한 것입니다. 주님이 내가 세상 끝날 까지 함께 하겠다고 약속해 주신 것입니다.

옆에 와 있는 것이 아니라 내 안에 들어와 주시는 것입니다. 그분이 내 안에 들어와 주시니까, 내 생각과 감정과 뜻이 하나님의 감정과 하나님의 지혜와 명철을 소유하게 되는 것입니다. 이것을 여러분에게 제가 터득한 하나님의 은총을 드리고 싶다는 것입니다.

예전에 저도 어떻게 설교했는가 하면, 예수님은 이렇게 모략이 뛰어난 분입니다. 예수님은 너무나 지혜가 넘치시는 분입니다. 우리도 예수님을 본받아서 그렇게 살아갑시다. 아멘! 해놓고 흩어지면 여러분이 지혜로워 집니까? 그렇지가 않잖아요. 저는 이제 그렇게 설교하지 않습니다.

제가 예수 그리스도는 지혜자이시고, 기묘자이십니다. 말하는 것은 제가 기묘자로서 하나님을 체험하고 그 가운데 자라나고 있으면서 여러분에게 말씀드리고 있는 것입니다. 여러분 나를 따라오시면, 주님께서 내게 지혜를 주신 것처럼 주님께서 여러분에게 지혜를 주신다 입니다. 예수 그리스도를 배우자, 예수 그리스도를 알자 차원이 아니라 예수 그리스도처럼 되자 입니다. 나의 나 되었다는 것은 나 자신이 예수님처럼 되어지는 것입니다.

아브라함, 요셉, 모세를 아십니까? 엘리야는 너무나 위대한 선지자입니다. 그가 기도하면 하늘에서 불이 와서 제물을 불살랐습니다. 그가 기도하자 3년 6개월 동안 비가 안 왔는데 비가 왔습니다. 그래서 감히 엘리야를 두 눈으로 쳐다보기조차 어려운 사람입니다.

그러나 여러분도 그렇게 될 수 있습니다. 제가 그 길을 가르쳐 드리겠습니다. 엘리야보다 더 큰 권능을 소유할 수 있습니다. 엘리야와 모세를 합친 것과 같은 권능을 주님께서 주십니다. 그것을 어떻게 받느냐하면 이 미련한 고 목사에게 가르쳐 주셨다 이 말입니다.

본래 엘리야는 우리와 차원이 다른 사람입니까? 요셉, 다니엘은 국무총리였는데 이 사람은 처음부터 우리와 차원이 다른 사람입니까? 우리와 똑같은 사람입니다. 성경에 나오는 예수님 빼고 모든 사람들은 모두 우리와 똑같은 사람입니다. 이런 사람들을 불러내서 하나님의 것을 친히 주어서 만든 것입니다.

여러분은 어떠실지 모르겠지만 저도 엘리야, 모세 발톱의 때만큼도 꿈을 못 꾸었습니다. 지금도 밖에 나가 기독교인들에게 바울처럼, 베드로처럼 할 수 있느냐 물어 보십시오. 전혀 상상을 할 수 없는 것입니다. 여러분, 목사 중에 가장 멍청한 고 목사가 처박혀서 바울처럼, 베드로처럼 되는 것을 연구한 것입니다. 깨닫게 하신 말씀으로 나의 나 되는 작업을 하는 것입니다. 앞으로 하나님께서 보여주시겠지만, 귀신은 아무것도 아닙니다. 귀신은 두 손 두 발 들고 다 사라집니다. 불치병도 고쳐지고 무엇보다 하나님의 거룩한 말씀을 통해 여러분의 심성을 새롭게 해서 새 사람을 만드는 작업을 하나님께서 하실 것입니다.

여러분은 나의 나 된 것이 무엇인지 보십시오. 무엇으로 만들었습니까? 미움으로 만들어졌습니까? 열등감으로 만들어졌습니까? 그래서 조금만 잘난 사람 만나도 열등감이 나옵니다. 무능력으로 만들었습니까? 그런 사람은 작은 장애물만 만나도 나는 할 수 없다 합니다. 진실로, 진실로 권고하는데 깨어나길 바랍니다. 열등감에서 깨어나야 해요. 전부 허상, 거짓입니다. 미움, 절망, 낙심, 무기력 모두 거짓입니다. 거짓으로 나를 만든 것입니다. 천국은 성경은 사람의 상태를 말하는 것입니다.

예수께서 자기를 I am the light, I am the resurrection(부활), 상태를 말하는 것입니다. 아브라함, 야곱, 요셉, 예수 그리스도의 상태로 만들어 내는 것입니다. 아브라함도 I am a light 이렇게 말할 수 있는 것입니다. 오늘도 마찬가지입니다. I am a 지혜, I am a 명철, 다 상태로 만들어 지는 것입니다.

하나님 말씀의 위대함이 여기에 있습니다. 사람은 아무리 지혜로워도 자기 자신을 줄 수 없습니다. 그런데 하나님은 자신을 사랑하는 자에게 자기를 통째로 주십니다. 그것을 마음에 주십니다. 성부, 성자, 성령이 내 마음에 들어와 버립니다. 그래서 내 자신이 그렇게 지혜로워지고 명철해지는 축복을 누리는 것입니다.

여러분은 게으름으로 나를 만들죠? 왜 게으름을 떠냐면 게으름으로 내가 만들어졌기 때문입니다. 옆에서 게으름 떨지 말라고 해도 게으름 떠는 것이 나잖아요. 왜 가난하십니까? 나의 나 된 것이 가난입니다. 가난이 내 정서에 스며져 있습니다. 내 생각 깊은 곳에 그 가난이 스며져 있습니다. 내 영 깊은 곳에 금광석 끝 철필로 새겨져 있습니다. 고성규는 가난하다! 이것을 정서, 생각으로 찾아낼 수 있습니다. 그것을 혼자서 내 의식을 가지고 마음 깊이 들어가서 본 느낌이나 모양을 수면 위로 끌어 올려서 주님의 보혈로 전부 깨끗이 씻어 냈습니다. 우리 마음 속 깊은 곳에 들어 있는 것을 없앨 수 있는 유일한 길은 예수 그리스도의 피 밖에 없습니다. 예수 그리스도의 피가 우리에게 위대한 능력을 경험시켜 주는 것입니다. 그것을 다 꺼내서 깨끗하게 씻어 내는 것입니다. 그리고 새겨 넣는 것입니다. 예수 그리스도가 부요하시니 나도 부요하다 하는 것입니다. 부요로서 나의 나됨을 만들어야 합니다.

하나님께서 이루어 주심을 전제로 하고 제가 세상 누구에게나 말할 수 있습니다. "나를 따라오십시오. 당신의 소원을 이루어 드리겠습니다." 너무 오만하다고 생각하십니까? 그렇지 않습니다. 고성규는 멍청합니다. 그러나 내 안에 계신 예수 그리스도 삼위일체 하나님, 그 분의 이름으로 병자도 괜찮고, 가난한 자도 괜찮고 누구든지 괜찮습니다. 원하는 것을 성취하도록 옆에서 도와드릴 것입니다.

여러분, 세상이 급속도로 변화되고 있습니다. 굉장한 속도로 변화되면서 이익을 도모하고 있습니다. 문화, 정치, 예술의 변화의 정점에 경제가 있습니다. 경제를 위해 변화되고 있습니다. 대통령도 예전처럼 군림하면 국민에게 호감을 얻지 못합니다. 국민이 원하는 것을 성취시켜 줄 수 있는 지도자를 원하는 것입니다. 우리 주변에 일어나고 있는 모든 것들이 경제적 수준의 향상입니다. 그래서 많은 물질을 소유하고 편안하게 살고자 하는 욕구로 충만합니다. 이것을 위해서 세상이 급속도로 바뀌고 있습니다. 모든 나라, 각 도시들 마다 서로 경쟁을 하고 있습니다.

아랍의 두바이는 놀라운 세상으로 바뀌어졌습니다. 한가한 시골 어촌 마을이었습니다. 아랍 계통에 유통을 하는 경제인들 조금 있었는데 지금은 세계의 정치인, 경제인들이 최고로 주목하는 그런 도시로 탈바꿈되었습니다. 이 변화를 주도한 사람이 아랍의 한 왕자입니다.

제가 무슨 말을 하려고 하냐하면 여러분이 무엇을 하고 있느냐 하는 것입니다. 저는 슬픕니다. "저는 게으릅니다." "저는 힘이 없습니다." 제가 여러분에게 선포하는 말씀은 이론이나 개념을 설명하는 것이 아니라 되자 입니다. 제가 안 되어지면 이렇게 이야기 하지 않습니다. 그렇게 한가하게 사신다는 것입니다. 별로 어렵지도 않습니다. 우리에게 하버드 나오고, 영어의 도사가 되라 하면 너무나 어렵습니다. 하나님이 주시겠다 이 말입니다. 지혜를 주고 명철을 주십니다.

주님이 이런 말씀을 하셨습니다. 옛 사람을 벗어 버려라! 옛 사람이 무엇입니까? 슬픔으로 만들어진 나입니다. 어리석음과 교만으로 만들어진 나입니다. 절망으로 만들어진 나입니다. 몸을 편하게 하는 나입니다. 이런 것들을 벗어 버리라 이 말입니다.

자기 몸을 편하게 해주고 열등감으로 만들어진 나, 게으름으로 만들어진 나 이것이 진정한 나의 정체성입니까? 저는 할 수 없습니다. 이 설교를 듣고도 집에 가서 발 뻗고 텔레비전 보고 있습니다, 의식이 없다 그 말입니다. 살아 있는 의식이 되어져야 합니다. 또렷해야 합니다. 예리하고 날카로워야 합니다. 송곳 끝이 펑퍼짐해서 무엇을 찌르겠습니까? 공부를 왜 못하냐면 마음을 예리하게 못하기 때문입니다.

그렇게 살면 우리가 3류를 못 벗어나는 것입니다. 리더가 될 수 없잖아요. 저도 리더가 될 수 없는 3류 출신이었습니다. 마음은 나도 잘 살고, 대장되고 싶다했습니다. 제 가슴에 그것이 충만했습니다. 그런데 실력이 안 되잖아요.

지금 16년째 해오고 있습니다. 생각건대 1~2년 정도 저를 더 만드실 것입니다. 눈에 띄게 나를 축복하시거나 교회를 부흥케 되거나 하기 보다는 앞으로 완벽하게 만드실 것입니다. 완벽한 한 점을 만들어 내는 것입니다. 많은 것을 소유하고, 많은 것을 알려고 했습니다. 많은 것을 보고, 들으려고 했습니다. 그러나 다 필요 없습니다. 하나 딱 점입니다. 바로 예수 그리스도입니다. 씨입니다.

새사람이 되시기 바랍니다. 옛사람은 아담입니다. 새 사람은 예수 그리스도입니다. 옛 사람 아담은 옛적 일, 지나간 일입니다.

이사야 43장에 옛적 일을 생각하지 말아라 했습니다.

전도서 8장에는 옛날에 잘 나갔다 하는 사람들은 미련한 사람이라 했습니다. 옛적 일로 나 자신을 만든 사람들, 슬픔, 낙심, 분노, 수치심, 미련, 어리석음이 바로 옛적 일입니다.

이런 사람들은 유혹의 욕심을 따라 썩어져 가는 구습을 쫓는 사람입니다. 누가 조금만 유혹하면 게으른 자에게 너 이러 이러 하니 가서 자라 하니까 가서 잠자 버리는 것입니다. 돈을 좋아하는 사람은 누가 푼돈으로 유혹하면 욕심을 따라 뇌물을 챙기는 것입니다.

이러한 옛 사람을 벗어 버리는 것입니다. 열등감이 심한 사람은 너는 학교를 그렇게 밖에 못나왔냐 하면 폐쇄적이고 방에 들어가는 것입니다. 이 옛 사람을 벗어버리지 못하면 가난을 못 벗어나는 것이고 리더가 전혀 되지 못하는 것입니다. 의와 진리의 거룩함을 따라 지으심을 받은 새사람을 입으라 그 말입니다.

결론을 말씀드리겠습니다.

주님께서 아브라함, 야곱, 요셉 우리와 어디 하나 다른 것 없습니다. 불러내서 아브라함을, 야곱을 , 요셉을 위대한 사람으로 만들어냅니다. 이 사람이 끝까지 추구했던 것이 바라봄입니다. 그 말씀을 바라본 것입니다.

아브라함아 내가 지금은 네가 자손이 없지만 네 자손들이 하늘의 별처럼 많도록 만들어주겠다 이것을 바라본 것입니다. 그리고 이것을 아브라함이 꿈꾸는 것입니다. 동서남북을 바라보면서 내 후손이 저렇게 많을 것이다. 자식이 하나도 없는데 열국의 아비라 했습니다.

나는 이래요, 저래요. 깨뜨리십시오. 나는 이래도 주는 하실 수 있습니다. 우리가 할 일은 주님의 말씀을 끈질기게 또렷하게, 명료하게 바라보는 것입니다.

제가 16년간 눈에 띄는 것은 없었지만 참을 수 있었던 것은 끊임없이 바라보았습니다.

내가 예수님처럼 말하고 행동하고 나를 통해 하나님께서 드러나시는 것을 꿈꾼 것입니다. 제 영광입니다. 제 자신을 모두 드리겠습니다. 이 시대에 말하여 주십시오. 교리와 조직과 철학에 갇혀 있는 교회를 향하여서 하나님이 나를 통해 말씀해 주십시오. 제가 꿈꾼 것입니다. 바라시는 여러분이 되시기 바랍니다. 그렇게 되기 위해 기도하셔야 합니다. 게으름의 허상, 나의 조건을 바라보는 허상들을 깨뜨리고 예수 그리스도의 하시는 말씀을 바라보는 것입니다.

24
형상과 모양

「하나님이 이르시되 우리의 형상을 따라 우리의 모양대로 우리가 사람을 만들고 그들로 바다의 물고기와 하늘의 새와 가축과 온 땅과 땅에 기는 모든 것을 다스리게 하자 하시고 하나님이 자기 형상 곧 하나님의 형상대로 사람을 창조하시되 남자와 여자를 창조하시고 하나님이 그들에게 복을 주시며 하나님이 그들에게 이르시되 생육하고 번성하여 땅에 충만하라, 땅을 정복하라, 바다의 물고기와 하늘의 새와 땅에 움직이는 모든 생물을 다스리라 하시니라 하나님이 이르시되 내가 온 지면의 씨 맺는 모든 채소 와 씨 가진 열매 맺는 모든 나무를 너희에게 주노니 너희의 먹을 거리가 되리라 또 땅의 모든 짐승과 하늘의 모든 새와 생명이 있어 땅에 기는 모든 것에게는 내가 모든 푸른 풀을 먹을 거리로 주노라 하시니 그대로 되니라 하나님이 지으신 그 모든 것을 보시니 보시기에 심히 좋았더라 저녁이 되고 아침이 되니 이는 여섯째 날이니라」

(창세기 1: 26~31)

오랫동안 연습하고 훈련한 경주마가 스타트 라인에 서서 심판의 사인만 기다리고 있는 상태입니다. 이것이 꼭 저와 같습니다. 주님께서 "땅"하고 총을 쏘면 "핑"하고 날아가는 것과 같습니다. 이것이 오랫동안 그랬는데 제 몸에 힘이 넘치니까, 제 육신의 힘으로 하려는 경향이 많았습니다. 그러나 지금은 육체의 힘이 빠졌습니다.

하지만 제 마음에는 이것이 출렁 출렁거립니다. 장전된 총알과 같고 화살과 같습니다. 주님께서 활시위를 놓기만 하면 날아가는 것입니다. 여러분도 이렇게 하십시오.

단연코 말하는데 삶은 이렇게 사는 것입니다. 어떤 날을 준비하는 것입니다. 주인을 위해서 말입니다. 여러분 스스로가 주인이 아닙니다. 오해와 착각에서 빨리 깨어나시기 바랍니다. 내 자신이 주인이고 내 삶의 주인이 자신이면 굉장히 허망해져버립니다. 죽으면 끝나기 때문입니다. 그러나 죽으면 끝나는 게 아닙니다. 만물이 주에게서 나와서 주께로 돌아가는 것입니다. 너무나 멀리 왔기 때문에 여러분이 주님을 모르는 것입니다.

목사로서 제가 도덕이나 윤리 따위를 가르치려고 한다면 절대로 목사를 하지 않을 것입니다. 살아 계신 주 예수 그리스도, 실존하시는 그분, 그분을 언제든지 만날 수 있고, 볼 수 있습니다.

여러분이 왜 주님을 모르냐면 너무 멀리 왔기 때문입니다. 너무 멀리 와서 이성이 허망해지고, 감성이 무감각해졌고, 여러분의 영은 죽어버린 것입니다. 이것을 다시 돌이키는 것입니다. 돌이키면 이성이 살아나고, 감성이 살아나고, 영이 살아나는 것입니다. 그래서 살아계신 예수님을 너무나 명백하게 보게 되는 것입니다. 그 앞에 무릎을 꿇지 않을 수가 없고, 애곡하지 않을 수 없고, 감격스럽지 않을 수가 없는 것입니다.

여러분이 다만 이 사실을 모르고 있는 것입니다. 예수께서 십자가에 못 박히실 때에 "주여, 저들을 용서해 주십시오. 저들이 모르고 저럽니다." 진리를 모르기 때문입니다. 저도 그랬습니다. 여러분도 똑같습니다. 하나님이 어디 계시느뇨? 합니다. 너무 멀리 떨어져서 그런 것입니다. 교회 생활은 다시 하나님께 돌아가는 것입니다.

인간이 왜 허망합니까? 허망하지 않게 이름을 남기려 하고, 높은 자리 차지해서 역사 속에 자기 이름 석 자 새기려고 하는 것입니다. 코를 5분만 막고 계셔 보십시오. 픽하고 가는 것입니다. 사람은 이렇게 허망한 것입니다. 우리가 하나님께로 와서 지구에서의 삶은 하나님을 배우고, 하나님의 집으로 돌아가는 것입니다. 이것을 놓쳐버리면 지구에서의 목표, 의미, 뜻 완벽하게 상실하는 것입니다. 사람들이 허망하고, 쓸쓸하고, 외로워하는지 아세요? 돈이 없어서 입니까? 아니면 이성친구가 없어서 입니까? 원초적인 것이 그런 것이 아닙니다. 그래서 사람들이 돈도 벌어봅니다. 그래도 쓸쓸하고 허망하고 뭔가 나답지 않은 것입니다.

여러분들이 그리스도 예수님을 만나게 되면 이런 허망한 것들이 다 사라져 버리고, 내가 만나야 할 것들을 만나게 되고, 내가 있어야 할 자리에 있게 되고, 채워져야 할 것들이 완벽하게 채워지는 것입니다. "내가 나 답구나!" 사람이 사람답게, 나가 나다운 것이 무엇이냐면 의로 꽉 참입니다. 그런데 사람들은 의의 반대 것들로 채우려 합니다. 그러면 날마다 갈증 나고 목마르고 배고픕니다.

어디 가면 갈대숲이 좋고, 철새들이 많이 온대더라 하고 그런 곳에 가보십시오. 그러면 채워집니까? 가서 좋지만 돌아올 때 뭐가 채워집니까? 그런데 그리스도를 만나면 꽉 채워지는 것입니다. 화살로 돌아가겠습니다. 꽉 채워져 있습니다. 당기기만 하면 날아갑니다. 하나님께서 우리의 삶을 이렇게 하시기를 원하십니다.

예를 들어, 음악가로서 많은 시련과 고난을 겪으면서 음악을 연습해서 어느 경지에 도달해 보십시오. 자신감이 넘칩니다. 이론이나 실제나 음악에 대해서 강력한 자신감이 넘칩니다. 그래서 세상이 나를 알아주길 기다리는 것입니다. 미술, 체육, 학문 뭐든지 다 마찬가집니다. 하나님을 위하여 준비하면 하나님께서 이때다 하고 불러주시는 때가 있습니다.

제 삶은 평생 이것만 했습니다. 주님이 나를 불러주실 때만 기다렸습니다. 여러분도 무엇 하나 성취하려면 그것이 간단하지 않습니다. 저는 주님께서 "너 완벽하다 이제 내가 쓰겠다"는 소리를 들으려고 다른 것은 일체 안했습니다. 제 중심 마음은 이것에 초점 맞추어져 있었습니다. 많이 흔들리기도 하고 넘어지기도 했습니다. 그러나 중심이 흔들리진 않았습니다.

주님이 이제 됐다 할 때까지 말입니다. 이렇게 하니까 굉장히 편해집니다. 진실과 정직이 주는 평화와 자유입니다. 완전한 정직과 진실이 내 힘으로 되나요? 예수님은 되십니다. 그분의 것이 내 것이 됨으로 말미암아 나도 그처럼 되는 것입니다.

여러분, 지난 명절에 잘 지냈나요? 저는 명절이든 아니든 간에 끊임없이 진보하고 있습니다. 진보하십시오. 진보하지 않는 것은 짐승과 같습니다. 후퇴하는 것입니다. 의, 선, 지혜, 감사, 기쁨에 대해 진보하는 것입니다. 진보하지 않는 사람 욕심, 탐심, 수근 수근 거림, 자기 잘났음으로 가는 것입니다. 자유와 평화가 있지 않습니다. 그런 사람들과 하나님이 함께 하지 않습니다. 계속 시궁창 속으로 빠져드는 것입니다.

저는 매일 진보합니다. 제가 한다고 하니까 고성규를 자랑하는 것이 아닙니다. 저는 저의 힘으로 절대 할 수 없습니다. 예수 그리스도께서 나와 함께 하십니다. 오른손과 왼손이 합쳐지면 손이 하나로 보이듯이 그분으로 말미암아 나까지 자라나는 것이고, 그분으로 말미암아 평화가 내 것이 되어져서 나도 평안해지는 것입니다.

이것 안 하고 7, 80살 돼서 지구를 떠나면 너무나 허망합니다. 하나님이 "너 뭐했냐?", "저는 돈 버느라 힘쓰고 애썼습니다.", "저는 저 잘난 맛에 살았습니다.", "그래, 저 쪽으로 가라." 여러분, 무엇이 잘 났습니까? 저도 제가 잘난 줄 알았습니다. 날이 갈수록 나는 못 났고, 날이 갈수록 하나님의 은혜와 지혜가 온 누리에 충만하게 넘치는 것이 보입니다. 저는 그 분 것을 받아먹습니다. 여러분이 못 받아먹는 것은 자기가 잘났다고 하기 때문입니다.

나의 잘남을 버리게 되면 하나님의 잘남이 내 속에 침투해 들어옵니다. 이렇게 안 살고 싶으세요? 저는 왜 이런 설교를 하냐고 하면, 저도 여러분과 똑같았는데 해보니까 좋습니다. 그러니까 하나님이 너만 좋아하지 말고 가서 이야기 해줘라 해서 제가 목사하고 설교하는 것입니다. 여러분 나름

대로 고상하시죠? 저도 굉장히 고상한 줄 알았습니다. 여러분의 자존심을 상하게 하려는 것이 아니라 그렇게 해봤자 별 소용이 없다는 것입니다. 그렇게 해도 평화와 자유가 오지 않습니다.

우리 교회가 조그마하고, 제가 유명하지 않지만 주님과 함께 함으로 말미암아 자유, 평화, 감사, 지혜, 지식이 자라납니다. 끊임없이 제 지성이 자라나고 있습니다. 여러분 그럴 수 있습니까? 책을 읽지 않으면 지성이 자라나지 않습니다. 그런데 저는 일반 책 읽지 않고 성경만 봅니다. 그런데 끊임없이 제 지성은 살아서 역동적입니다. 그래서 사소한 것에서부터 위대한 것까지 주님이 가르쳐주십니다. 성도 여러분, 제가 가르쳐준 대로 해보십시오.

하나님이 사람을 만드셨습니다. 얼마나 잘 만드셨겠습니까? 여러분도 어떤 물건을 만든다고 하면, 여러분의 가진 역량을 총동원해서 만들 것입니다. 부족하다면 기술 배워서 좋은 부품을 구해서 완벽한 제품으로 만들 것입니다. 하나님이 사람을 너무 잘 만들었습니다. 너무 잘 만들어서 자기가 주인인줄 압니다. 왜 이런 일이 벌어지냐면 하나님의 백성들의 훈련 파트너로 마귀가 있기 때문입니다. 너무 무균 상태에 있으면 언제 세균에 감염될지 모르기 때문에 마귀를 투입시켜서 훈련시키는 것입니다.

그러데 처음 사람, 아담은 실패했습니다. 마귀가 하자는 대로 말을 들었습니다. 우리가 그분의 육신적 후손이기 때문에 모두 똑같은 죄악에 빠져 있습니다. 불순종, 불복종입니다. 하나님을 대적합니다. 고장 났습니다. 그 증거가 역사 속에서 서로 칼부림, 총부림으로 엄청나게 죽이는 것입니다. 인간의 고장 난 최고의 한 면이 죽이는 것입니다. 하나님은 살리는 것이고, 인간은 죽이는 것입니다. 그 뒤에 마귀가 있습니다. 인간은 그리고 교만합니다. 여러분 다 은근히 교만합니다. 교만하지 않다고 하는 사람들도 깊이 뿌리를 감추고 줄기와 잎사귀는 굉장히 겸손으로 가장하지만 뿌리는 완벽한 교만입니다. 여러분 속이 그렇습니다. 저도 그랬습니다.

그리고 사람은 거짓됩니다. 인간이 도덕적이면 자기가 자신을 보며 괴로워합니다. 이것도 양심이 많이 망가져 있어서 비도덕적인데도 별로 괴롭지 않습니다. 망가짐입니다. 그리고 불안하고 무섭습니다. 그리고 항상 남에 대해서 적대합니다. 이것이 마음의 병입니다. 육체의 병이 오고, 삶에 병이 온 것입니다. 망가진 증거를 이야기 해 드리는 것입니다.

교회가 무엇을 하는 곳이냐면, 하나님이 사람을 만들고, 마귀가 파괴시키고, 교회는 다시 만드는 곳입니다. 교회는 본래의 창조의 그 모양으로 돌아가는 곳입니다. 예수는 우리의 모양입니다. 예수는 우리의 형상입니다. 여러분은 누구의 모양, 형상입니까? 모양은 사람의 외모를 말합니다. 형상은 성품을 말합니다.

어떤 사람들은 공자의 모양을 닮으려고 합니다. 이분들은 머리에 갓 쓰고 한복 입습니다. 석가모니 모양 닮으니까 머리를 밀고, 그리고 목탁 두드립니다. 하나님이 사람을 만들었을 때 자기의 형상과 모양으로 만들었습니다. 그런데 마귀가 파괴시킵니다. 그래서 인간이 하는 짓이 공자를 갖다 놓고 공자 모양을 만듭니다. 그리고 논어를 열심히 공부하면서 형상, 성품을 만들어 내는 것입니다. 공자 50년 숭배한 사람은 공자처럼 모양을 갖추고 공자의 성품이 나오는 것입니다.

공자가 하나님이십니까? 여러분은 누구의 모양을 다 본 따죠? 태초에 하나님이 자기의 형상과 모양으로 만들었습니다. 그런데 하나님을 잃어버렸습니다. 우상을 만들었습니다. 우상을 만들어서 자기가 본 딴 것입니다. 세계적인 모든 음악가가 선생님을 본 땄답니다. 그리고 오랜 반복된 연습은 형상을 본받는 것입니다. 그래서 그 사람의 선생님의 형상이 나오고 성품이 나오는 것입니다.

그러므로 사람들은 저마다 자기를 창조합니다. 좋은 창조는 인간적이긴 하지만 좋은 선생을 만나는 것입니다. 좋은 선생님을 만나야 삶에 복이 오는 것입니다. 대개 잘나가는 1류, 2류의 사람들은 선생님에게 도움을 받아 자기 세계로 들어간 것입니다. 그런데 3류, 4류인 사람들은 선생님 두기 싫어합니다. 자기가 더 잘났기 때문입니다. 좋은 부모보다 좋은 선생을 만나야 하는 것입니다. 부모는 선택할 수 없지만 선생은 선택할 수 있기 때문입니다.

예수님은 가장 최고의 선생님이십니다. 예수 믿는 게 뭔지 아세요? 예수님 믿고 함께 있었더니 내가 예수님의 지혜처럼 되는 것입니다. 이것이 예수 믿는 것입니다. 교회 오래 다니고, 도덕이나 쌓는다고 그렇게 되는 게 아닙니다. 주님께서 세상 끝 날까지 함께 하겠다 하셨습니다.

모든 교회가 진실로 주님과 함께 한다면 지혜, 진실, 평화, 자유, 정직, 겸손이 넘쳐나야 합니다. 그런데 왜 이럴까요? 주님과 함께하는 법칙을 모르고 주님께 도덕 배우고 돈 달라고 하기 때문입니다. 그래서 한국 교회가 진보가 없는 것입니다. 하나님께서 사람을 만드신 것을 믿으시기 바랍니다. 속에 아닌 거 같은데 하는 것은 나가라고 해야 합니다. 그리고 하나님 저 만나주세요 하고 구해야 합니다. 그러면 그분이 기뻐하십니다.

여러분의 마음씨는 형스럽습니까, 동생스럽습니까? 기준을 말씀드리자면, 형은 흔들리지 않고 형답습니다. 그래서 동생들이 형님해도 거리끼지 않습니다. 동생은 약하고, 의지하고 싶고, 도움 받고 싶고, 모자랍니다. 그런데 형은 꽉 차 있습니다. 사회 이야기를 해봅시다. 사회에선 나이를, 신분을, 소유를 따집니다. 그래서 자기보다 신분이 높고, 돈이 많으면 형님 취급합니다. 사회 구조가 그렇습니다.

질문하겠습니다. 여러분에게 누가 형님 할 때, 사회적 관습에 따라 형님을 해줘야 합니다. 속이 힘들죠? 속은 동생이기 때문입니다. 그런데도 불구하고 사회적인 신분 위치 때문에 그렇게 묻어 돌아갑니다. 악의 세계에선 더 센 사람이 형님입니다. 더 센 사람이 조폭세계에서 목숨을 아까워하지 않는 사람입니다. 형님 노릇하려면 악의 세계에선 악이 세야 합니다. 그래서 악인의 세계에선 악으로 더 달음박질 하는 것입니다. 그런데 선의 세계에선 베풀어줘야 합니다. 식당에 가면 형님이 돈을 내는 것입니다. 베풀만한 위치에 있지 않으면 형님 자리에서 빠져나올 수밖에 없는 것입니다.

그런데 여러분 그러지 마세요. 제가 세상을 이기는 방법을 다 가르쳐드리겠습니다. 시편 27편에는 군대가 내 앞에 진을 칠지라도 내가 두려워하지 아니 하리로다 라고 이야기 하는 것입니다. 조폭들이 나를 건드리면 외형적으로 내가 열세이지만 예수님이 훨씬 셉니다. 잘못하지 않았는데 사람들이 여러분을 핍박할 때, 이 현상을 깨트리고 우뚝 설 수 있는 지혜와 방법이 성경에 다 있습니다.

누가 저를 건드리면 저는 물리적으로 손을 쓰지 않습니다. 제가 불편해하면 하나님이 제 소리를 들으시고 그의 부리는 종, 천사를 보내 응징하십니다. 성경에 네 원수를 네가 갚지 말아라 내가 갚으리라가 나와 있습니다. 저는 원수가 생기면 왜 원수가 생겼을까 세밀하게 검토해서 제가 잘못한 것을 하나님께 말씀드립니다. 그런데 저 사람이 좀 심하게 한 것 같습니다 하면 하나님이 알아서 하십니다. 원수 앞에서 내게 상을 베푸는 것입니다. 이것은 사실입니다.

여러분이 알고 있는 것이 거짓이고 제가 여러분에게 가르쳐드리는 게 사실입니다. 믿음은 바라는 것들의 실상입니다. 사람은 다 거짓되되 하나님만 참되시다 한 것입니다. 세상의 주인은 사람이 아니라 그 뒤의 마귀입니다. 하나님께서 사람이 마귀를 못 이기기 때문에 성령과 예수를 보내서 믿는 자에게 함께 하사 이 마귀를 이길 수 있는 힘과 능력을 예수님을 통해 하는 것입니다.

예수님은 형입니다. 완벽한 형입니다. 그래서 우리가 동생으로서 아무리 졸라도 다 해주십니다. 그 형님이 아버지께 받았다고 합니다. 최고의 형님은 예수 그리스도이시고, 그분하고 함께 할 때 형에 대해 터득이 되어집니다. 그래서 제가 목사로서 여러분에게 얼마든지 형님 할 수 있는 것입니다.

예수가 하나님의 맏아들이신데 예수가 우리 역사 속에 왜 등장하냐면 예수로 모양을 만들고, 속으로는 형상을 만들기 위해서입니다. 하나님께서 너의 모양이다 본 따라 한 것입니다.

모든 분야마다 모범이 있어야 합니다. 이것을 좋은 면에서 인맥이라고 할 수 있지만 우리는 하나님이 영이시니 영맥입니다. 예수는 우리의 모양이고 형상입니다. 더 축소시켜서 예수님은 나의 형상이고 모양입니다.

하나님께서 그 나라와 그 의를 먼저 구하라 그러면 이 모든 것을 더하시리라 하셨습니다. 우리가 주님의 형상과 모양을 완성해 가는 것입니다. 공자나 석가모니가 진리가 아니라 오직 예수 그리스도만이 진리입니다. 그래서 그분의 형상과 모양을 본 땄을 때 진리의 옷을 입은 것입니다. 이것을 주님께서 진리를 알아라, 진리가 너희를 자유롭게 할 것이다. 이것을 아는 것입니다. 공부해서 아는 것이 아닙니다.

예수 그리스도는 형님입니다. 보십시오. 속은 동생인데 세상살이에 의해서 형님 노릇을 합니다. 악의 세계는 더 큰 악이 형님이고 선의 세계에선 베풀어야 형님인데 그런데 그렇게 못해 스트레스가 옵니다. 남편이 밖에서 왕 노릇 못하면 집에서 왕 노릇하려고 하니까 가족들이 시종이 됩니다, 그런데 지금 시대에선 그것도 잘 안되니까 왕따가 됩니다. 이것도 저것도 없는 나는 예수께로 가는 것입니다. 그분은 나의 형님입니다. 그분으로부터 세상살이 이치를 터득하고 자유와 진실과 지혜를 터득하는 것입니다.

그림이 모양만 있고, 형상이 없으면 팔리지 않습니다. 음악이 곡조만 있고 형상이 없으면 예술이 아닙니다. 과학이 모양만 있고 형상이 없으면 파괴이며 사람이 모양만 있고 형상이 없으면 짐승입니다. 형상은 친절, 부드러움, 아름다움, 진실함, 순진함, 위대함 등입니다. 아기들은 이런 것이 있으니깐 예쁜 것입니다. 어른들은 이런 것이 별로 없어서 싫은 것입니다. 짜증이나 답답함, 완고함, 욕심, 자기 이익만 추구함, 게으름, 어리석음 등 이런 것이 싫은 것입니다. 하나님도 싫어합니다.

결론은 하나님께서 자기의 형상과 모양으로 만드셨습니다. 마귀가 그것을 파괴시켰습니다. 교회와 목사가 하는 일이 나 먼저 고침 받아서 여러분들을 예수 그리스도의 형상과 모양으로 재창조하는 것입니다. 그러면 교회는 하나님의 몸이 되는 것입니다. 사울이 하나님의 몸을 건드렸습니다. 죽이고 감옥에 가두었습니다.

어느 날 다메스커스 길가에서 너무나 위대한 빛이 그에게 나타났습니다.

"사울아, 사울아 왜 나를 괴롭히느냐?",

"주여, 누구십니까? 제가 언제 건드렸습니까?"

하나님의 교회를 건드린 것이 하나님을 건드린 것입니다. 사울이 하나님의 몸의 본체인 예수 그리스도를 만나서 완전하게 탈바꿈 되어서 그리스도만 자랑하는 사람이 되었습니다. 이것이 사도행전 9장 이야기입니다.

여러분, 우리 교회는 예수님의 몸을 만드는 곳입니다. 예수님 몸처럼 거룩과 성결을 해 놓을 때 지상에서 가장 강한 교회, 하나님께서 가장 눈 여겨 보는 교회로 되는 것입니다. 여러분 각자가 되시기 바랍니다. 하나님의 형상과 모양으로 재창조되시기 바랍니다.

25

애통

「애통하는 자는 복이 있나니 그들이 위로를 받을 것임이요」

(마태복음 5:4)

하나님 나라를 이야기 했으면 여러분이 하나님 나라로 들어가야 합니다. 하나님 나라는 죽어서 들어가는 나라가 아니라 살아서 들어가는 나라입니다. 육신으로도 살아서 들어가고, 영으로도 살아서 들어가는 곳입니다.

오늘, 현재 하나님 나라에 들어가야 합니다. 그래야 여러분이 지구를 떠날 때도 하나님 나라에 들어갑니다. 오늘, 하나님 나라에 안 들어갔는데 지구를 떠날 때, 하나님 나라를 간다는 생각은 굉장히 위험한 생각입니다. 그렇게 교회를 다닌다면 엄청나게 돌이킬 수 없는 수치와 곤욕, 조롱, 고통을 당할 것입니다. 하나님 나라는 언제나 '현재' 입니다.

지구의 대기권 안에서 24시간, 4계절이 있습니다. 지구를 벗어나면 시간이 없고 항상 현재만 있습니다. 지구는 태양계 안에서 4계절, 24시간, 낮, 밤이 있어서 생활을 하는데 이것을 벗어나면 이러한 것이 필요없습니다. 이것을 과학자들이 여러 가지로 증명하고 있습니다.

하나님 나라는 한 마디로 현재입니다. 현재 여러분이 하나님 나라가 안 이루어지면 지구를 떠나는 날 눈 떠보면 매우 당황할지도 모릅니다. 그러지 말라고 성경이 미리 이야기 해 주는 것입니다.

하나님 나라는 영의 나라입니다. 그래서 물질로는 갈 수 없습니다. 하나님 나라 가려면 그동안 사용하고 있었던 내 몸을 벗어나서 나의 영이 하나님 나라에 가는 것입니다. 오늘 우리가 하나님 나라를 어떻게 가는가 하면, 하나님 나라는 여기 있다, 저기 있다가 아닙니다. 여기 현재 와 있습니다. 보이지 않는 하나님 나라에 우리 영이 들어가는 것입니다. 이 사실을 믿으시기 바랍니다. 밖에 있는 사람들은 믿지 않습니다.

그런데 여러분은 부르심을 받았습니다. 그래서 여러분들이 하나님 나라에 가라고 하면 아멘하고 믿습니다! 합니다. 부른 자는 많은데 택한 자는 적다고 했습니다. 택한 자는 여러분의 영이 오늘, 현재 하나님 나라에 들어가는 자입니다. 이것을 자세히 말하는 것이 성경입니다.

이것을 이야기 하지 않고 축복이나 받고, 사업이나 복 받으라고만 한다면 하나님 나라에 가라는 것입니까? 광야에서 고라 자손이 매일 애굽을 생각하고 모세만 대장이냐? 하다가 땅 속으로 들어갔습니다. 둘 중 하나입니다. 땅 속으로 들어가느냐, 하나님 나라로 들어가느냐 입니다.

오늘 들어가는 것입니다. 내일 들어가나요? 내일 일을 자랑하지 말라 했습니다. 그런데 오늘 돈 버느라 바쁩니다. 돈 좋아하면 망합니다. 돈 벌려고 대학 가고, 돈 벌려고 직장 다니지 마십시오. 여러분이 하나님 나라에 들어가면 모든 것이 부족하지 않게 해주십니다.

걱정하지 마십시오. 여러분 중에 따지고 보면 제가 제일 못난 자입니다. 세상살이에서 밥 벌어 먹기가 매우 힘든 사람이었습니다. 이런 저를 50년 동안 한 번도 안 굶기시고 편안하게 하셨습니다. 사는 게 너무 편안합니다. 사는 게 너무 좋습니다. 주님께 가면 더 좋겠습니다. 하나님 나라는 오늘 임하는 것입니다. 사탄이 이것을 못하게 하려고 돈 벌게 하고, 육체의 정욕을 좇아 많은 것을 생각하고 느끼게 하고 그쪽으로 가게 하는 것입니다. 먹고 사는 것이 힘들다고요? 왜 힘든 줄 아세요? 여러분의 성질이 나빠서 그렇습니다. 성질을 고쳐야 합니다. 성질을 지혜롭고, 평안하고, 친절하고, 집중력 있게 해야 합니다. 투덜거리고, 규모 없고, 신경질 내면 당연히 가난하게 사는 것입니다. 그래서 옛 사람, 옛 성질을 파괴시키는 것입니다. 그러면 새로운 성질이 나오는 것입니다.

주님께서 분명히 말씀하신 것이 말씀에 순종하면 꼬리가 되지 않고 머리가 되고, 밑에 있지 않고 위에 있게 하겠다고 약속하셨습니다. 이 약속 그대로 성취되는 것입니다.

저를 보세요. 저는 미련하고 멍청한 사람이었습니다. 저에게 겸손하다고 하지 마세요. 사실을 이야기하는 것입니다. 전에는 사람도 볼 줄 모르고, 버스 보낸 뒤에 손을 흔드는 멍청한 사람이었습니다.

하나님이 완전히 파괴시키는 것입니다. 파괴를 통한 새로운 건설입니다. 철저히 육성, 세상의 성격을 때려 부수고 하늘 성격으로 바꾸는 것입니다. 세상의 성격을 가지고 있으면 사는 게 불편하고 힘이 듭니다.

이것을 파괴시키고 하늘 성격으로 바꾸면 편안합니다. 제가 거짓말하는 것 같습니까? 사는 게 편안하고, 지혜롭고, 명철해지고, 끊임없이 하나님께서 창의적, 창조적 지성과 지혜를 공급하십니다.

저는 목사니까 이 부분에 있어서 명철하게 하시는 것입니다. 제가 만약 디자이너가 되었다면 세계적인 명품을 많이 만들어 냈을 것입니다. 디자이너는 창의적이어야 합니다. 창의적이려면 기존에 가지고 있던 것을 파괴시켜야 합니다. 그래야지 새로운 싹이 나오는 것입니다. 새로운 발상, 지혜가 나오는 것입니다.

옛것을 가지고 있으면, 나오는 게 옛것만 나옵니다. 못 벗어납니다. 자신이 박사 학위를 몇 개를 가지고 있어도 못 벗어나는 것입니다. 옛 것을 생각하지 말라, 이전 일을 생각하지 말라, 그것을 생각하면 그것만 나오는 것입니다. 이것을 때려 부수면 새로운 발상, 지혜, 명철, 새로운 환경, 창조적 지성이 나오는 것입니다. 세계적으로 성공한 창조적인 CEO들은 전부 제가 말한 대로, 성경에 말한 대로 하고 있는 것입니다.

나는 오늘 잡은 줄로 여기지 아니하고, 오늘 이루었다함도 아니요, 손에 잡았다 함도 아니요, 뒤에 것을 잊어버리고 앞으로 나아간다! 입니다. 뒤에 것이 무엇입니까? 여러분의 나쁜 성질입니다. 어쩌면 그 사람은 50년 동안 같은 이야기만 하는 줄 모르겠어?, 무엇을 시키면 꼭 그렇게 합니다. 옛 것은 철저하게 부수고 새로운 것을 쌓는 것입니다.

이것이 하나님의 세계 우주 경영 법칙입니다. 옛 것을 때려 부수면 죽는 줄 압니다. 절대 그렇지 않습니다. 때려 부수면 고민하고 애통합니다. 철저하게 때려 부술수록 애통이 세게 나옵니다. 여러분이 왜 애통이 안 나오는가 하면 안 때려 부셔서입니다. 그래서 제가 여러분을 때려 부수려고 하는 것입니다.

여러분 자신, 남편, 아내, 자식을 보십시오. 항상 그 타령이 그 타령입니다. 어찌 그러고도 잘 살길 바라십니까? 여러분의 30년, 40년, 50년 써 먹은 성질 가지고는 여러분의 현실이 개선이 안 되는 것입니다. 이상한 일 당한 것처럼 보이노라 입니다. 여러분 자신에 대해서 심오하게, 안개가 자욱하게 낀 것처럼, 여러분 자신과 세상을 보지 마십시오. 모든 인간, 삶은 명확하게 드러나는 것입니다. 거짓인가, 진실인가 명확하게 드러나는 것입니다.

여러분이 저에게 거짓으로 하는지, 진실로 하는지 모릅니까? 여러분이 모르십니까? 자신을 속이는 것입니다. 여러분이 왜 저를 사랑하라고 하느냐면 제가 여러분에게 하나님 나라를 줄 수 있는 권세와 예수 그리스도의 형상으로 찍어낼 수 있는 권세를 하나님께 받았기 때문입니다. 제가 하나님께 받은 것은 하나님 나라와 하나님 나라의 왕이신 예수 그리스도입니다. 예수 그리스도를 선물로 주시니까 이 모든 것을 은사로 주시지 아니하시겠습니까?

하나님께서 왜 저를 목사로 세우셨느냐 하면, "내게 네게 하나님 나라를, 예수를 준다! 가서 선포하고 가르치고 나누어 주라." 입니다. 영어 선생이 영어를 가르칩니다. 영국에서도 살고, 영어의 도사입니다. 학교에 가서 영어를 학생에게 안 가르쳐줍니까? 안 가르쳐주고 월급만 받습니까? 영어를 학생들에게 주잖아요, 가르쳐 주잖아요. 아이들이 영어를 받아서 영어를 할 줄 알게 되는 것입니다. 제가 예수 그리스도를 받았잖아요. 이 예수 그리스도를 목사니까 여러분에게 주는 것입니다.

여러분이 교회에 왜 나옵니까? 예수 그리스도를 받기 위해서입니다. 하나님 이번에 우리 아들 사법고시 패스하게 하옵소서! 하러 나오는 것이 아닙니다. 이런 것들은 보너스입니다.

예수님이 "공중에 나는 새를 보아라, 창고에 모아들이지도 아니하되, 먹이고 입히지 아니하냐. 들에 핀 백합화를 보아라, 솔로몬의 옷보다 더 낫지 아니하냐. 이렇게 다 먹이는데 너희를 어찌 아버지께서 잊으시겠느냐"하셨습니다. 왜 여러분이 사는 게 허덕이는가 하면 아버지가 아들에게 가르쳐 준 말대로 하지 않기 때문입니다. 그러면서 하는 말이 왜 나를 도와주지 않느냐합니다. 하나님이 도와주지 않는 다는 것을 마태복음 7장 7절에 너희 진주를 개, 돼지에게 던져주지 말라고 한 것입니다.

하나님께 왜 좋은 것을 받지 못합니까? 복잡하고 어렵게 생각하지 마세요. 인생이란 무엇일까? 심오하고 철학적으로 하는 것은 성경을 모르는 어둠의 사람들이나 하는 것입니다. 안보이니까 심오하게 인상을 써야 합니다. 우리는 보입니다. 너무나 명확하게 다 보입니다. 하나님 나라, 인간, 나 자신이 다 보입니다. 그래서 인상을 찡그리며 고민할 필요가 없습니다.

보십시오. 많은 사람들이 유식한 척 하는 것이 대부분의 사람들이 다 보지 못했는데 어떤 사람이 조금 경험을 했습니다. 그래서 조금 알았습니다. 그러면 사람들에게 심오하게 이야기합니다. 사람들이 다 모르니까 저 사람이 유식하고 대단한 사람이라고 합니다. 그 사람은 더 그것에 취해서 이야기 합니다. 그런데 우리가 보면 아무것도 아닙니다. 굉장히 심오하게 인생을 삽니다. 어두워서입니다.

요한복음 3장 19절~21절을 보세요.

「그 정죄는 이것이니 곧 빛이 세상에 왔으되 사람들이 자기 행위가 악하므로 빛보다 어둠을 더 사랑한 것 이니라 악을 행하는 자마다 빛을 미워하여 빛으로 오지 아니하나니 이는 그 행위가 드러날까 함이요 진리를 따르는 자는 빛으로 오나니 이는 그 행위가 하나님 안에서 행한 것임을 나타내려 함이라 하시니라」

세상에 빛이 왔습니다. 세상의 빛은 예수 그리스도입니다. 이분이 어떻게 나타났느냐 하면, 성경으로 나타납니다. 그래서 성경을 하나님께서 주었다는 것은 빛이 세상에 왔다는 것입니다. 그런데 사람들이 성경을 좋아하지 않습니다. 오히려 성경보다 더 어두움을 사랑합니다. 자기들의 행위와 마음씨가 악해서입니다.

이것을 주님께서 세상이 악에 속해 있다고 하시는 것입니다. 세상은 악합니다. 세상은 현상적으로 지금 사탄의 소유입니다. 정치, 권력, 물질 전부 사탄의 것입니다. 하나님이 허락하신 것입니다. 아담에게 맡겼는데 아담이 마귀가 가져가도록 줘 버렸습니다.

그래서 세상은 악합니다. 부모도 악하고, 자식도 악합니다. 그것을 서로 덮어 놓고 사는 것입니다. 그런데 부모와 자식 사이에도 이권이 개입되면 어떻게 됩니까? 부부 사이에도 이권이 개입되면 싸움이 나는 것입니다. 이것을 예수님이 악하다 하기 때문에 세상이 예수님을 미워하는 것입니다.

저는 여기 교회에서만 악하다고 하니 크게 미움 받지 않는 것입니다. 여러분이 악하지 않으십니까? 여러분이 세상보다 덜 악하니까 저를 덜 미워합니다. 그런데 여러분이 빛으로 더 이상 가까이 오지 않는 게 자기 악한 행위가 드러날까 합니다. 그러나 빛을 사랑하는 자는 저에게 가까이 옵니다. "목사님, 저 이래요, 저래요" 미주알, 고주알 이야기 합니다. 왜냐하면 자기 행위가 하나님 안에서 행하고파서입니다. 주님께서 제게 빛을 주셔서 저는 제게 있는 빛을 나누어주려 합니다. 빛이 되면 삶이, 세상이, 인간이 보입니다. 하나님 나라, 예수 그리스도가 보이는 것입니다. 예수님과 함께 자고, 먹고, 이야기 합니다. 항상 그렇습니다. 없는데 그렇게 이야기 하는 건 아닐까요? 저는 실제로 그리스도를 봅니다.

사랑하므로 잠이 들고, 사랑하므로 세계를 보고 분별을 합니다. 그래서 저는 사랑입니다. 저의 사랑은 하나님께서 자기의 사랑을 제게 부은바 된 사랑입니다. 샘물처럼 솟구치는 사랑을 제게 부어 주셔서 가지고 있는 것입니다. 그러므로 제가 사랑인 것입니다.

예수님은 빛이라서 그 분을 소망 삼고 따라가면 저처럼 되는 것입니다. 그래서 여러분들이 안 보이는 것이 아니라, 내가 이렇게 하면 잘하고 있고, 잘 못하고 있다는 선악간의 정확한 구분이 나옵니다. 미련과 무지와 어리석음을 보고 쫓아 낼 줄 알고, 지혜와 지식과 명철을 사모하고 좇아가는 것입니다. 이것이 다 알아지는 것입니다. 어린 아이에게 엄마가 가르쳐줘도 자기가 다 터득을 하는 것입니다.

여러분이 왜 안 되냐 하면 여러분의 영이 무지. 미련, 어리석음, 미움, 분노, 욕심. 거짓에 잡혀 있어서입니다. 건드리면 분이나 냅니다. 영이 잡혀 있어서입니다. 그런데 이것을 잘라내면 내 영이 알아야 할 것을 다 알아지게 됩니다. 하나님이 영이시고, 성경도 영이기 때문입니다.

성경은 문학 작품이 아닙니다. 고전 서적이 아닙니다. 성경은 영의 이야기입니다. 그래서 이 성경을 왜 모르냐면 성경이 영이기 때문에 영으로만 아는 것입니다. 영이 안 살아난 사람은 굉장히 심오하게 인상을 써 가며 찾아내려 합니다. 뭐 하나 찾아내면 아주 심오하게 이야기 합니다. 성경 말씀이 영이라서 내 영이 살아나서 읽으면 그냥 알아집니다. 시간이 한 살, 두 살, 세 살 자라면서 알아야 될 것을 알게 됩니다. 지금도 저는 날마다 알게 하셔서 탄성을 지릅니다.

하나님은 영, 성경도 영입니다. 그래서 여러분이 영이어야 합니다. 그런데 여러분이 육입니다. 육은 욕심과 거짓입니다. 그리고 욕심과 거짓을 차지하기 위한 분노입니다. 여러분이 영이 아니라 육체라서 성경을 모르는 것입니다. 그리고 교회 나와서 육체만 구합니다. 하나님은 잘 주시지도 않습니다. 하나님께 구하고 나서 자기가 해야 합니다. 실력이 없으니 분을 내고 힘들어 하는 것입니다. 저도 그럴 뻔 했는데 저는 제 자신을 보았습니다. 나는 멍청하고, 실력이 없구나, 체력도 약하구나, 세상적인 조건이 별로 없구나. 나는 파이터로서의 능력이 없구나! 를 깨달은 것입니다. 그래서 놓아버렸습니다.

그렇다면 살아남는 방법이 무엇일까? 저는 창의성을 구했습니다. 저에게 하나님께서 창조적 지성을 주셨습니다. 왜 하나님 이야기해도 그렇게 믿음이 없으십니까? 그리고 여러분 방식대로 믿지 마세요. 제가 가르쳐준 대로 하십시오. 제가 가르친 것이 성경에 기반을 둔 것이 아니면 저는 이런 말할 필요도 없고 여러분이 저를 따를 필요도 없습니다.

성경대로 하면 길이 보여집니다. 왜 안 보이냐면 어둠을 여러분이 사랑하기 때문입니다. 어둠이 여러분의 영을 사로잡아서입니다. 그래서 이 어둠을 못 벗어나는 것입니다. 그래서 여러분에게 칼을 주는 것입니다. 칼로 어둠을 깨뜨려 버리라고 말입니다.

그런데 여러분 스스로 잘못하니까 제가 도와주려는데 성질을 부리는 것입니다. 하나님이 누리게 하는 것보다 자기 자존심이 더 중요하다고 하는 것입니다. 깨달아야 합니다. 빨리 깨달아야 하는데 늦게 깨닫습니다. 깨닫기 싫어합니다. 왜냐하면 어둠을 사랑하기 때문입니다. 그런데 잘 살고 싶고, 천국도 가고 싶습니다. 그러면 안 됩니다. 가르쳐드린 대로 해야 합니다.

여러분이 예수님 이야기를 듣고 예수님이 나보다 실력이 좋구나 하면 예수님이 좋으니까 자존심을 내려놓는 것입니다. 그것이 좋은 것입니다. 자율적입니다. 그렇게 하지 않으면 제가 여러분에게 동기 유발을 주는 것입니다.

여러분이 종입니다. 하나님이 누리게 하시는 축복보다 자기 성질을 좋다고 하는 것입니다. 예수님은 좋긴 좋지만 목사님이 기분 나쁘다 하는 것입니다. 저는 여러분의 자존심을 상하게 하려고 하는 것입니다. 지옥 가는 자존심이고, 처, 자식 고생시키는 자존심, 자기 인생에 마이너스인 자존심입니다. 여러분의 성질을 건드려서 여러분의 성질이 어둠에 결탁되어 있는가를 보여주는 것입니다. 전혀 이익이 안 되는 성질이나 부리고 있구나를 보게 하려는 것입니다.

여러분의 영이 탈출, 엑소더스(exodus, 탈출)하게 하려는 것입니다. 그래서 이야기 하는 것입니다. 제가 여러분을 건드리면서 기쁨을 누리겠습니까? 여러분이 내게 잘 하면 저는 더 심하게 다루어줍니다. 거기서 벗어나라고 말입니다. 저처럼 왕 노릇 하라고 말입니다.

계산하고 성질부리고 있으면 예수님을 사랑할 수 없습니다. 관건이 예수님을 사랑하는 것입니다. 요한복음 14장 21절에 내가 아버지를 사랑하고 아버지가 나를 사랑한 것처럼 너희도 나를 사랑하면 아버지께서 너희에게 예수님을 나타내시리라 입니다. 사업으로 자신과 삶을 개발하면 사업가라고 하고, 음악으로 자기를 개발하면 음악가라고 합니다. 하나님 말씀으로 자기를 개발하면 무엇이 됩니까? 하나님의 아들이 됩니다.

왜 이것을 모르십니까? 삼류들은 이것도 저것도 안 하거나, 이것도 하고 저것도 다 합니다. 그래서 여러분들은 대부분 다 할줄 압니다. 여러분은 전문가가 아니라하는 것입니다. 여러분을 하나님께서 불러내셨습니다. 하나님께서 여러분을 말씀으로 개발시켜서 하나님 아들로 만드는 것입니다. 신학공부해서 하나님 아들이 됩니까? 신학으로 자기를 개발하면 신학가가 되는 것입니다. 저는 신학가가 되기보다 하나님의 아들이 되고 싶습니다. 예수님으로 자기를 개발하는 것입니다.

요즘엔 사람들마다 필수품이 있습니다. 핸드폰, 카드 등이 있습니다. 마음의 필수품이 무엇입니까? 여러분의 확실한 필수품은 말씀의 검과 십자가의 피입니다. 전문가의 필수품입니다. 말씀의 검과 십자가의 피로 여러분을 개발하면 작품이 예수 그리스도의 형상입니다.

여러분이 가르쳐준 대로 해야지 여러분이 옳다고 여기는 대로 믿으면 작품이 전혀 나오지 않습니다. 육신의 썩을 것만 나옵니다. 마가복음 9장에 지옥에 구더기가 나온다고 합니다. 구더기가 왜 나오는가 하면 사람의 마음은 만물보다 부패했다고 합니다. 당연히 부패했으니 그 온상 속에 구더기가 있는 것입니다. 그러니 마음에 구더기가 들어 있다가 지옥의 불에 타오르다 나오는 것입니다. 지금 현재 여러분 마음속에 구더기가 들어 있습니다.

애통하면 복을 받습니다. 애통하면 하나님 나라의 복을 받습니다. 저는 여러분에게 설교하는 게 딱 두 가지 밖에 없습니다. 하나님 나라와 예수 그리스도입니다. 하나님 나라가 여러분 마음속에 이루어져야 합니다. 이것이 제가 여러분을 향한 설교의 목표, 찬양의 목표, 기도의 목표, 개인적으로, 전체적으로 만나는 목표입니다. 이것만이 제 목표입니다. 예수 그리스도의 형상으로 여러분이 만들어지는 것입니다. 이것을 위해서 이렇게, 저렇게 이야기 하는 것입니다.

이것이 오늘 현재 이루어져야 합니다. 이것이 이루어져야 여러분이 지구를 떠날 때도 하나님 나라에 가는 것입니다. 여기에 안 이루어졌는데 목숨이 끊어졌을 때 하나님 나라에 어떻게 갈 수 있습니까? 서울대 문 앞에 갈 수 있어도 서울대 총장이 오라고 하지 않는 것입니다. 합격해야지 가는 것입니다. 어두우니까, 잘 모르니까 천국 가는 것도 심오하게 생각해서 그렇게 이야기 하는 것입니다. 교회 나오는 것은 선물 받으러 나오는 것입니다.

저는 여러분이 어떻게 하면 하나님께 선물을 받는가 하는 길을 가르쳐주는 것입니다. 공부 잘하고, 결혼 잘 하는 것, 사업 잘하는 것이 중요한 게 아닙니다. 정말 해야 될 것이 무엇인가가 중요합니다.

애통하는 것이 최고의 축복 8복 중에 하나입니다. 애통하면 위로를 해줍니다. 하나님이 무엇으로 위로를 주냐 하면, 우리 위로는 오직 예수 그리스도밖에 없습니다. 애통하는 자는 예수 그리스도를 주는 것입니다. 잠언 20장 30절, 상하게 때리는 것이 악을 없이 하는 것이라, 매는 사람 속에 깊이 들어가는 것이라고 나옵니다. 그러니 하나님께서 위로자이신 예수님, 성령으로 위로하시는 것입니다.

여러분이 속상하면 어디가십니까? 속상하면 술 마시고, 드라마 보고, 잠자러 갑니다. 그러니 위로를 못 받습니다. 남편이, 돈이 속상하게 하면 마음속으로 깊이 들어가서 하나님 나라가 이루어지게 하려는 것입니다. 사업이 망하고, 자식이 죽으면 속상하죠? 하나님이 하나님 나라를 주려고 환경에 부족함을 주는 것입니다. 그런데 그것을 매꾸어 버리고 찬스를 놓치는 것입니다. 어려운 일이 생기면 하나님 앞에 가서 속상해 해야 합니다. 그래서 여러분에게 속상하라고 여러분의 어리석음을 자꾸 이야기 해주는 것입니다. 상한 심령과 통회하는 마음을 멸시치 않으시는 하나님이십니다. 속이 상하면 하나님이 주시는 것입니다. 괴롭고 힘이 드니까 속상하려고 하지 않습니다.

오늘 설교 제목이 애통입니다.

"하나님 저 못살겠어요, 하나님 저 지금까지 거짓으로 살고, 가난하게 살고, 멍청하게 살았습니다. 저 이제는 이렇게 못 살겠어요." 속이 상해야 합니다. 과학과 물질문명이 발달하면 속상할 일이 없어집니다. 돈으로 다 채워지기 때문입니다. 세상 사람들이 하는 말이 돈으로 안 될 일이 없다고 합니다. 천국이 여러분 마음속에 빨리 임하려면 속상해야 합니다.

제가 여러분에게 말씀드리는 것은 하나님의 경영 법칙입니다. 저는 속상하면 하나님 앞에 막 웁니다. 멋있게 울지 않고 울고 싶은 대로 웁니다. 그러면 하나님께서 위로해주십니다. 가르쳐드린 대로 하시길 바랍니다. 돈 떨어지고, 쌀이 없으면 아주 좋은 기회입니다. 하나님께 속상해 하면 그것을 한 번도 멸시치 않으십니다.

26

복음은 하나님의 능력

「내가 복음을 부끄러워하지 아니하노니 이 복음은 모든 믿는 자에게 구원을 주시는 하나님의 능력이 됨이라 먼저는 유대인에게요 그리고 헬라인에게로다 복음에는 하나님의 의가 나타나서 믿음으로 믿음에 이르게 하나니 기록된 바 오직 의인은 믿음으로 말미암아 살리라 함과 같으니라」

(로마서 1:16~17)

우리 교회는 조그마한 교회입니다. 사람도 적고, 교회당도 작고, 이 고 목사도 유명하지 않습니다. 그런데 예수님도 처음에 혼자 하셨습니다. 그러다가 베드로, 야고보, 안드레, 요한 등의 다른 제자들이 오고, 표적과 이적을 통해 많은 사람들이 예수님에게 몰려왔습니다. 저는 예수님의 실력이 안 되니까 좀 천천히 모이는 것입니다. 그러나 예수님께서 그 당시에 오셔서 가장 최고의 메시지를 선포하셨습니다.

유대인들은 유대 율법주의에 그들의 마음이나 삶이 고착화(固着化) 되어 있었습니다. 율법주의는 율법 자체가 나쁜 것이 아니라, 사람들이 율법을 통해 하나님께서 정말 말씀하려고 하시는 것은 찾아내지 못하고 피상적으로 문자적으로 이해하고 학습해서 그 이론을 가지고 백성들에게 강조했습니다.

그런 것이 오래되니까 율법의 본질은 상실하고, 문자적 율법에 얽매였습니다. 그래서 율법이 주의(主義, ism)화 되었습니다. 그러나 우리가 알거니와 율법이 정말 말하는 것, 율법의 역할은 죄를 깨닫게 해주려고 하는 것입니다.

훌륭한 목사님들이 율법과 은혜라는 많은 책을 냈습니다. 어렵게 생각하지 말고 쉽게 설명하겠습니다. 율법의 역할이 있습니다. 선풍기의 역할이 무엇입니까? 더운 날씨에 시원하게 하는 것입니다. 율법의 역할이 로마서 3장에도 나오고 갈라디아서 3장에도 나옵니다. 로마서 3장 20절을 한 번 찾아보겠습니다.

「그러므로 율법의 행위로 그의 앞에 의롭다 하심을 얻을 육체가 없나니 율법으로는 죄를 깨달음이니라」

율법을 하나님이 주신 중요한 목적이 두 가지가 있는데 그 중에 하나가 죄를 깨닫게 해주는 것입니다. 더 정확히 이해하기 위해 갈라디아서 3장 19절을 보겠습니다.

「그런즉 율법은 무엇이냐 범법하므로 더하여진 것이라 천사들을 통하여 한 중보자의 손으로 베푸신 것인데 약속하신 자손이 오시기까지 있을 것이라」

즉, 율법은 언제까지 필요합니까? 약속하신 자손 예수 그리스도가 오시기까지만 필요합니다.

구약 전체를 율법이라고도 합니다. 축소하면 모세오경, 더 축소하면 레위기서입니다. 이 세상에서 가장 처음으로 사람에게 주신 기록된 성경말씀이 레위기서입니다. 출애굽기 19장 이하에 보면 모세가 이스라엘 백성을 광야로 이끈 후 시내산 밑에서 13개월 정도 머무릅니다.

그리고 아시다시피 모세가 시내산에 올라가 하나님께 계명을 받았습니다. 받은 것 중에 십계명 돌 판도 받고, 레위기서도 받습니다. 레위기서를 통해 하나님께서 이스라엘 백성에게 법을 주시는 것입니다. 레위기서는 고대 제사법이 기록되어 있습니다. 출애굽기서에 보면 성막의 구조도 가르쳐 주셔서 건축하게 하시고, 성막에서 지켜야할 법을 레위기서를 통해 주셨습니다. 레위기서에는 이스라엘의 모든 법이 다 포함되어 있습니다. 종교법, 민법, 형사법, 사회법 등 다 포함되어 있습니다.

이 법을 주신 중요한 목적 중에 하나가 법이 없으면 사람들이 죄를 깨닫지를 못하죠? 도둑질 하고도 도둑질에 대한 법이 없으면 아무나 도둑질 할 것 아닙니까. 법을 통해서 하나님께서 의도하시는 것은 사람들로 하여금 자기 죄를 깨닫게 하는 것입니다.

오늘날도 마찬가지입니다. 우리가 교회에서 율법을 선포하고 가르쳐야 합니다. 왜냐하면 교인들로 하여금 죄를 깨닫게 하기 위함입니다. 로마서 5장 20절을 읽어보겠습니다.

「율법이 들어온 것은 범죄를 더하게 하려 함이라 그러나 죄가 더한 곳에 은혜가 더욱 넘쳤나니」

율법이 가입한 것은 죄를 더 하게 하려함입니다. 교회에서 법을 가르침으로 여러분 각자 각자에게 율법이 더해져서 본인들이 스스로 죄를 많이 봐야 합니다. 죄를 많이 봤더니 은혜가 넘치는 것입니다. 사람들이 왜 은혜를 못 받았나요? 죄를 보려고 안 하기 때문입니다. 사람들이 죄를 전부 감추려 합니다. 정말로 교회에서 성도들이 은혜 충만하게 받는 가장 최고의 놀라운 방법은 주여! 삼창하고, 죽어라 금식기도 하는 것이 아니라 죄를 보게 해주는 것입니다. 죄는 율법으로 보는 것입니다.

하나님께서 광야에서 법을 주시면서 이런 법만 주신 것이 아닙니다. 법만 주었으면 자기 죄를 보고 '내가 아주 악한 사람이구나, 그럼 죽자.' 할 것입니다. 그런데 하나님께서 계명과 함께 이스라엘 백성들에게 무엇을 주셨냐 하면 성막입니다. 성막의 여러 가지 중요한 점이 있지만 가장 중요한 점이 제사입니다. 제사는 죄 사함입니다. 피의 제사입니다. 율법을 주어서 "너! 아주 잘난 체 하고 다니는데, 나쁜 사람이다!"인 것 입니다.

여러분이 길가다가 경찰 혹은 검찰이 부르면 어떻습니까? 다리가 후들후들 떨립니다. 율법의 역할이란 것은 죄를 보게 하는 것입니다. 그래서 훌륭한 목사님은 성도들에게 죄를 많이 보게 해주는 것입니다. 우리가 죄를 본 다음에 죄인들마다 지옥, 사망으로 가는 것이 아니라 하나님께서 의도하신 바는 성막에 가서 피의 제사를 드리는 것입니다.

그래서 오직 성막은 처음부터 끝까지 피 입니다. "피 흘림이 없은즉 죄 사함이 없느니라" 히브리서 9장 22절 말씀입니다. "오직 모든 것이 피로 정결케 되나니" 입니다. 그래서 성막 안에는 성막을 구성하는 것이 있지만 전부 피가 필요합니다.

오늘날 죄는 우리의 마음과 우리의 생활 속에 죄가 있습니다. 그래서 이 모든 죄를 피로 씻어야 합니다. 구약시대에는 짐승의 피로 했습니다. 짐승 제사는 신약시대의 예수 그리스도의 모형입니다.

하나님께서 아직 예수 그리스도를 세상에 보내시지 않았기 때문에 짐승을 잡아 피를 흘리는 번제, 속건제, 요제, 화목제, 속죄제 다섯 가지 제사를 통해 하게 하셨습니다. 이 짐승의 피 흘림은 예수 그리스도의 피 흘리심을 예표하는 것입니다. 그래서 소나 양을 가지고 오면 제사장이 가지고 온 사람의 손을 짐승에게 안수하여 내 죄를 짐승에게 전가시키고 칼로 짐승을 죽입니다. 그러면 내가 죽은 것입니다.

그리고 이 짐승의 고기를 각(各,each)을 떠서 제단에 놓고 불을 떼서 고기를 태우면 하나님께서 그 고기를 흠향하시고 그 사람의 죄를 용서 해 주시겠다는 것입니다. 이것은 예표입니다. 시청각 교육입니다.

그런데 황소나 염소 피는 인간의 죄를 영원히 사하지 못하기 때문에 짐승보다 훨씬 의롭고, 아무 흠도 없으신 예수님께서 오셔서 인류의 모든 죄를 그 분께 전가 시킨 것입니다. 누가 대표로 전가시킨 줄 아세요? 주님께서 세례 요한이 세례 베푸는 곳에 오셔서 세례를 받으려 하신 즉, 세례 요한이 "내가 당신에게 세례를 받아야 할 터인데 내가 어찌 당신에게 세례를 베풀겠나이까?" 주님께서 "모든 의를 이루자" 하십니다. 세례요한에게 세례를 받으십니다. 세례 요한을 통해 인류의 모든 죄를 예수 그리스도께 전가 시켰습니다.

이것이 모든 의를 이루는 것입니다. 그래서 그분이 모든 죄를 친히 짊어지고 감당하시고 십자가에서 처절하게 각을 떴습니다. 구약에 짐승 제사 지낼 때, 번제를 드릴 때각 사지를 다 자르고, 내장 다 긁어내고, 기름도 다 찢어 내고, 가장 좋은 고기로 각을 떴습니다. 그리고 번제단 위에 얹어 놓고, 피는 뿔에다 바르고, 밑에서 불을 떼어서 짐승 전체를 하나님께 드렸습니다. 그렇게 예수님께서 십자가에서 죽으셨습니다.

이 사실을 아무리 불신자들이 부정하려해도 끝날 심판 날에 십자가의 피가 없으므로 해서 그들이 울고 애곡하는 날이 오는 것입니다. 우리도 알 수 있는 것이 여러분 마음속을 뜯어보면 죄 잔뜩 들어 있잖아요. 그러나 희한한 일이 더러운 것을 물로 씻듯이 우리 마음에 예수 그리스도의 피를 뿌리면 깨끗하게 됩니다.

이 사실이 "곧 하나님 아버지의 미리 아심을 따라 성령의 거룩하게 하심으로 순종함과 예수 그리스도의 피 뿌림을 얻기 위하여 택하심을 입은 자들에게 편지하노니 은혜와 평강이 너희에게 더욱 많을찌어다", "또 충성된 증인으로 죽은 자 가운데서 먼저 살아나시고 땅의 임금들에게 머리되신 예수 그리스도로 말미암아 은혜와 평강이 너희에게 있기를 원하노라 우리를 사랑하사 그의 피로 우리 죄에서 해방하시고", "율법을 좇아 거의 모든 물건이 피로써 정결케 되나니 피 흘림이 없은즉 사함이 없느니라"

전부 다 피를 가지고 씻어집니다. 구약 때나 지금이나 똑같은 것입니다. 구약에는 모형으로 했고, 신약에는 실체로 했습니다. 예표로 했으나 신약에는 실체가 와서 모든 것을 성취한 것입니다.

성막은 하나님 앞에 죄사함을 받는 지상 성소입니다. 이 지상 성소는 하늘성소의 그림자입니다. 하늘 성소를 따다가 그대로 모세를 통해 건축하게 하신 것입니다. 하늘 성소도 그대로입니다.

울타리가 있고, 성막의 문이 있고, 바로 번제단이 있고, 물두멍이 있고, 휘장을 열고 들어가면 떡상, 향단, 일곱 촛대가 있습니다. 지성소에는 법궤가 있는데 법궤 위에 그룹 천사가 모형으로 만들어져 있고 법궤 속에는 만나 항아리하고, 돌판하고, 아론의 싹난 지팡이가 있습니다.

이렇듯이 지상 성막은 하늘 성막을 그대로 옮겨놓은 것입니다. 지상 성막에서는 짐승 피를 가지고 피 제사를 지냄으로 용서함을 받았습니다. 그런데 염소와 황소 피는 영원히 죄를 사하지 못하니까 주님께서 직접 오셔서 십자가에서 피흘려 죽으심으로 하늘 성소에 들어가서 단번에 모든 죄들을 용서하시는 것입니다.

그래서 예수 그리스도께서 요한복음 6장 53~56절에서 내 살과 피를 먹고 마시라 하신 것입니다. 피를 왜 마십니까? 죄가 어디에 있습니까? 우리 마음속에 있습니다. 우리의 지성 속에 죄가 있잖아요. 그래서 자기가 지성적으로 이야기 하더라도 그 지성은 죄로 오염되어 있는 것입니다. 인간의 지성, 감성도 죄로 오염되어 있습니다. 부모가 자식에게 아무리 위대한 말을 할지라도 죄가 오염되어 있는 것입니다. 율법의 역할은 죄를 깨닫게 해서 오늘날로 말하면 십자가로 가게 하는 것입니다. 그래서 사도 바울이 나는 십자가만 자랑한다고 한 것입니다.

율법주의에 빠져 있던 유대인들에게 예수님께서 지상에 오셔서 위대한 말씀을 선포하셨습니다. 무슨 말씀이냐면 하나님 나라입니다. 하나님 나라의 성격을 선포하신 것입니다.

대표적인 성격 중에 하나가 "포로로 잡힌 자에게 자유를" 입니다. 자유가 하나님 나라의 가장 위대한 성격 중에 하나입니다. 그 당시 가장 최고의 말씀을 예수님께서 선포하셨고, 새로운 세계를 여시는 위대한 말씀을 선포하셨습니다.

제가 무슨 이야기를 하려 하냐면, 우리 교회는 작지만 제가 여러분에게 가르쳐드린 말씀은 아직 누구도 풀어 헤치지 못한 가장 최고의 말씀입니다. 그것이 무엇입니까? 하나님 나라의 자유(自由)입니다. 이 자유를 여러분 각자에게 주는 것입니다. 더 설명해드리겠습니다.

하나님이 우리를 그분의 형상과 모양으로 만들었습니다. 그런데 이 형상과 모양이 없잖아요. 교회 30년 다녀도 이 형상과 모양으로 안 만들어집니다. 그런데 제가 만들어드리잖아요. 교회는 왜 작으냐면 제가 교회 키우는 일은 안 하고 형상과 모양으로 만드는 일만 했습니다.

그러면 제가 이 사실을 지식적으로 깨달았습니다. 지식적으로 깨달았지만 제가 이 형상과 모양으로 안 만들어진 상태였습니다. 어떻게 만드는가를 말씀으로 깨닫고 오랜 시간 걸쳐서 계속 했더니 2003년 말에 제게 자유가 왔습니다.

형상이 무엇이냐 하면 하나님의 형상의 주인은 예수 그리스도입니다.

히브리서 1장 3절에 "이는 하나님의 영광의 광채시오, 그 본체의 형상이시라, 그의 능력의 말씀으로 마음을 붙드시고 죄를 정결케 하시는 일을 하시고 높은 곳에 계신 위엄의 우편에 앉으셨느니라" 형상은 누구입니까? 예수 그리스도입니다.

형상이라는 것은 image of God, 하나님 형상은 예수 그리스도입니다. 예수 그리스도의 성품 중에 많은 것이 있지만 대표적인 것이 자유입니다. 예수께서 "진리를 알지니 진리가 너희를 자유케 하리라" 하셨습니다. 진리는 예수입니다. 예수를 알면 자유해야 합니다.

그런데 교회를 오랫동안 다녔는데 왜 자유 안하죠? 알긴 알았지만 만드는 일을 안 했기 때문입니다. 예수님은 진리입니다, 예수님을 만나면 자유해집니다, 그런데 자유하지 않습니다. 그래서 저도 예전에 자유롭지 못하게 살았습니다.

하나님, 자유롭게 되는 법 좀 가르쳐주세요! 했습니다. 그랬더니 주님께서 "I am The way," 길을 가르쳐 주셨습니다. 형상과 모양에 도달하는 길입니다. 이 길을 따라갔더니 내 자신에게서 자유가 나오는 것입니다. 자유뿐만 아니라 평화, 감사, 기쁨, 온유, 지혜, 사랑 등의 열매들이 옥토에 심은 것처럼 30개, 좀 있었더니 60개, 좀 더 있었더니 100개 나오는 것입니다.

교회 오랫동안 다녔는데 이것이 왜 안 나오는 것입니까? 만들어지는 것이 정상입니까? 아니면 10년, 20년 다녀도 안 만들어지는 것이 정상입니까? 저도 예전에는 안 만들어지고 다녀서 괴로웠습니다. 목사라서 평신도보다 더 괴로웠습니다. 설교하려면 더 괴롭습니다. 부부 싸움하고 강단에 올라가려면 죽을 지경입니다. 더 괴로우니 안 괴로우려고 하나님 저 좀 도와주세요 했습니다.

형상은 내적인 것입니다. 그래서 예수께서 나는 마음이 온유하고 겸손하다 하신 것입니다. 사도 바울이 에베소서 4장에 너희는 겸손하고 온유하라 했습니다. 겸손하고 온유한 것은 예수님의 것입니다. 예수님이 진리를 알아라, 즉, 나를 알아라, 그러면 너희가 온유하고 겸손하리라 하신 것입니다. 너희가 나를 알면 입니다.

교회를 많이 다녔지만 자유하지 않은 것을 보니 예수를 모르는 것입니다. 그냥 교회 다니는 것입니다. 교회에 친구, 목사님 만나러 가는 것입니다. 정(情)을 주고받으면서 영광을 서로 주고받는 것입니다. 예수님은 뒷전입니다. 사람들끼리 만나서 즐겁게 봉사, 스터디를 합니다. 이것을 하지 말라는 것이 아니라 본질은 놓치고 제2, 제3의 것만 하고 있습니다. 하나님은 어디로 가버리고 교회 안에는 사람만 있습니다. 사람끼리 주고받는 정인데 정은 죄로 오염되어 있습니다. 김 집사, 이 집사가 정으로 주고받으니까, 이 집사 죄, 김 집사가 죄로 서로 오염되는 것입니다.

그래서 갈라디아서 5장 24절에 예수 그리스도의 사람은 육체와 함께 정과 욕심을 십자가에 못 박았다고 나오는 것입니다. 교회에서 정으로 하면 하나님을 기쁘시게 하는 것이 아니라 사람을 기쁘게 하는 것입니다. 그런데 교회들 마다 전부 정으로 하고 있습니다.

어떤 사람은 제가 정으로 안하니까, 쌀쌀맞고, 목사님이 나에 대해서 언짢게 생각하고 있다고 합니다. 교회는 정으로 하는 것이 아니라 영으로 하는 것입니다. 물론, 영의 수준이 안 되니까 정으로 할 수 있지만 정 속에 담긴 죄를 씻어 내야 합니다. 제 정 속에 혈기와 분노가 있었습니다. 내 자식들이 잘 되라고 말을 하지만 그 말을 통해 제 정속에 담긴 혈기와 분노가 그대로 가는 것입니다.

그래서 아들이 "아버지 말씀도 좋지만…" 아버지나 어머니에 대해 분노하잖아요. 정 속에 분노를 받아먹어서입니다. 지금까지 제가 설교한 것이 이해 못할 말이 없지요? 장로님이시든지, 목사님이시든지, 누구든지 와서 설교를 들으면 무슨 말인지 다 알게 됩니다. 그리고 자신들의 죄를 보게 됩니다. 그리고 자신들이 터무니없이 교회 다닌 것이 백일하(白日下)에 드러나게 됩니다. 하나님께서 제게 주신 사명이 대부분의 모든 사람들이 엉터리로 교회 다니고 있다는 것을 보게 해주는 것입니다. 죄를 깨닫고 우리 자신들을 제대로 만들어 보자입니다.

마음 이야기를 좀 더 하겠습니다. 우리 마음에 가장 겉으로 드러난 부분은 생각입니다. 의식, 인식입니다. 우리 마음에 가장 겉으로 드러난 것은 현재 의식입니다. 가장 속마음은 영입니다.

그리고 이 겉마음과 우리 영 사이의 공간이 우주와도 같습니다. 엄청나게 넓습니다. 측정이 잘 안됩니다. 우리의 겉마음과 속마음에 어마 어마한 보이는 세계나 보이지 않는 세계나 다 집어넣을 수 있습니다. 생각으로 집어넣을 수 있잖아요. 태양계를 생각하면서 다 집어넣을 수 있습니다. 이렇게 마음의 공간이 넓습니다. 영의 기능은 성령과 함께 할 수 있습니다.

그래서 로마서 8장 14절 이하에 "성령이 우리 영과 더불어" 라고 나옵니다. 우리 영을 사용해서 성령을 인식할 수 있고, 귀신을 인식할 수 있습니다. 저는 귀신을 예전에 많이 만났습니다. 귀신을 봤다고 하면 육체의 눈으로 봤냐고 하지만 귀신은 영체이기 때문에 영으로 본 것입니다. 내 영을 가지고 귀신을 보게 되는 것입니다.

이 마음 공간 속에 일어나는 여러 가지 많은 기능이 있습니다. 정서, 뜻, 소원, 욕망, 양심, 지성 등 많은 기능이 있습니다. 전부 겉마음과 속마음 사이에서 일어나는 것입니다. 그런데 이 마음속에 죄악이 들어 있습니다. 그래서 인간이 아무리 아름다운 정서로 표현해도 죄에 오염되어 있습니다. 욕망은 탐심으로 오염되어 있습니다.

그래서 주님께서 "너희 겉 사람을 꾸미지 말고 너희 속사람을 염치와 정절로 단장하라" 한 것입니다. 삼위일체 하나님이 우리 마음을 자기의 성전으로 삼으셔서 임마누엘로 우리 안에 다 들어오십니다. 우리가 그 분 안에 들어가고 그 분이 우리 안에 들어옵니다.

이것이 만들어질 때에 제가 아까 말한 하나님의 형상과 모양이 나타나는 것입니다. 제가 자유하다고 하니까 어디서 나오는 것입니까? 현금이 많아서 자유로운 것입니까? 죄도 자유도 다 마음에 관한 이야기입니다. 죄가 어디에서 나옵니까? 주머니에서, 지갑에서 나오나요? 마음에서 나오잖아요. 삼위일체 하나님이 우리 겉마음과 속마음, 통틀어 마음 전체에 삼위일체 하나님이 들어오시는 것입니다.

잘 들어 보십시오. "너희가 하나님의 성전인 것과 하나님의 성령이 너희 안에 거하는 것을 알지 못하느뇨" 라고 했습니다. 우리 안에 성령이 들어오십니다. "너희가 내 안에, 내 말이 너희 안에 거하면", 우리 안에 예수 그리스도가 들어오신다고 하십니다.

고린도 후서 13장 5절에 "너희 속에 예수 그리스도께서 거하시는가 안 거하시는가 검사해보라, 예수 그리스도가 없는 자는 버리운 자니라" 라고 나옵니다. 우리 마음에 성령님이 들어 오시고 예수님 들어오십니다.

요한복음 14장을 잘 들어보십시오. 빌립이 주님께 "아버지를 보여주소서!" 하니까, "빌립아 내가 너와 오랫동안 함께했는데 아버지를 보이라고 하느냐, 내가 아버지 안에 아버지가 내 안에 있는 것을 알지 못하느뇨" 하십니다. 아버지가 예수님 안에 있습니다. 성령님 내 안에 들어오시고 예수님 들어오시고, 또 아버지도 들어오십니다. 삼위일체 하나님이 내 안에 다 들어오십니다.

아버지 들어오고, 아들 들어오고, 또 성령 들어오는 것입니다. 아버지는 아들에게 계명을 주는 것입니다. 아버지가 우리 안에 들어왔다 함은 계명이 내 안에 세워지는 것입니다. 예수 그리스도가 들어왔다 함은 우리 안에 말씀이 들어 온 것입니다. 성령이 들어오시면 성령과 내가 동행하는 것입니다.

이 놀랍고 신기한 복을 주시기 위해 하나님께서 지구에 교회라는 기관을 세우신 것입니다. 교회에서 청소하고, 봉사하고, 성경공부하려고 세운 것이 아니고 삼위일체 하나님께서 자신의 택한 백성을 불러내서 한 사람 한 사람에게 들어가서 임마누엘 하기 위해서입니다. 아버지가 내 안에 들어왔으니 내가 하나님의 아들입니다. 내가 하나님의 아들로 만들어져야 하는 것입니다. 이것이 만들어지면 내가 나에 대해 어떤 자화상을 갖게 됩니까? 점과 흠이 없는 자화상을 갖게 됩니다. 8복 중에 "화평케 하는 자는 복이 있나니 저희가 하나님의 아들이라 일컬음을 받을 것이요" 라고 나옵니다. 내가 하나님의 아들이 되어질 때 화평을 끼칠 수 있는 것입니다. 화평을 끼쳤더니 하나님의 아들이 된 것이 아닙니다.

"그가 만물을 자기에게 복종케 하실 수 있는 역사로 우리 낮은 몸을 자기 영광의 몸의 형체로 변화시키리라" 입니다. 아버지께서 우리 안에 거하심으로 우리가 아들이 되는 것입니다. 하나님 아버지가 내 안에 들어오시면 하나님 닮는 것입니다. 영광의 몸의 형체로 변케 하시는 것입니다.

닮은 것이 형상이 자유로 나오는 것입니다. 모양은 자유스러운 것입니다.

모양은 '스러운' 것입니다. 형상은 자유 자체입니다.

예를 들어, 형상은 영어 선생님입니다. 모양은 영어 선생답다 입니다. 형상은 예수 그리스도의 자유가 들어 있습니다. 그것이 얼굴로, 삶으로 나타나는 것입니다. 예수 그리스도께서 우리 안에 들어오심으로 인해 내가 어떻게 되어지죠? 우리들이 단장한 신부가 되는 것입니다.

그래서 신부 이야기가 성경 이야기이기도 합니다. 아담을 잠재우시고 신부를 만드십니다. 아브라함이 사라를 사랑하고, 이삭이 리브가를 사랑하고, 야곱이 라헬을 사랑합니다. 룻기서에 보면 룻이 이방 여자인데 예수의 신부가 되잖아요. 정말 단장한 신부가 에스더입니다. 왕이신 예수 그리스도께 나가는 모형 이야기입니다. 마태복음에는 마리아 이야기가 나옵니다. 성경은 전부 다 여자, 신부 이야기입니다. 계시록에 보면 결정적으로 해를 옷 입은 여자가 나옵니다.

모든 구속사에 가장 끝 지점에 가서 새 예루살렘성이 나오는데 이것이 신랑을 위하여 단장한 신부와 같더라 입니다. 가장 마지막 여자가 새 예루살렘 성입니다. 우리 속에 삼위일체 하나님이 들어가서 가장 최종적으로 예수 그리스도의 신부가 되는 것입니다. 여러분 자신이 새 예루살렘 성에 가는 것입니다. 새 예루살렘 성이 누구입니까? 나입니다.

새 예루살렘 성 대문이 보석들로 단장되어 있습니다. 이것을 사도 바울이 고린도 전서 3장에서 단장을 금이나 은, 보석으로 하라 한 것입니다. 구약의 대 제사장이 가슴에 흉배를 붙였는데 12보석을 붙였잖아요. 전부 새 예루살렘 성을 이야기 하는 것입니다. 예수 믿고 천국 가는 게 여기서 끝나는 게 아닙니다.

우리 자신들이 삼위일체 하나님에 의해서 새 예루살렘 성을 단장하고 있는 보석입니다. 새 예루살렘 성 전체가 한 인격으로서 한 인격이신 예수 그리스도와 one heart, 한 마음으로 결혼하는 것입니다. 하나님께서 외로우셔서 자기 부인을 만드는 것입니다.

이것을 아담과 하와를 통해 나타내 주시는 것입니다. 예수 믿고 천국 간다는 선에서 끝나는 것이 아니라 신부가 되는 것입니다. 그렇다면 신랑과 신부는 동격입니까, 소유격입니까? 동격입니다. 신랑과 신부는 동격입니다. 신랑은 예수 그리스도이시고 우리는 신부입니다. 그래서 천사가 우리를 흠모한다고 한 것입니다. 이 사실을 깨달은 날 저는 너무나 감격스러웠습니다.

예수께서 "나를 위하여, 복음을 위하여 네 집이나, 전토나, 부모나, 형제나, 아들이나 다 버리고 따르는 자는 금세에서 백배를 받고 내세에서 영생을 얻지 못할 자가 없느니라" 하신 것입니다. 너무나 위대한 것이 있기 때문에 다 버리고 나를 좇으라한 것입니다. 부자 청년이 "내가 어떻게 해야지 영생을 얻으리까?" 하니 "한 가지 부족한 것이 있으니 네 재산을 다 팔아서 가난한 자에게 주고 나를 좇으라" 하니 청년이 근심하며 떠나더라 입니다.

나사로 이야기가 왜 나왔습니까?

"부자야, 너 잘 먹고 잘 살아라! 그렇지만 지옥 간다." 나사로는 헌데를 개가 핥은 사람입니다. 나사로는 예수 그리스도의 신부가 되는 것입니다. 현재의 고난은 장차 올 영광과 족히 비교할 수 없다고 하는 것입니다. 그래서 돌에 깔려 죽고, 사자에게 먹히고 죽고, 십자가에 못 박혀 죽고, 다 죽더라도 이것을 놓치지 않는 것입니다. 너무나 영광스러운 자리에 우리가 가는 것입니다.

그런데 지상에 7, 80년 살면서 두더지처럼, 늑대처럼 죽어라 돈 벌고 마시고 먹는 것을 추구하잖아요. 우리도 그럴 뻔 했잖아요. 하나님이 우리를 고난 중에 불러냈잖아요. 왜 불러냈을까? 하나님의 부르심을 보라 하잖아요. 사도 바울이 정결한 처녀로 너희를 그리스도께 중매하려 함이라고 했잖아요. 사람들에게 말하지 못할 것들을 봤잖아요. 보고 와서 그 영광과 족히 비교할 수 없다고 한 것입니다. 살아도 주를 위해서 살고, 죽어도 주를 위해서 죽는다고 한 것입니다.

제가 왜 큰 소리 치는 줄 아세요? 하나님께서 영광스런 축복을, 우주에 있는 것 다 합쳐도 비교할 수 없는 축복을 주시기 때문입니다. 하나님께 저를 유명하게 해주시고 우리 교회를 크게 해달라고 하는 게 중요한 게 아닙니다. 하나님 제게 주신 복음을 세상에 소리 지르게 해주시고, 모든 교회가 알게 해주세요 라고 기도하는 것입니다.

교회가 이것을 모르고 있으니 성경 공부나 하고 속마음에는 삼위일체 하나님 들어가지 않게 해주고 겉마음에 붙여주는 이야기만 합니다.

제가 여러분을 변화시키는 방식은 겉을 바꾸면서 속으로 들어가고 들어가면서 겉과 속이 하나로 예수 그리스도의 말씀과 기도로 하게 하는 것입니다. 삼위일체 하나님이 들어오신 것이 '온전' 입니다.

"아브라함아 내 앞에서 온전하라." 티나 주름 잡힌 것이 없이 '완전' 케 하려 함이라 입니다. "장성한 믿음의 분량에 이르려함이라" 하는 완전입니다. 지상에 사는 동안 완전의 축복을 주십니다.

히브리서 2장 1절 말씀에 "그러므로 모든 들은 것을 우리가 더욱 간절히 삼갈지니 흘러 떠내려갈까 함이라" 입니다. 하나님이 불러주신 위대한 축복을 그 다음으로, 그 다음 단계로 발전시켜서 결단코 흘려보내지 않고 놓치지 않는 각자가 되어야 할 것입니다.

27
너희 조상 아브라함

「너희 조상 아브라함은 나의 때 볼 것을 즐거워하다가 보고 기뻐하였느니라」

(요한복음 8:56)

다니엘교회 성도들은 다니엘처럼 되어야 합니다. 다니엘은 하나님께 사랑도 많이 받고, 예쁨도 많이 받았습니다. 오늘 설교 제목인 아브라함도 하나님께 사랑을 많이 받은 사람입니다. 나쁜 사람은 '나' 뿐인 사람이어서 나쁜 사람입니다. 나쁜 사람은 나밖에 모르는 사람입니다.

하나님께 예쁜 사람은 예수님뿐인 사람입니다. 사실 이 세상에 예수님만 예쁘지 누가 예쁩니까? 여러분은 본래 예쁘지 않습니다. 사람이 꽃보다 예쁘다 하는데 생기기는 꽃이 더 예쁩니다. 어떤 사람이 예뻐 지냐면 예수뿐인 사람입니다.

세상은 예쁘지 않습니다. 속에서 욕심, 거짓말, 자존심, 분노 이런 거나 계속 나옵니다. 약한 사람은 불안이나 슬픔 등 계속 부정적인 것만 나옵니다. 속사람을 알게 되면 사람을 예뻐하거나 좋아하지 않습니다. 나아가서 더 자세히 보면 자기 자신을 예쁘게 보지 않습니다. 그렇지만 여러분들은 자신을 예쁘다고 여기시죠? 다 이유를 달고 자신이 뭣 때문에 싫어요! 하지만 조금만 건드려도 예쁜 나를 왜 건드리느냐고 할 것입니다. 그것은 자신의 부족한 것 때문에 부정적 자아상이 만들어진 것이고, 속에는 그럼에도 자신이 잘났다고 여기는 마음이 가득히 있어서입니다. 그런데 우리가 자신을 자세히 보게 되면 나를 예뻐하기가 싫어집니다. 그런 눈이 떠지기 바랍니다. 그런 눈이 떠져서 하나님, 나는 정말 예쁘지 않습니다. 나 좀 예쁘게 해주세요! 하나님의 은혜를 구하게 될 줄 믿습니다.

여러분, 제가 가끔 저 이렇게 산다고 자랑합니다. 그런데 그것은 전부 본래 제 것이 아닙니다. 저도 굉장히 불안하고, 걱정과 근심이 많았습니다. 저도 소심해서 걱정이 많았습니다. 제 마음이 넓지 못하고 단선적이어서 무슨 일을 하나 맡기면 그 일이나 겨우 하고 그러다가 다른 일이 생기면 힘들어서 그 일도 못하는 소심하고 단선적인 성격입니다.

그러니까 대범한 사람에 비해 세상살이가 훨씬 어렵습니다. 어떤 사람은 무슨 일이 생기면 이럴 수도 있고, 저럴 수도 있지 하고 넘어가는데 우리는 그것을 넘어가지 못하고 잡혀서 힘들어하는 지극히 소심한 성격입니다. 그래서 제게 주신 은총이나 은혜들은 모두 주님께서 주신 것들입니다. 그것을 내 속에서 먹고, 누리고, 기뻐하는 것입니다. 제가 해보니까 너무 좋으니까 여러분에게 잘해보라고 하는 것입니다.

오늘은 사실 성령강림절입니다. 제가 여러분에게 가르쳐준 말씀대로 하면 가장 끝 부분에 성령님이 나옵니다. 물과 성령으로 거듭났다, 나는 길이다, 이스라엘 백성들이 광야에서 가나안 땅에 들어갔다든지, 우리 앞에 믿음의 경주를 잘 하자, 모든 이야기들이 길가는 것입니다.

그런데 길을 가는데 무엇이 갑니까? 마음이 가는 것입니다. 몸이 가는 것이 아니라 마음이 길을 가는 것입니다. 그 마음이 물을 따라 가는 것입니다. 물을 따라 가면서 목이 마르면 생수를 마시고, 가는 도중 몸이 지저분해지면 물로 씻고, 먹고 마시는 것입니다. 물길 따라 가다보면 성령님이 계십니다. 그러므로 말미암아 이제는 내가 물길을 따라 길을 갔는데 끝 지점에 성령님이 계셔서 그 분 안에 들어가면 내 안에서 그분이 계속 물을 주십니다. 이것이 누구든지 나를 믿는 자는 그 배에서 생수의 강이 흘러나리라 입니다. 누구든지 나를 믿는 자는 이라고 했습니다. 믿어야 합니다. 믿는다는 것이 바로 물 따라 가는 것입니다. 마음이 물길을 따라 가면서 시원해집니다. 이럴 때는 공급의 은총입니다. 따라가면 성령이 계십니다. 이분이 우리에게 물을 공급하시는 분입니다.

물은 하나님의 말씀입니다. 지금 기록된 이 성경말씀도 성령님이 역사하시지 않으면 사람의 말이 됩니다. 사랑하자, 도둑질 하지 말자, 거짓말 하지 말자 등의 사람의 도덕 윤리가 되는 것입니다. 성령님때문에 그분이 계셔서 오늘날 기록된 성경대로 그분이 이루어주시는 것입니다.

그래서 우리가 기록된 성경대로 순종하는 것입니다. 한강 하구에서 물길을 거슬러서 쭉 올라가면 서울이 나옵니다. 이 물길 따라 잘 가야 합니다. 하나님의 말씀이 물입니다. 이 말씀이 가리키는 방향을 따라 가면 성령님이 계신 것입니다. 그래서 함께 해주시는 것입니다.

이것을 생활로 이야기 해보겠습니다. 어떤 사람이 미술에 소질이 있었습니다. 미술을 좋아하지만 이 사람이 환경이 안 되니까 숯으로 땅에다 그리기도 하고, 담벼락에다 그리기도 하다가 어떤 선생의 눈에 띄어 제자가 되어서 그림을 그리기 시작합니다. 그래서 그림을 잘 그렸습니다. 그런데 왕의 눈에 띌 때 쯤 그 사람이 귀신 같이 그림을 그리는 것입니다. 전에는 이 사람이 법칙으로 그림을 그렸습니다.

즉, 성경으로 말하면 물길을 따라간 것입니다. 성경은 계명이요, 법칙이요, 규칙이요, 길가는 방식입니다. 미술도 마찬가지로 선생님에게 법칙을, 규칙을 배우는 것입니다. 김연아 선수가 피겨 스케이팅 할 때 우리가 보면 그냥 뭐하고 있나 보다 하지만 심판들은 규칙대로 몇 점, 몇 점 점수를 매기잖아요. 김연아 선수가 그냥 빙판 위를 돌아다니는 게 아닙니다. 규칙대로 하는 겁니다.

성경대로 하면 물길 따라 하는 것입니다. 어렸을 때 이런 규칙을 잘 배워야 합니다. 지금 못사는 이유는 재주도 없으면서 규칙도 안 배웠기 때문에 제 멋대로 살아서 그런 것입니다. 세상말로 귀신 같이 그림을 못 그리고 삼류로 사는 것입니다. 미술가가 천재적인 소질이 있지만 규칙 없이 신의 경지에 도달하나요? 규칙이란 단계, 율법 선생을 통과하는 것입니다. 그래서 그 선생에게 혹독하게 규칙을 배우는 것입니다. 이런 인생의 코스를 밟지 않고 성공하겠다고 하는 것은 헛된 것입니다.

이것이 굉장히 중요한 이야기입니다. 우리 모두에게 중요한 것이 성령의 은총에 도달하기 위해 이런 규칙이 중요합니다. 앞으로의 삶에 하나님의 축복을 받기 위해 규칙이 중요한 것입니다.

저는 깨닫고 통탄을 했습니다. 인생을 이렇게 무지하게 살아왔구나! 누가 규칙을 가르쳐주지 않았습니다. 아버지는 착하게 살아라만 가르쳐주셨습니다. 착하게만 살아서 세상을 어떻게 삽니까? 여러분, 물길을 잘 배워야 합니다. 성령은 그냥 오지 않으십니다. 미술가에게도 신의 경지는 쉽게 오지 않습니다. 사업의 성공도 그냥 오지 않습니다. 규칙을 밟아야 합니다. 이것을 길이라 하는 것입니다. 목사도 마찬가지입니다.

믿음의 길, 물길을 정확하게 여러분에게 가르쳐드려서 어느 쯤에 가면 성령님을 만납니다. 제가 아는 어떤 성도님은 교회에 나오자마자 얼마 후에 성령이 임하셨습니다. 지금은 권사가 되셨습니다. 그분은 교회 나오기 전엔 엄청난 고통을 당했습니다. 자동차로 이야기하면 찌그러져서 원형을 상실한 상태였습니다. 이미 그 마음이 녹아내린 것입니다. 그런 상태로 교회 나와서 기도한즉 성령 세례가 임한 것입니다.

규칙을 지킨다는 것은 어떤 면에서 진통이고 고통입니다. 음악가나 미술가가 신의 경지에 도달하는 것은 고통을 겪는 것입니다. 그래서 깨달은 사람들이 고통 없이 인생에 성공, 열매가 없다고 한 것입니다. 인내는 쓰지만 열매는 달다고 이야기 하는 것입니다. 여러분은 인내도 달고, 열매도 달았으면 합니다. 여러분, 우리 예수 잘 믿읍시다. 예수 잘 믿는 것은 여러분이 저에게 규칙을 잘 배우는 것입니다.

그래서 아브라함을 하나님께서 불러내셔서 전부 규칙, 명령을 내리신 것입니다. 저도 여러분에게 이렇게 하는 것입니다. 제가 왜 이렇게 하냐면, 두 가지 면에서 하나님이 그렇게 하라고 하신 것과 여러분의 성공을 위해서입니다. 마음의 길을 간다는 것은 우리의 속으로, 속으로 들어가는 것입니다. 이 마음의 길로 가지 않으면 마음에 살이 찝니다. 마음에 살이 찌면 사람이 총명이 어두워지고 감각이 마비되는 것입니다.

이것을 한 마디로 심령이 어둡다고 하는 것입니다. 이 마음이 살이 찌고 두꺼운 사람은 의식이 밖으로만 가는 것입니다. 우리 마음이 밖으로만 향해서 세상을 쳐다보면 무엇이 있습니까? 지혜와 사랑과 평화가 있습니까? 무엇이 있습니까? 살인, 분노, 거짓말, 욕심, 파괴, 쾌락 등이 있습니다. 우리 눈이, 마음이 밖으로 향하면 육체를 따라 거짓된 세계로 가게 되어 무지하고 무식하게 되는 것입니다.

나라와 나라의 전쟁도 지도자나 백성들이 밖을 쳐다보고 땅을 넓히려하기 때문입니다. 우리도 밖에 나가 돈을 더 벌려고 합니다. 분쟁이 일어나는 것은 우리 의식이 밖으로 나가 있기 때문입니다. 의식이 밖으로 향하면 육체문화, 물질문명이 발달하는 것입니다. 세상이 모두 이렇게 되면 지구는 금방 쪼개질 것입니다.

그래서 하나님이 허락하신 것이 종교입니다. 하나님이 그중에서 가장 기뻐하시는 종교는 하나님의 교회입니다. 교회는 마음의 속으로 들어가야 합니다. 그러면 이런 반론이 있을 수 있습니다. 속으로 들어가면 밖에 것은 어떻게 먹고 사나요? 합니다. 그래서 하나님께서 다 안전장치를 만들어 놓으셨습니다. 그래도 믿고 속으로 한번 들어가 보라고 합니다. 속으로, 속으로 들어가면 그 사람이 평화로워지고, 지혜로워지고, 명철해집니다. 기뻐지고, 감사해집니다. 사고의 깊이가 깊어지고 넓어집니다. 그러면서 꼬리가 되지 않고 머리가 되는 지혜와 지식과 명철이 주어집니다.

지금부터 잘 들어보십시오. 안으로 들어가려면 안으로 들어가려는 '나'가 있어야 합니다. 들어가야 하는 '나'가 있고, 그것을 가로 막는 '나'가 나옵니다. 그래서 우리 속에 두 개의 '나'가 싸웁니다. 하나는 안으로 들어가려는 '나'와 내 속에서 조상 대대로 수백 년 묵은 가로막는 '나'가 나옵니다. 가로 막는 '나'가 어떻게 밖으로 기운을 뻗치냐 하면 자존심, 분노, 혈기를 동반해서 나옵니다.

이것이 전부 가짜 '나'입니다. 공부를 잘 하려고 새로운 '나'가 책상 앞에 앉으면 가짜 '나'가 마구 졸음을 줍니다. 마음의 길을 간다고 할 때, 그냥 가는 것이 아니라 내가 마음의 길을 가야겠다는 의식이 바로 새 '나'입니다. 이 '나'가 말씀입니다.

물길 따라 가려면 배가 있어야 합니다. 배가 바로 새 '나'입니다. 말씀이라고 하면 개념이 넓어 이해를 못할까봐 제가 알려드린 것이 바로 말씀의 칼입니다. 칼이 바로 '나'입니다. 이 새 '나'가 속으로 들어가는 것입니다. 지금까지 내 안에서 '나' 노릇 했던 가짜 '나'가 벌떼처럼 일어나는 것입니다.

여러분들 마음에는 저를 대적하는 마음, 불복종하는 마음이 있습니다. 여러분이 이런 것을 하나님께는 안 하는 척 하면서 합니다. 그런데 사람들한테는 잘 합니다. 그러면 하나님은 안 보시나요? 그러면 하나님이 예뻐하시나요? 여러분이 하나님께 안 한다고 생각하지만 생겨먹은 상태가 하나님을 늘 대적합니다. 다만, 사람과의 관계에서 그것을 드러내는 역할을 서로 해주는 것입니다. 그런데 그것도 교양으로 잘 안 드러냅니다.

그것을 저를 통해 여러분을 건드려서 속에 자존심, 분노 등을 솟구치게 하는 것입니다. 여러분 속의 가짜 '나'가 저를 얼마나 미워하겠습니까? 이 가짜 '나'가 여러분 인생을 좀 먹고, 봉록이 상하게 하고, 좀스럽게 하고, 파괴시키고, 여러분을 미련하고 어리석게 하는 것입니다.

그래서 너 때문이 아니라 나 때문입니다. 여러분을 미련케 하고 파괴시키는 것은 바로 나입니다. 너 때문 이야는 너 때문에 가짜 '나'를 보았다 입니다. 서로 부딪혀서 입니다.

4복음서에 인간으로 오신 예수님이 나옵니다. 계시록에는 다시 오시는데 본래 하나님으로 오시는 예수님이 나옵니다. 지금은 예수님이 성령으로 오십니다. 그래서 우리의 신앙생활의 궁극적인 목표와 방식은 사도행전에 있습니다. 사도행전에 가려면 규칙을 잘 통과해야 합니다. 규칙이 말하기를 지금까지 가짜 '나'로 살아왔던 생각, 느낌, 삶의 패턴을 완전히 무시하라는 것입니다. 하나라도 건질 것이 없습니다.

그러므로 하나님께서 인간이 너무 힘들어할까봐 성경에 시작은 미약하나 끝은 창대하리라 하신 것입니다. 우리의 안으로 들어가는 것이 시작은 미약하지만 끝은 창대한 것입니다. 물길이 쌓이고, 쌓여서 어느 날 봇물이 터지듯이 되는데 여러분들이 필요한 것이 순종입니다.

그래서 믿음은 순종이라고 한 것입니다. 순종이란 성경적 개념을 정확히 알아야 합니다. 목사님이 구두를 사오라고 해서 그 말을 순종하느냐 마느냐하는 것이 순종이 아닙니다. 출애굽으로 이야기하면 가나안 땅 가는 코스를 이야기 할 때 여러분이 순종하는 것입니다. 가다가 목사님의 구두가 떨어졌네 하면 돈이 있으면 사고 없으면 사지 마십시오. 그런 것은 성경이 말하는 순종에 들어가지 않는 것입니다.

정리하고 마치겠습니다. 여러분들 속에 자존심, 교만, 혈기가 들어있지만 겉으로도 그렇게 드러내진 못하셨을 것입니다. 공부를 잘해서, 사업에 성공을 해서, 스타가 되면 영광을 받습니다. 그런데 우리는 이런 면에서 실패했습니다. 우리가 성공하려면 안으로 들어가야 합니다. 마음이 말씀의 길을 가서 영에 이르러야 합니다. 미술가가 소질을 타고 났어도 규칙을 따라가서 귀신같은 경지에 도달하는 것입니다. 우리들은 말씀의 물살을 따라가서 성령에 이르면 더 장성해지고 창대해지는 것입니다. 우리는 마음의 새로운 '나'가 있어야 합니다. 말씀의 검과 십자가입니다.

이 말씀의 '나' 가 속으로, 속으로 들어가 뻗쳐오르는 악한 기운을 잡아 죽이는 것입니다. 마귀는 어디 있습니까? 마귀를 보고 싶으시면 성질을 부리는 여러분 모습을 보십시오. 그러니까 마귀를 잡으려면 칼을 들고 속으로 들어가야 합니다. 영에 이르면 성령님이 함께 하시고 우리 영이 창대하게 자라나는 것입니다.

길가는 '나' 가 있어야 하고, 가로 막는 '나' 를 잘 치워야 합니다. 우리 아브라함은 예수님을 기뻐하고 즐거워했습니다. 전에는 우리가 잠을, 게임, 떡볶이, 수준 낮은 것을 기뻐하고 즐거워했습니다. 여러분들이 기뻐하고 재미 있어 하는 것이 여러분의 인생을, 삶을, 인간관계를, 성격을, 생활 패턴을 만들어 내는 것입니다. 그것을 맛보고, 즐거워하고, 그것을 이루어내려고 하는 것입니다. 제가 예수님을 기뻐하고 즐거워하니까 주님의 성질이 되잖아요. 스스로 깨달으시기 바랍니다.

예수님을 기뻐하고 즐거워해야합니다. 그것이 처음에는 잘 되지 않습니다. 시작은 그래서 미약합니다. 하지만 창대한 지경까지 가는 길은 제가 여러분들에게 가르쳐준 대로 순종하고, 또 하나는 꾸준히 해야 합니다. 쉬지 말고 기도하라는 쉬지 말고 우리 의식이 속으로 들어가라 입니다.

그러면 영에 이르는 것입니다. 그래서 내 영이 성령으로 살아나고 이 규칙을 다 터득하면 예수님을 잘 믿게 되는 것입니다. 성령님께서 여러분을 지혜롭고 평안하게 하시고, 여러분이 사업을 하거나 어떤 일에 부딪치면 성령님께서 어떻게 할 바를 지시해주십니다. 그래서 여러분이 생각지도 못한 지혜를 얻을 수 있는 것입니다. 이것을 성경에 모략을 길러낸다고 나오는 것입니다.